U0892068

道路危险货物运输从业人员

从业资格培训教材

交 通 运 输 部 运 输 司　审　　定

交通运输部职业资格中心　组织编写

人民交通出版社股份有限公司
China Communications Press Co.,Ltd.

内 容 提 要

本书是道路危险货物运输从业人员培训丛书之一，内容共分四篇，包括基础知识篇、驾驶人员篇、押运人员篇和装卸管理人员篇。

本书既是道路危险货物运输从业人员上岗培训教材，又是各级运政管理人员依法行政、科学规范执法的实用手册。

图书在版编目（CIP）数据

道路危险货物运输从业人员从业资格培训教材 / 交通运输部职业资格中心组织编写. —北京：人民交通出版社股份有限公司, 2014.11

ISBN 978-7-114-11777-0

Ⅰ. ①道… Ⅱ. ①交… Ⅲ. ①公路运输—危险货物运输—资格考试—教材 Ⅳ. ①U492.8

中国版本图书馆CIP数据核字(2014)第235342号

Daolu Weixian Huowu Yunshu Congye Renyuan Congye Zige Peixun Jiaocai

书　　名：道路危险货物运输从业人员从业资格培训教材
著 作 者：交通运输部职业资格中心
责任编辑：李　斌　戴慧莉
出版发行：人民交通出版社股份有限公司
地　　址：（100011）北京市朝阳区安定门外外馆斜街 3 号
网　　址：http://www.ccpress.com.cn
销售电话：（010）59757973
总 经 销：人民交通出版社股份有限公司发行部
经　　销：各地新华书店
印　　刷：北京市密东印刷有限公司
开　　本：787 × 1092　1/16
印　　张：16.5
字　　数：340千
版　　次：2014年11月　第1版
印　　次：2024 年 3月　第19次印刷
书　　号：ISBN 978-7-114-11777-0
定　　价：50.00元

《道路危险货物运输从业人员从业资格培训教材》审定委员会

（按姓氏笔画排序）

王平汉　王昆元　石先平　吕朝辉　任胜平　刘　辉
刘光卫　刘纯涛　朱路明　许玉祥　孙永生　吴爱平
沃跃松　李宏刚　肖伦发　张守才　张普照　陈永锋
范晓秋　战榆林　桂平安　徐亚华　黄新宇　陶文宪
韩引明　潘年跃　霍金相

《道路危险货物运输从业人员从业资格培训教材》编写委员会

主任： 刘浩学

委员： 晏远春　杨开贵　沈　民　沈小燕
张玉玲　李　斌　丛英莉　赵靖平

前言

危险化学品既是重要的化工原料，也与人民生活密切相关。我国危险化学品生产区域分布不均衡，由此产生了大量跨区域道路运输需求。仅成品油，每年就有将近3亿吨通过公路运输到加油站等终端客户。截至2013年年底，我国道路危险货物运输车辆总数达到30多万辆，从业人员达到120多万人。道路危险货物运输对保障经济社会发展和人民群众生活发挥了重要作用。

道路危险货物运输专业性强，安全风险较高，一旦发生事故，容易造成人员伤亡和重大财产损失。加强对道路危险货物运输从业人员的培训和从业资格管理，提升从业人员专业技能及职业素质，是保障道路危险货物运输安全的关键。为贯彻落实《道路危险货物运输管理规定》(交通运输部令2013年第2号，以下简称《规定》)，切实组织实施好道路危险货物运输从业人员从业资格培训和考试等工作，交通运输部职业资格中心根据交通运输部办公厅印发的新的道路危险货物运输从业人员从业资格考试大纲、培训教学大纲和培训教学计划，组织编写了《道路危险货物运输从业人员从业资格培训教材》(简称《教材》)，并经交通运输部运输司组织进行了审定。

《教材》遵循《规定》精神，在内容上紧扣考试大纲和培训大纲要求，以应知应会为重点，以提升运输安全水平、防范安全生产事故为主线，突出安全生产技能及职业素质培养，具有较强的针对性和可操作性；在形式上编排新颖，图文并茂，便于培训和自学。《教材》不仅能为从业资格考试培训提供帮助，也可作为日常工具书使用。希望广大从业人员在参加教育培训的同时，也要加强日常自学，学好用好这本教材，切实树立安全意识，坚持“学以致用、用以促学”，努力提高安全技能和应急处置能力，有效预防和减少道路危险货物运输事故的发生，使道路危险货物运输不再危险。

本书共分四篇，由长安大学刘浩学统稿。交通运输部公路科学研究院张玉玲编写第一篇基础知识篇单元一；长安大学沈小燕、刘浩学编写第一篇基础知识篇单元二、单元三和单元五；江苏省交通运输厅运输管理局晏远春、长安大学刘浩学编写第一篇基础知识篇单元四；江苏省交通运输厅运输管理局晏远春编写第二篇驾驶人员篇；四川省交通运输厅道路运输管理局杨开贵编写第三篇押运人员篇；湖南省道路运输管理局沈民编写第四篇装卸管理人员篇。教材编写过程中，于向东、赵炜华、张锁、高洁、王丽华、郭宝义做了大量资料收集和文字录入工作。

在编写过程中，由于作者水平有限，书中难免有不妥之处，敬请有关专家、学者和从事道路危险货物运输的工作者批评指正，以便完善。

本书编写委员会

目录

第一篇　基础知识篇……………………………………………………… 1
单元一　职业道德与道路危险货物运输法规及技术标准简介…………………… 3
模块一　道路危险货物运输从业人员职业道德……………………………… 3
模块二　道路危险货物运输法律法规………………………………………… 6
模块三　道路危险货物运输相关标准………………………………………… 20
模块四　危险货物运输的限制与相关免除…………………………………… 24
单元二　危险货物的分类与相关特性………………………………………… 28
模块一　危险货物的定义和界定……………………………………………… 28
模块二　货物的基本理化特性常识…………………………………………… 33
模块三　爆炸品基本特性……………………………………………………… 40
模块四　气体的基本特性……………………………………………………… 44
模块五　易燃液体基本特性…………………………………………………… 52
模块六　易燃固体、易于自燃的物质、遇水放出易燃气体的物质基本特性…… 56
模块七　氧化性物质和有机过氧化物基本特性……………………………… 62
模块八　毒性物质和感染性物质基本特性…………………………………… 65
模块九　腐蚀性物质基本特性………………………………………………… 73
模块十　杂项危险物质和物品基本特性……………………………………… 80
单元三　道路危险货物运输包装常识………………………………………… 82
模块一　危险货物运输包装基本要求………………………………………… 82
模块二　危险货物运输包装分类……………………………………………… 84
模块三　危险货物运输包装标志……………………………………………… 97
单元四　道路危险货物运输车辆基本要求…………………………………… 103
模块一　道路危险货物运输车辆基本要求…………………………………… 103

模块二　道路危险货物运输车辆的安全设施…………………………………… 116
单元五　道路危险货物运输托运及承运…………………………………… 128
模块一　道路危险货物运输受理…………………………………… 128
模块二　道路危险货物运输相关文件…………………………………… 130
模块三　道路危险货物运输托运人责任…………………………………… 135
模块四　道路危险货物运输承运人责任…………………………………… 140
单元六　道路危险货物运输常见事故应急知识…………………………………… 148
模块一　常见火灾事故及其防范措施…………………………………… 148
模块二　气体运输事故处置措施…………………………………… 153
模块三　医疗急救常识…………………………………… 156
第二篇　驾驶人员篇…………………………………… 161
单元一　道路危险货物运输驾驶人员基本要求…………………………………… 163
模块一　道路危险货物运输驾驶人员基本要求…………………………………… 163
模块二　道路危险货物运输驾驶人员职业道德…………………………………… 166
单元二　道路危险货物运输安全及事故应急措施…………………………………… 169
模块一　爆炸品…………………………………… 169
模块二　气体…………………………………… 171
模块三　易燃液体…………………………………… 173
模块四　易燃固体、易于自燃的物质、遇水放出易燃气体的物质…………… 174
模块五　氧化性物质和有机过氧化物…………………………………… 176
模块六　毒性物质和感染性物质…………………………………… 178
模块七　腐蚀性物质…………………………………… 181
模块八　杂项危险物质和物品…………………………………… 182
第三篇　押运人员篇…………………………………… 183
单元一　道路危险货物运输押运人员基本要求…………………………………… 185
模块一　道路危险货物运输押运人员基本要求与岗位职责…………………… 185
模块二　道路危险货物运输押运人员工作要求…………………………………… 188
单元二　道路危险货物运输押运过程安全及事故应急处置…………………… 192
模块一　道路危险货物运输押运过程基本要求…………………………………… 192

模块二　各类危险货物运输押运安全要求及事故应急处置…………………… 193
模块三　几种大宗危险货物押运要求………………………………………… 207

第四篇　装卸管理人员篇……………………………………………………211

单元一　道路危险货物运输装卸管理人员基本要求………………………… 213
模块一　危险货物装卸概述…………………………………………………… 213
模块二　道路危险货物运输装卸管理人员基本要求………………………… 216
单元二　道路危险货物运输装卸条件及基本要求…………………………… 218
模块一　危险货物装卸的基本要求…………………………………………… 218
模块二　危险货物装卸机械设备的基本条件与特殊要求…………………… 219
模块三　道路危险货物运输装卸管理作业要求……………………………… 220
单元三　道路危险货物运输装卸安全及事故应急措施……………………… 225
模块一　各类危险货物装卸安全及事故应急处置…………………………… 225
模块二　散装和集装箱危险货物装卸安全…………………………………… 245

附录　道路危险货物运输管理规定……………………………………………247

第一篇
基础知识篇

单元一 职业道德与道路危险货物运输法规及技术标准简介

学习要点

了解道路危险货物运输从业人员职业道德内容、道路危险货物运输有关行政法规体系和有关要求及道路危险货物运输有关技术标准体系和主要要求；熟悉危险货物运输的限制，了解危险货物运输适用的免除。

由于危险货物具有爆炸、易燃、毒害、感染和腐蚀等危险特性，在运输、装卸和储存过程中，容易引起人身伤亡、财产毁损和环境污染等事故，尤其是爆炸品和剧毒化学品等高危货物一旦引发重大事故，不仅危及到生命财产和环境安全，也会影响到社会稳定和国民健康。随着我国经济和社会生活的发展，所涉及的危险货物，无论是品种还是数量都呈逐年递增的趋势，危险货物运输风险日益加大。因此，国家十分重视道路危险货物运输的立法工作，颁布实施了一系列相关的法律法规和技术标准，并对出现的新问题或新技术及时进行相应立法修订，逐步建立了相对完善的法律法规和标准规范体系。

通过完善法律法规以及标准规范，一是明确管理职责、管理权限以及管理手段，确保监管有法可依，执法有据；二是明确企业市场准入要求和日常内部安全管理职责，指导企业对车辆、人员以及其他设施设备的安全生产规范化管理；三是明晰从业人员的资质、操作规程和劳动防护要求，提高其从业的专业性和规范性。本单元主要对国家涉及道路危险货物运输的相关法律法规和标准做一简介。

模块一 道路危险货物运输从业人员职业道德

一 职业道德

职业道德是人们从事正当的社会职业，并在履行其职责过程中思想和行为应遵循的道德准则和行为规范。它是依靠社会舆论、信心、习惯、传统和教育的力量来调整人与人之间及个人与社会之间关系的行为规范总和。各种不同的职业，表现为各种不同的社会行为。

各种不同的职业行为，均有各自的规范，它就是贯穿于人们各自职业活动之中的职业道德，或者说带有职业特点的道德。

道路危险货物运输从业人员行为规范和准则与社会关系非常密切，从业人员要以社会和道路危险货物运输行业所公认和提倡的正确标准来从事危险货物道路运输活动。从业人员在危险货物道路运输活动中，若一时疏忽，便会造成人身伤亡、财产损毁和环境污染事故的发生，形成无法估量的损失。因此，道路危险货物运输从业人员的职业道德尤为重要。

二 道路危险货物运输从业人员职业道德主要内容

由于道路危险货物运输从业人员岗位的特殊性，所以从业人员在职业活动中，不仅要遵循社会道德，还要遵守职业道德。其职业道德规范主要体现在以下几个方面。

1 爱祖国，爱人民

爱祖国、爱人民是社会主义道德的一个重要规范，也是驾驶人员行为的基本准则。作为驾驶现代交通运输工具的人员，必须时刻把人民生命和国家财产的安危放在第一位。每一个道路危险货物运输驾驶人员在行车中应牢固树立“安全第一、预防为主”的思想。

2 遵章守纪，安全作业

在道路运输活动中，遵章守法、安全作业，是从业人员职业道德的重要内容。它是由道路危险货物运输从业人员的职业特点决定的，是职业活动能够正常进行的基本保证。

遵章守法，就是要遵守有关交通和运输法规及行业规章制度。与社会上其他职业相比，道路危险货物运输从业人员的特殊性在于其肩负着保障国家和人民生命财产安全的重任。如果缺乏工作责任心，造成货物破损和缺少，以及发生意外伤害事故（例如，行车时危险货物爆炸等），不仅会影响运输任务的完成，而且会产生不良的社会影响。因此，道路危险货物运输从业人员应将遵章守法放在首位，加强法纪观念，确保安全，避免各类事故的发生。

遵章守法、安全作业的要求是：

（1）学法、知法、守法、用法，切不可我行我素。必须认真学习国家的有关法令和政策，熟知规章制度、各项交通法规和操作规程，充分认识违章违纪的危害性。

（2）树立法律意识。在严格守法的同时懂得用法律、法规来保障自己的合法权益。

（3）树立“安全就是效益”的思想。始终把人民群众的生命财产安全放在首位。

（4）培养良好的职业作风和职业习惯。能否实现运输安全，不仅与从业人员个人的技术素质有关，而且还与其个性、素养和习惯有关。因此，要加强自身修养，培养良好的个性心理，主动积极地维护交通秩序。

3 爱岗敬业，优质服务

一个人只有对本职岗位的热爱，才能树立敬业精神，优质服务的前提是爱岗敬业，不热爱自己职业的人谈不上“敬业”，更谈不上优质服务。道路危险货物运输从业人员应增强职业责任感和事业心，安全地完成每次运输任务。同时，要在工作中有所作为，就必须严格遵守作业规程，确保提供安全、优质的服务，维护道路危险货物运输各方当事人的合法权益。

爱岗敬业，优质服务的具体要求是：

（1）树立良好的职业观，克服世俗偏见，爱本职，钻业务；

（2）要有优质服务的本领，努力提高职业技术和服务质量，为货主着想，诚实守信；

（3）树立爱岗敬业的思想，扎扎实实做好本职工作，履行好岗位职责；

（4）树立信誉第一、质量至上的意识；

（5）树立刻苦勤劳的工作态度，学会自我心理调节，保持良好心态，掌握服务技巧。

4 诚实守信，团结互助

诚实守信是为人处事的基本原则，也是个人在社会生活中安身立命之根本。诚实和守信是做人的一种品质，这种品质最显著的特点是一个人在社会交往中能够讲真话、讲信用、讲信誉。危险货物运输对押运人员诚信要求高，押运人员必须按照规范要求做，必须按照许可范围组织运输，不得弄虚作假，必须诚信运输。

团结营造人际和谐氛围，互助增强企业凝聚力。团结互助是在当前社会分工充分的市场经济大潮中必须遵守的职业道德，特别是道路危险货物运输押运人员更应当有合作精神，与驾驶员相互尊重，互相学习，加强协作。在处理个人利益与完成运输任务的关系上，要树立全局意识，本着完成运输任务为前提。

5 文明经营，公平竞争

随着改革步伐的不断加快，市场竞争日趋激烈，文明经营是服务业树立信誉的第一需要，即通过服务的方式，以平等、友好、热情的态度来对待客户，以倡导行业文明建立规范、有序的危险货物道路运输市场；公平竞争是要按照统一规则从事危险货物道路运输活动，提升自己的服务技能和水平，采用符合国家法律法规和社会主义道德要求的科学经营方式，公平、公正地参与市场竞争；不得使用违反法律法规的暴力、强迫等方式限制、干扰和影响其他合法经营者，确保危险货物道路运输市场的规范和健康发展。道路危险货物运输从业人员要有正确的价值观念，提倡“文明经营、优质服务”。

6 钻研技术，规范操作

道路危险货物运输从业人员要提高运输效率，确保运输安全，在严格遵守作业规程的前提下，勤奋学习，努力钻研危险货物运输的专业知识，全面了解危险货物的危害特性，不断增强应对危险货物道路运输风险及事故的能力。

模块二　道路危险货物运输法律法规

一 有关法律及主要内容

我国涉及道路危险货物运输的法律主要有《中华人民共和国安全生产法》《中华人民共和国刑法》《中华人民共和国道路交通安全法》《中华人民共和国固体废物污染环境防治法》和《中华人民共和国特种设备安全法》等。

1《中华人民共和国安全生产法》

该法律调整对象并不是单独针对道路危险货物运输活动，而是针对我国境内所有从事生产经营活动单位的安全生产活动，但是该法为道路危险货物运输安全管理以及其他法律规范的制定提供了上位法依据。涉及道路危险货物运输的规定主要包括以下几个方面。

（1）明确企业主要负责人是道路危险货物运输企业安全生产责任的主体。

（2）建立生产安全事故责任追究制度。

（3）规定企业安全管理的主要职责，包括安全制度建设、人员配备及其资格和培训、安全设施设备投入和维修更新、劳动防护、应急处置等。

（4）明确从业人员的权利和义务。一方面，从业人员享有劳动安全防护权、对岗位危险因素和防范应急措施的知情权、安全生产的建议权以及批评、检举和控告权、对违章指挥和强令冒险作业有拒绝权、紧急情况的撤离权、工伤赔偿权等；另一方面，从业人员应当履行安全生产规章制度和操作规程、接受安全生产教育和培训以及发现不安全因素的报告义务。

（5）对行业管理部门的日常安全监督、应急救援与调查处理进行的职责分工，并明确了相应的管理手段。

（6）规定违规行为主体应承担的法律责任，其中对违规的从业人员的规定是"由生产经营单位给予批评教育，依照有关规章制度给予处分；造成重大事故，构成犯罪的，依照刑法有关规定追究刑事责任"。

2《中华人民共和国刑法》

《中华人民共和国刑法》中涉及道路危险货物运输从业人员危害公共安全、妨碍社会管理秩序行为的相关规定，主要包括以下几个方面。

（1）非法制造、买卖、运输、邮寄、储存枪支、弹药、爆炸物和危险物质，将"处三年以上十年以下有期徒刑；情节严重的，处十年以上有期徒刑、无期徒刑或者死刑"。

（2）交通肇事。驾驶员违反交通运输管理法规，发生重大事故，致人重伤、死亡或者使公私财产遭受重大损失的，处三年以下有期徒刑或者拘役；交通运输肇事后逃逸或者有其他特别恶劣情节的，处三年以上七年以下有期徒刑；因逃逸致人死亡的，处七年以上有期徒刑。在道路上驾驶机动车追逐竞驶，情节恶劣的，或者在道路上醉酒驾驶机动车的，处拘役，并处罚金。犯罪主体主要是交通肇事的驾驶员，但在驾驶肇事过程中，押运人员或者其他人员对驾驶员进行指使，例如"指使驾驶员逃逸致人死亡的"，按交通肇事罪共犯论处。

（3）强令违章冒险作业。刑法规定"强令他人违章冒险作业，发生重大伤亡事故或者造成其他严重后果的，处五年以下有期徒刑或拘役；情节特别恶劣的，处五年以上有期徒刑"。道路危险货物运输装卸管理人员有可能因为强令装卸人员违章进行装卸作业引发重大事故，而成为犯罪主体。

（4）危险物品肇事。违反爆炸性、易燃性、放射性、毒害性、腐蚀性物品的管理规定，在生产、储存、运输、使用中发生重大事故，造成严重后果的，处三年以下有期徒刑或者拘役；后果特别严重的，处三年以上七年以下有期徒刑。[1]

小知识

根据《最高人民法院关于审理交通肇事刑事案件具体应用法律若干问题的解释》，交通肇事应具有下列情形之一的：（一）死亡一人或者重伤三人以上，负事故全部或者主要责任的；（二）死亡三人以上，负事故同等责任的；（三）造成公共财产或者他人财产直接损失，负事故全部或者主要责任，无能力赔偿数额在三十万元以上的。交通肇事致一人以上重伤，负事故全部或者主要责任，并具有下列情形之一的，以交通肇事罪定罪处罚：（一）酒后、吸食毒品后驾驶机动车辆的；（二）无驾驶资格驾驶机动车辆的；（三）明知是安全装置不全或者安全机件失灵的机动车辆而驾驶的；（四）明知是无牌证或者已报废的机动车辆而驾驶的；（五）严重超载驾驶的；（六）为逃避法律追究逃离事故现场的。

交通肇事具有下列情形之一的，属于"有其他特别恶劣情节"，处三年以上七年以下有期徒刑：（一）死亡二人以上或者重伤五人以上，负事故全部或者主要责任的；（二）死亡六人以上，负事故同等责任的；（三）造成公共财产或者他人财产直接损失，负事故全部或者主要责任，无能力赔偿数额在六十万元以上的。

（5）不报、谎报安全事故罪。在安全事故发生后，负有报告职责的人员不报或者谎报事故情况，贻误事故抢救，情节严重的，处三年以下有期徒刑或拘役；情节特别严重的，处三年以上七年以下有期徒刑。[2]

---

[1] 参照《最高人民法院、最高人民检察院关于办理危害矿山生产安全刑事案件具体应用法律若干问题的解释》的规定，"重大事故"是指具有下列情形之一的：①"造成死亡一人以上，或者重伤三人以上的"；②"造成直接经济损失一百万元以上的"；③"造成其他严重后果的情形"。"后果特别严重"是指具有下列情形之一的：①"造成死亡三人以上，或者重伤十人以上的"；②"造成直接经济损失三百万元以上的"；③"造成其他特别严重后果的情形"。

[2] 参照《最高人民法院、最高人民检察院关于办理危害矿山生产安全刑事案件具体应用法律若干问题的解释》的规定，"情节严重"是指具有下列情形之一的：①"导致事故后果扩大，增加死亡一人以上，或者增加重伤三人以上，或者增加直接经济损失一百万元以上的"；②"实施下列行为之一，致使不能及时有效开展事故抢救的：a.决定不报、谎报事故情况或者指使、串通有关人员不报、谎报事故情况的；b.在事故抢救期间擅离职守或者逃匿的；c.伪造、破坏事故现场，或者转移、藏匿、毁灭遇难人员尸体，或者转移、藏匿受伤人员的；d.毁灭、伪造、隐匿与事故有关的图纸、记录、计算机数据等资料以及其他证据的"；③"其他严重的情节"。"情节特别严重"是指具有下列情形之一的：①"导致事故后果扩大，增加死亡三人以上，或者增加重伤十人以上，或者增加直接经济损失三百万元以上的"；②"采用暴力、胁迫、命令等方式阻止他人报告事故情况导致事故后果扩大的"；③"其他特别严重的情节"。

（6）传染病菌种、毒种扩散。传染病菌种、毒种主要是涉及第6类毒性物质和感染性物质。对从事运输传染病菌种、毒种的从业人员，如果违反操作规定，造成传染病菌种、毒种扩散，后果严重的，处三年以下有期徒刑或者拘役；后果特别严重的，处三年以上七年以下有期徒刑。

3 《中华人民共和国道路交通安全法》

该法对车辆和驾驶员、道路通行条件、如何通行以及交通事故处理等方面进行规定。相关规定与驾驶员密切相关，是规范驾驶员行为的最主要法律之一。

《中华人民共和国道路交通安全法》(2004年5月1日起施行）规定，机动车载运爆炸物品、易燃易爆化学物品以及剧毒、放射性等危险物品，应当经公安机关批准后，按指定的时间、路线、速度行驶，悬挂警示标志并采取必要的安全措施。

4 《中华人民共和国固体废物污染环境防治法》

该法律涉及道路运输危险废物相关法律规定，主要包括以下几个方面。

（1）运输危险废物，必须采取防止污染环境的措施，并遵守国家有关危险货物运输管理的规定。就是说运输危险废物应当依据《道路危险货物运输管理规定》，满足企业、人员、车辆等方面的要求；同时，在企业经营许可证和道路运输证中的经营范围应当直接标注“危险废物”，并在车辆上悬挂危险废物的标识。

（2）禁止将危险废物与旅客在同一运输工具上载运。

（3）运输固体废物的单位和个人，必须采取防扬撒、防流失、防渗漏或者其他防止污染环境的措施；不得擅自倾倒、堆放、丢弃、遗撒固体废物。

（4）对危险废物的容器和包装物以及运输危险废物的设施、场所，必须设置危险废物识别标志。

（5）禁止混合运输性质不相容且未经安全性处置的危险废物。

（6）运输危险废物的单位，应当制订意外事故的防范措施和应急预案，并向所在地县级以上地方人民政府环境保护行政主管部门备案。

（7）运输危险废物的场所、设施、设备和容器、包装物及其他物品转作他用时，必须经过消除污染的处理，方可使用。

5 《中华人民共和国特种设备安全法》

《中华人民共和国特种设备安全法》对特种设备的生产（包括设计、制造、安装、改造、修理）、经营、使用、检验、检测和特种设备安全的监督管理进行了规范。道路危险货物运输中使用的压力容器（含气瓶）属于特种设备的一种。

小知识

压力容器是指盛装气体或者液体、承载一定压力的密闭设备，其范围规定为：最高工作压力大于或者等于0.1MPa（表压），且压力与容积的乘积大于或者等于2.5MPa·L的气体、液化气体和最高工作温度高于或者等于标准沸点的液体的固定式容器和移动式容器；盛装公称工作压力大于或者等于0.2MPa（表压），且压力与容积的乘积大于或者等于1.0MPa·L的气体、液化气体和标准沸点等于或者低于60℃液体的气瓶；氧舱等。

该法涉及特种设备使用的相关规定主要包括以下几个方面：

（1）特种设备使用单位应当使用取得许可生产并经检验合格的特种设备。禁止使用国家明令淘汰和已经报废的特种设备。

（2）特种设备使用单位应当在特种设备投入使用前或者投入使用后三十日内，向负责特种设备安全监督管理的部门办理使用登记，取得使用登记证书。登记标志应当置于该特种设备的显著位置。

（3）特种设备使用单位应当建立岗位责任、隐患治理、应急救援等安全管理制度，制定操作规程，保证特种设备安全运行。

（4）特种设备使用单位应当建立特种设备安全技术档案。

（5）特种设备使用单位应当对其使用的特种设备进行经常性维护保养和定期自行检查，并作出记录。

二 有关行政法规及主要内容

我国涉及道路危险货物运输的行政法规主要有《中华人民共和国道路运输条例》《危险化学品安全管理条例》《中华人民共和国道路交通安全法实施条例》《医疗废物管理条例》《烟花爆竹安全管理条例》《民用爆炸物品安全管理条例》《易制毒化学品管理条例》《公路安全保护条例》《城镇燃气管理条例》和《缺陷汽车召回管理条例》等。

1 《中华人民共和国道路运输条例》

该条例对从事道路运输经营以及道路运输相关业务进行了规定，其中对危险货物托运人责任、从事道路危险货物运输的企业和从业人员的资质、车辆维护检测、运输操作等方面也提出了明确要求。

（1）申请从事危险货物运输经营的，应当具备“（一）有5辆以上经检测合格的危险货物运输专用车辆、设备；（二）有经所在地设区的市级人民政府交通主管部门考试合格，取得上岗资格证的驾驶人员、装卸管理人员、押运人员；（三）危险货物运输专用车辆配有必要的通讯工具；（四）有健全的安全生产管理制度”四个条件。

（2）驾驶人员、押运人员、装卸管理人员必须经过考试取得从业资格证。同时驾驶人员需要取得相应机动车驾驶证，且年龄不超过 60 周岁。

（3）运输危险货物应当配备必要的押运人员，保证危险货物处于押运人员的监管之下，并悬挂明显的危险货物运输标志。

（4）托运危险货物的，应当向货运经营者说明危险货物的品名、性质、应急处置方法等情况，并严格按照国家有关规定包装，设置明显标志。

（5）在具体运输作业过程，“运输危险货物应当采取必要措施，防止危险货物燃烧、爆炸、辐射、泄漏等”；“道路运输车辆应当随车携带道路运输证，不得转让、出租”；“道路运输从业人员应当遵守道路运输操作规程，不得违章作业。驾驶人员连续驾驶时间不得超过 4 个小时”。

（6）如果驾驶人员不符合从业条件驾驶道路运输经营车辆的，“由县级以上道路运输管理机构责令改正，处 200 元以上 2000 元以下的罚款；构成犯罪的，依法追究刑事责任”。

2 《危险化学品安全管理条例》

《危险化学品安全管理条例》对危险化学品生产、储存、使用、经营和运输的安全管理进行了规定，也是国务院主管部门制定相应部门规章的上位法依据。该条例于 2002 年 3 月 15 日正式实施，由于实施后出现了各种新问题，国务院对其进行了修订，并于 2011 年 2 月 16 日通过了修订案。由于 2011 年条例修订之前，危险化学品的外延主要以列入《危险货物品名表》和《剧毒化学品目录》的为准，然而修订之后其外延则以《危险化学品目录》为准。

《危险化学品安全管理条例》涉及危险化学品运输的规定，主要包括以下几个方面。

（1）危险化学品的概念界定，即“具有毒害、腐蚀、爆炸、燃烧、助燃等性质，对人体、设施、环境具有危害的剧毒化学品和其他化学品”。

（2）道路危险货物运输企业应当“取得危险货物道路运输许可”；“具备法律、行政法规规定和国家标准、行业标准要求的安全条件，建立、健全安全管理规章制度和岗位安全责任制度，对从业人员进行安全教育、法制教育和岗位技术培训”；并且“根据危险化学品的危险特性采取相应的安全防护措施，并配备必要的防护用品和应急救援器材”。

（3）驾驶人员、装卸管理人员和押运人员应当“经过交通运输主管部门考核合格，取得从业资格”，并“了解所运输的危险化学品的危险特性及其包装物、容器的使用要求和出现危险情况时的应急处置方法”。

（4）道路危险货物运输企业的许可和从业人员的资格由交通运输主管部门负责认定。

（5）装卸作业应当“遵守安全作业标准、规程和制度，并在装卸管理人员的现场指挥或监控下进行”，并且按照“运输车辆的核定载质量装载危险化学品，不得超载”。

（6）企业应当配备押运人员，并保证所运输的危险化学品处于押运人员的监控之下。

（7）运输车辆必须符合国家标准要求的安全技术条件，定期进行安全技术检验，并且悬挂或喷涂符合国家标准要求的警示标志。

（8）在运输途中，“因住宿或者发生影响正常运输的情况，需要较长时间停车的，驾驶人员、押运人员应当采取相应的安全防范措施”。同时，未经公安机关批准，车辆不得进入限制通行的区域。

（9）新增了驾驶人员和押运人员报告义务：一是运输剧毒化学品或者易制爆危险化学品的，途中因住宿或者发生影响正常运输情况需要较长时间停车的，或者在途中发生丢失、被盗、被抢或者出现流散、泄漏等情况的，应当及时向当地公安机关报告；二是运输过程中发生危险化学品事故的，还应当向事故发生地交通运输主管部门报告。

（10）明确了托运人的义务，包括委托有危险货物道路运输资质企业承运的义务、运输事项及应急处置措施等说明义务、妥善包装并设置相应标志的义务、不得匿报或谎报义务、视情添加抑制剂或稳定剂义务、申请道路运输剧毒化学品道路运输通行证的义务等。

《危险化学品安全管理条例》对剧毒化学品运输环节作出的规定主要包括以下几个方面。

（1）通过道路运输剧毒化学品的，托运人应当向运输始发地或者目的地县级人民政府公安机关申请剧毒化学品道路运输通行证。

（2）运输危险化学品途中因住宿或者发生影响正常运输的情况，需要较长时间停车的，驾驶人员、押运人员应当采取相应的安全防范措施；运输剧毒化学品的，还应当向当地公安机关报告。

（3）剧毒化学品在道路运输途中丢失、被盗、被抢或者出现流散、泄漏等情况的，驾驶人员、押运人员应当立即采取相应的警示措施和安全措施，并向当地公安机关报告。

运输剧毒化学品，国家有严格的要求和处罚。对有下列情形之一的，由公安机关责令改正，处1万元以上5万元以下的罚款；构成违反治安管理行为的，依法给予治安管理处罚：

①运输剧毒化学品途中需要较长时间停车，驾驶人员、押运人员不向当地公安机关报告的；

②剧毒化学品在道路运输途中丢失、被盗、被抢或者发生流散、泄露等情况，驾驶人员、押运人员不采取必要的警示措施和安全措施，或者不向当地公安机关报告的。

3 《中华人民共和国道路交通安全法实施条例》

该条例是为了配合《中华人民共和国道路交通安全法》的实施而制定的。具体的条款内容主要是针对《中华人民共和国道路交通安全法》中相关条款进行了细化规定。因此，该条例的具体内容，驾驶人员必须掌握，押运人员也应当有所了解。

4 《医疗废物管理条例》

根据该条例规定，医疗废物是指医疗卫生机构在医疗、预防、保健以及其他相关活动中产生的具有直接或者间接感染性、毒性以及其他危害性的废物。从概念界定可以看出，医疗废物主要是涉及危险货物第 6 类毒性物质和感染性物质。

同时，根据条例第二十六条的规定，运输医疗废物应当遵守危险货物运输管理规定，即运输医疗废物应当按照《道路危险货物运输管理规定》进行。

该条例中涉及道路危险货物运输从业人员的相关规定主要包括以下几个方面。

（1）从业人员必须接受相关法律和专业技术、安全防护以及紧急处理等知识的培训。

（2）企业应当为从业人员配备必要的防护用品，定期进行健康检查；必要时进行免疫接种。

（3）医疗废物专用包装物、容器，应当有明显的警示标识和警示说明。

（4）运输车辆除了要满足危险货物运输车辆的要求外，还必须有明显的医疗废物标识，达到防渗漏、防遗撒以及其他环境保护和卫生要求，且不得运送其他物品。运输结束后，车辆必须在规定场所内进行消毒和清洁。

（5）运输过程中，不得丢弃、遗撒医疗废物。

5 《烟花爆竹安全管理条例》

该条例对烟花爆竹的生产、经营、运输和燃放进行了规定。其中涉及烟花爆竹运输的法律条款主要包括以下几个方面。

（1）烟花爆竹运输实行许可证制度，每次运输必须申请运达地县级公安部门许可，取得《烟花爆竹道路运输许可证》。

（2）烟花爆竹运输企业必须具有道路危险货物运输资质。

（3）道路运输烟花爆竹企业和从业人员，除应当遵守《中华人民共和国道路交通安全法》外，还应当遵守下列规定：

烟花爆竹道路运输许可证

字第____号

供货单位：____________________

兹批准______________将下列烟花爆竹由：______启运，经______、______、______至______。将此证明。

物品名称	规格	数 量	备 注

1.此证人　　年　月　日起至　　年　月　日有效，逾期作废。
2.严禁转让、转借、重复使用、涂改无效；
3.物品运抵目的地后，收货单位在备注栏内签章，注明物品到达情况，应当在3日内将此证交回公安机关。

收货单位：　　　　　　承运人：
填发人：　　　　　　　托运人：
发证机关（盖章）：
年　月　日

第二联　交承运单位

①随车携带《烟花爆竹道路运输许可证》；

②不得违反运输许可事项；

③运输车辆悬挂或者安装符合国家标准的易燃易爆危险物品警示标志；

④烟花爆竹的装载符合国家有关标准和规范；

⑤装载烟花爆竹的车厢不得载人；

⑥运输车辆限速行驶，途中经停必须有专人看守；

⑦出现危险情况立即采取必要的措施，并报告当地公安部门。

6 《民用爆炸物品安全管理条例》

该条例对民用爆炸物品的生产、销售、购买、进出口、运输、爆破作业和储存以及硝酸铵的销售、购买进行了规定。从业人员应当对该条例涉及运输方面的规定有所了解。

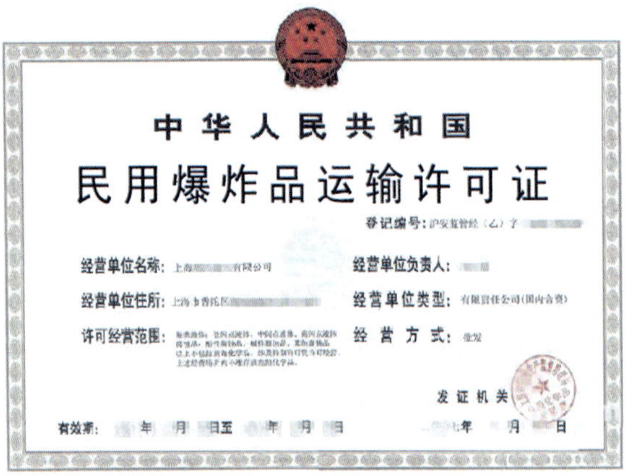

（1）民用爆炸物品运输实行许可证制度，每次运输必须申请运达地县级公安部门许可，取得《民用爆炸物品运输许可证》。

（2）道路运输民用爆炸物品企业和从业人员，应当遵守：

①携带《民用爆炸物品运输许可证》；

②民用爆炸物品的装载符合国家有关标准和规范，车厢内不得载人；

③运输车辆安全技术状况应当符合国家有关安全技术标准的要求，并按照规定悬挂或者安装符合国家标准的易燃易爆危险物品警示标志；

④运输民用爆炸物品的车辆应当保持安全车速；

⑤按照规定的路线行驶，途中经停应当有专人看守，并远离建筑设施和人口稠密的地方，不得在许可以外的地点经停；

⑥按照安全操作规程装卸民用爆炸物品，并在装卸现场设置警戒，禁止无关人员进入；

⑦出现危险情况立即采取必要的应急处置措施，并报告当地公安机关。

7 《易制毒化学品管理条例》

该条例对易制毒化学品的生产、经营、购买、运输和进口、出口进行了规定。国有对易制毒化学品的运输实行分类管理和许可制度，从业人员应当有所了解。

易制毒化学品分为三类。第一类是可以用于制毒的主要原料，第二类、第三类是可以用于制毒的化学配剂。易制毒化学品的具体分类和品种，由该条例附表列示。运输第一类、第二类易制毒化学品的，应当经公安机关审批取得易制毒化学品运输许可证后，方可运输。易制毒化学品运输许可证应当载明拟运输的易制毒化学品的品种、数量、运入地、货主及收货人、承运人情况以及运输许可证种类。运输第三类易制毒化学品的，应当在运输前向运出地的县级人民政府公安机关备案。

接受货主委托运输的，承运人应当查验货主提供的运输许可证或者备案证明，并查验所运货物与运输许可证或者备案证明载明的易制毒化学品品种等情况是否相符；不相符的，不得承运。运输易制毒化学品，运输人员应当自启运起全程携带运输许可证或者备案证明。公安机关应当在易制毒化学品的运输过程中进行检查。

8 《公路安全保护条例》

对于道路危险货物运输从业人员，需要掌握该条例中第四十二条、第四十三条等条款。

第四十二条规定，“载运易燃、易爆、剧毒、放射性等危险物品的车辆，应当符合国家有关安全管理规定，并避免通过特大型公路桥梁或者特长公路隧道；确需通过特大型公路桥梁或者特长公路隧道的，负责审批易燃、易爆、剧毒、放射性等危险物品运输许可的机关应当提前将行驶时间、路线通知特大型公路桥梁或者特长公路隧道的管理单位，并对在特大型公路桥梁或者特长公路隧道行驶的车辆进行现场监管”。

第四十三条规定，“车辆应当规范装载，装载物不得触地拖行。车辆装载物易掉落、遗洒或者飘散的，应当采取厢式密闭等有效防护措施方可在公路上行驶。公路上行驶车辆的装载物掉落、遗洒或者飘散的，车辆驾驶人员、押运人员应当及时采取措施处理；无法处理的，应当在掉落、遗洒或者飘散物来车方向适当距离外设置警示标志，并迅速报告公路管理机构或者公安机关交通管理部门。车辆装载物掉落、遗洒、飘散后，车辆驾驶人员、押运人员未及时采取措施处理，造成他人人身、财产损害的，道路运输企业、车辆驾驶人员应当依法承担赔偿责任”。

9《中华人民共和国城镇燃气管理条例》

该条例第二十四条明确规定，通过道路运输燃气的必须取得危险货物道路运输许可，即道路运输城镇燃气的企业、车辆和人员等方面都应当满足《道路危险货物运输管理规定》的相关要求。

10《中华人民共和国缺陷汽车召回管理条例》

为了规范缺陷汽车产品召回，加强监督管理，保障人身、财产安全，国家制定了《缺陷汽车召回管理条例》。

该条例规定，在中国境内生产、销售的汽车和汽车挂车，若由于设计、制造、标识等原因导致在同一批次、型号或者类别的汽车产品中普遍存在不符合保障人身、财产安全的国家标准、行业标准的情形或者其他危及人身、财产安全的不合理的危险，经调查分析确认后，生产者应当对其进行召回以消除缺陷。

三 部门规章及行政规范性文件

1《道路危险货物运输管理规定》（交通运输部令 2013 年第 2 号）

该规定是唯一一部专门针对道路危险货物运输制定的部门规章，明确了从事道路危险货物运输企业市场准入的许可条件和从业人员的资质条件，运输过程中托运人、承运人和从业人员应当履行的义务，不同层级道路运输管理机构应当履行的职责，以及违反相应义务和职责应当承担的法律责任。

《道路危险货物运输管理规定》修订和调整的内容主要包括以下几个方面。

（1）建立完善制度，强化管理工作。

①建立道路运输从业人员专项考试制度和危险货物道路运输豁免制度。针对危险性较高的“剧毒化学品、爆炸品”，建立“剧毒化学品、爆炸品”道路运输从业人员专项考试制度，并对运输剧毒化学品、爆炸品的企业的车辆数量、车辆荷载吨位、罐车罐体容积、停车场面积等方面都制定了更高的要求。

此外，针对道路运输影响不大危险货物，实施按普通货物道路运输的豁免制度[3]。

②建立专职安全管理人员制度和安全评价制度。

---

[3] 《道路危险货物运输管理规定》第七十条“交通运输部可以根据相关行业协会的申请，经组织专家论证后，统一公布可以按照普通货物实施道路运输管理的危险货物”，首次提出了豁免的概念和申请豁免的办法。

《道路危险货物运输管理规定》第八条第（三）款第 2 项：从事道路危险货物运输的驾驶人员、装卸管理人员、押运人员应当经所在地设区的市级人民政府交通运输主管部门考试合格，并取得相应的从业资格证；从事剧毒化学品、爆炸品道路运输的驾驶人员、装卸管理人员、押运人员，应当经考试合格，取得注明为“剧毒化学品运输”或者“爆炸品运输”类别的从业资格证。

③建立“事故报告制度”和“举报制度”，即道路危险货物运输管理机构应当“公布事故报告电话”和“举报电话”。

（2）针对实际问题，细化管理工作。

①调整和细化了停车场的要求。明确了停车场面积的最低要求以及场地的设置要求。

②从源头保证罐车不超载。提出罐体载货后总质量与专用车辆核定载质量相匹配要求。

③解决专用车辆维修难的问题。除运输剧毒化学品、爆炸品专用车辆及罐式专用车辆（含罐式挂车）必须到具备危货车辆维修资质的企业进行维修外，牵引车以及其他专用车辆由企业自行消除危险货物的危害后，可到具备一般车辆维修资质的企业进行维修。

④解决对运输民用爆炸品、烟花爆竹的法律界定不清问题，强调“法律、行政法规对民用爆炸物品、烟花爆竹、放射性物品等特定种类危险货物的道路运输另有规定的，从其规定”。

具体法律条款也将在其他章节做重点介绍，需要道路危险货物运输从业人员认真掌握。

2 《道路运输从业人员管理规定》（交通运输部令 2006 年第 9 号）

《道路运输从业人员管理规定》也是一部与道路危险货物运输从业人员切身利益相关的部门规章，对道路危险货物运输从业人员的资格考试、资格证件、从业行为以及违反相关规定承担的责任等方面进行了规定。其中主要的规定如下。

（1）实行从业资格考试制度。道路危险货物运输从业人员考试大纲、题库、考核标准、考试工作规范和程序由交通运输部编制，具体考试组织由设区的市级道路运输管理机构负责，每季度组织一次考试。道路危险货物运输从业人员，除了要参加考试合格，还必须满足年龄、学历、工作经历、接受相应培训等方面的要求。考试成绩 1 年有效，逾期作废。

（2）建立从业资格证件管理制度。从业资格证由设区的市级人民政府交通运输主管部门颁发和管理，证件全国通用。

从业资格证有效期为 6 年，有效期满 30 日前向原发证机关申请换证。证件遗失、损毁或者服务单位变更的，可分别向原发证机关申请补发或变更手续。异地从业超过 3 个月，应到服务地管理部门备案。同时，各级行业监管部门通过建立道路运输从业人们管理信息系统，可逐步实现异地稽查信息共享和动态资格管理，从业人员对违规行为不应抱有侥幸心理。此外，《规定》还对注销从业资格证件的五种情形做出了规定，其中需要特别提醒的一条是超过从业资格有效期180日未申请换证的将被注销证件。

（3）建立从业规范。从业人员在从业期间应携带相应的从业资格证件，严格遵守国家有关法规，按照《汽车运输危险货物规则》（JT617）、《汽车运输、装卸危险货物作业规程》（JT618）操作，并按规定参加培训。

驾驶人员不得超限超载运输；连续驾驶时间不得超过4个小时，并按规定填写行车日志；采取措施防止货物脱落、扬撒等；按规定的运输时间和路线行车。

装卸管理人员应按安全作业规程现场监督装卸作业。押运人员则要求对运输进行全程监管。

同时，对发生意外事故，要求驾驶人员和押运人员必须及时向当地公安和企业或单位报告，并采取警示和应急措施，配合有关部门进行处置。

（4）违规处罚。对未取得相应从业资格证件，或者使用失效、伪造、变造的从业资格证件，或者超越从业资格证件核定范围的，从事道路危险货物运输活动，将由市级交通主管部门处2万以上10万元以下的罚款；构成犯罪，将追究刑事责任。

此外，对于不符合有关机动车驾驶和相关从业要求且没有主动申请注销从业资格的从业人员；或者驾驶人员发生重大以上交通事故，且负主要责任的；或者发现重大事故隐患，不立即采取消除措施，继续作业的从业人员，其从业资格证件将被注销。

3 《道路运输车辆动态监督管理办法》（交通运输部、公安部、国家安全生产监督管理总局令2014年第5号）

该办法规定，道路危险货物运输企业应当按照标准建设道路运输车辆动态监控平台，或者使用符合条件的社会化卫星定位系统监控平台（以下统称监控平台），接入全国重点营运车辆联网联控系统（以下简称联网联失系统），并按照要求将车辆行驶的动态信息和企业、驾驶人员、车辆的相关信息逐级上传至全国道路运输车辆动态信息公共交换平台。企业还应当配备监控人员，实时分析、处理车辆行驶动态信息，及时提醒驾驶员纠正超速行驶、疲劳驾驶等违法行为，并记录存档至动态监控台账；对经提醒仍然继续违法驾驶的驾驶员，应当及时向企业安全管理机构报告，安全管理机构应当立即采取措施制止；对拒不执行制止措施仍然继续违法驾驶的，道路运输企业应当及时报告公安机关交通管理部门，并在事后解聘驾驶人员。

4 其他相关部门规章及文件

针对剧毒化学品运输安全监督总局牵头制定了《剧毒化学品目录》（2002年版）（国家安全生产监督管理总局等8部委公告，2003年第2号）和《剧毒化学品目录（2002年版）

补充和修正表》（安监管危化字〔2003〕196 号）。

公安部根据原《危险化学品安全管理条例》（国务院 2002 年第 344 号令）“通过公路运输剧毒化学品的，托运人应当向目的地的县级人民政府公安部门申请办理剧毒化学品公路运输通行证。办理剧毒化学品公路运输通行证，托运人应当向公安部门提交有关危险化学品的品名、数量、运输始发地和目的地、运输路线、运输单位、驾驶人员、押运人员、经营单位和购买单位资质情况的材料”的要求，制定了《剧毒化学品购买和公路运输许可证件管理办法》（公安部令 2005 年第 77 号，以下简称“公安部 77 号令”）。

在其规定中“国家对购买和通过公路运输剧毒化学品行为实行许可管理制度。购买和通过公路运输剧毒化学品，应当依照本办法申请取得《剧毒化学品购买凭证》《剧毒化学品准购证》和《剧毒化学品公路运输通行证》。未取得上述许可证件，任何单位和个人不得购买、通过公路运输剧毒化学品。任何单位或者个人不得伪造、变造、买卖、出借或者以其他方式转让《剧毒化学品购买凭证》《剧毒化学品准购证》和《剧毒化学品公路运输通行证》，不得使用作废的上述许可证件”。

2013 年，公安部等六部局印发了《关于进一步加强和改进民用爆炸品烟花爆竹安全管理工作的通知》（公通字〔2013〕2 号），规定经由道路运输民用爆炸品、烟花爆竹的企业责任人和车辆，必须取得交通运输部门核发的危险货物第 1 类爆炸品或第 1.1 项、1.2 项、1.3 项、1.4 项、1.5 项、1.6 项运输资质，驾驶人员、押运人员必须取得交通运输部门核发的相应从业资格。运输民爆物品、烟花爆竹的车辆必须使用符合国家有关安全技术标准要求的危险货物专用运输车辆，除符合国家有关标准的集装箱的非罐式专用车辆外，核定载质量不得超过 10 吨。民爆物品、烟花爆竹运达目的地后因故不能及时卸货的，承运单位应及时与托运人联系妥善处理，不能及时处理的，应立即报告当地公安机关。

2013 年，交通运输部、中国保险监督管理委员会联合印发了《关于做好道路运输承运人责任保险工作的通知》（交运发〔2013〕768 号），规定第三者责任保险部分的限额，根据《危险货物品名表（GB12268）》的分类标准，运输第 1-8 类危险货物的车辆，每车每次事故责任限额不低于 100 万元；运输第 9 类危险货物的车辆，每车每次事故责任限额不低于 50 万元；以上各类运输危险货物的车辆，每次事故每人人身伤亡责任限额不低于 40 万元。

针对部分危险程度较低的危险货物颁布了相关豁免通知，包括《关于同意将潮湿棉花等危险货物豁免按普通货物道路运输的通知》（交运发〔2011〕141 号）、《关于农药运输的通知》（交水发〔2009〕162 号）等。

对道路危险货物运输存在的疑问颁布了相应的答复函，包括《关于道路危险货物运输挂车管理有关事项的复函》（交函运〔2013〕221 号）《关于危险废物是否纳入道路危险货物运输管理有关问题的复函》（交函运〔2012〕309 号）、《关于柴油是否纳入危险货物运输管理有关问题的批复》（交函运〔2010〕172 号）、《关于〈关于民用爆炸物品运输是否应纳入道路危险货物运输行业管理的请示〉的复函》（厅公路便〔2008〕20 号）等。

从业人员遇到涉及运输中的相关问题，也可查询具体法规。

模块三 道路危险货物运输相关标准

国家近些年对道路危险货物运输特别重视，制定、发布和实施了一系列的技术标准，统一规范对车辆、人员等方面的运输安全管理和从业人员作业行为要求。根据《中华人民共和国标准法》的规定，国家标准和行业标准分为强制性标准和推荐性标准。保障人体健康、人身财产安全的强制执行的标准是强制性标准，其他标准是推荐性标准。强制性标准包括要求全文强制执行或部分条文强制执行，而推荐标准由企业自愿执行。目前，道路危险货物运输相关标准大部分都是强制性标准，并且经常被相关法律条款引用，成为道路危险货物运输法律法规的组成部分。

小知识

国家标准的标准号以“GB”开头；交通行业的行业标准的标准号以“JT”开头。如果标准号出现“/T”的，为推荐标准，其余为强制标准。

一 国家标准

1 《危险货物分类和品名编号》（GB 6944—2012）

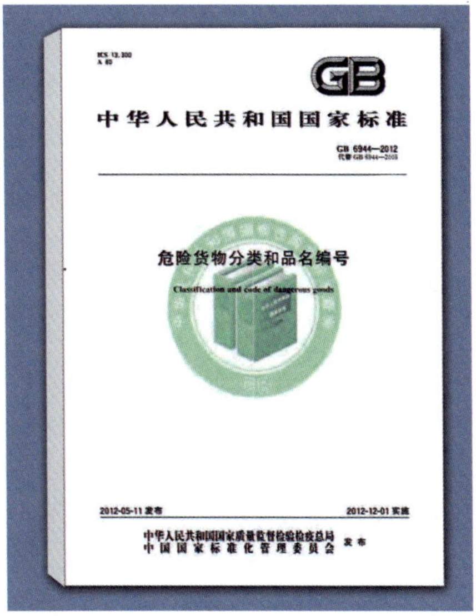

该标准对危险货物分类、危险性的先后顺序和危险货物编号进行了规定，并且与联合国《关于危险货物运输建议书规章范本》分类的技术内容一致。标准的主要内容包括以下几个方面。

（1）危险货物分类。按危险货物具有的危险性或最主要的危险性分为 9 个类别，分别为第 1 类 爆炸品；第 2 类 气体；第 3 类 易燃液体；第 4 类 易燃固体、易于自然的物质、遇水放出易燃气体的物质；第 5 类 氧化性物质和有机过氧化物；第 6 类 毒性物质和感染性物质；第 7 类 放射性物质；第 8 类 腐蚀性物质；第 9 类 杂项危险物质和物品，包括危害环境物质。第 1 类、第 2 类、第 4 类、第 5 类和第 6

类再分成项别[4]。

（2）危险货物包装类别及其划定标准。为了包装目的，除了第1类、第2类、第7类、5.2项和6.2项物质，以及4.1项自反应物质以外的物质[5]，根据其危险程度，划分为三个包装类别，即I类包装（具有高度危险性的物质）；II类包装（具有中等危险性的物质）；III类包装（具有轻度危险性的物质）。同时，在不同项别中明确不同物质包装类别的划定标准。

（3）不同危险货物类、项的判据。标准对不同类别和项别的危险货物进行了界定，为危险货物的不同类别、项别的判断提供了依据。

（4）爆炸品配装组分类和组合。这部分内容是新标准的新增部分。爆炸品配装总的原则是“如果两种或两种以上物质或物品在一起能够安全积载或运输，而不会明显增加事故概率或在一定数量情况下不会明显提高事故危害程度的，可视其为同一配装组”。同时，根据危险性类型将一类爆炸品分为13个配装组，并与6个项别进行组合，具体的划分配装组合的方法，该标准都作了详细的规定。

（5）危险货物危险性的先后顺序，该内容为新增部分。

2 《危险货物品名表》（GB 12268—2012）

《危险货物品名表》中列入了运输、储存、经销以及相关活动过程中最常见的危险货物，但未列入那些特别危险非常批准禁止运输、储存经销及相关活动的危险货物。该表包含了危险货物的联合国编号、名称和说明、英文名称、类别和项别、次要危险性、包装类别、特殊规定等内容。另外需要特别注意的是，《道路危险货物运输管理规定》以列入该品名表的为准，未列入该品名表的，以有关法律、行政法规的规定或者国务院有关部门公布的结果为准。

3 《道路运输危险货物车辆标志》（GB 13392—2005）

该标准对道路运输危险货物车辆标志分类、规格尺寸、技术要求、试验方法、检验规则、包装、标志、装卸、运输和储存，以及安装悬挂和维护要求等方面进行了规定，适用于道路运输危险货物车辆标志的生产、使用和管理。

根据标准规定，道路运输危险货物车辆标志分为标志灯和标志牌。标志灯从车辆侧面看是安装于驾驶室顶部表面中前部，从车辆正面看是在驾驶室顶部中间位置。标志牌一般是悬挂在车辆后厢板或罐体后面的几何中心部位附近，避开放大号的车牌；对于低栏板车辆可视情选择适当悬挂位置。运输爆炸、剧毒危险货物的车辆，则应在车辆侧面厢板几何中心部位附近的适当位置各增加悬挂一块标志牌。运输放射性危险货物的车辆，标志牌的

[4] 类别和项别的号码顺序并不是危险程度的顺序。
[5] 5.2项是有机过氧化物，6.2项是感染性物质，4.1项是易燃固体、自反应物质和固态退敏爆炸品。

悬挂位置和数量应符合《放射性物质安全运输规程》（GB11806）的规定。

此外，标准还特别规定，驾驶人员应当对使用中的车辆标志进行经常性检查和维护，保持车辆标志的清洁和完好。

4 《道路运输爆炸品和剧毒化学品车辆安全技术条件》（GB 20300—2006）

该标准以《危险化学品安全管理条例》《民用爆炸品管理条例》等法规为依据，对道路运输爆炸品和剧毒化学品车辆的术语和定义、技术要求、标志和随车文件进行了规定，适用于在道路上运输爆炸品和剧毒化学品的汽车和挂车。

该标准通过明确车辆底盘、监控设备、整车相关参数、标志及使用说明书等方面的要求，保障运输该类危险化学品车辆的安全性，并通过规定车辆的装载质量和装置容积及车辆的防护、人员防护等要求，最大限度地减少相关事故造成的人员伤亡和环境污染。

5 其他相关国家标准

道路危险货物运输涉及的要素和环节较为广泛，例如包装、包装标志、储运图示、车辆结构、罐式车辆技术、容器技术等方面，均制定了相应的国家标准。这些标准与道路危险货物运输及其企业安全管理息息相关，应当按照规定予以执行。

（1）相关包装标准。

①《危险货物运输包装通用技术条件》（GB 12463—2009）；

②《公路运输危险货物包装检验安全规范》（GB 19269—2009）；

③《危险货物包装标志》（GB 190—2009）；

④《危险货物运输包装类别划分方法》（GB/T 15098—2008）；

（2）相关车辆和容器标准。

①《危险货物运输爆炸品的认可和分项程序及配装要求》（GB 14371—2013）；

②《危险货物运输车辆结构要求》（GB 21668—2008）；

③《道路运输液体危险货物罐式车辆第 1 部分：金属常压罐体技术要求》（GB/T 18564.1—2006）；

④《道路运输液体危险货物罐式车辆第 2 部分：非金属常压罐体技术要求》（GB 18564.2—2008）；

⑤《系列 1 集装箱分类、尺寸和额定质量》（GB/T 1413—2008）；
⑥《液化气体运输车》（GB/T 19905—2005）；
⑦《道路车辆外廓尺寸、轴荷和质量限值》（GB 1589—2004）[6]；
⑧《道路运输车辆综合性能要求和检验方法》（GB 18565—2012）。

二 行业标准

1 《汽车运输危险货物规则》（JT 617—2004）

该标准是我国道理运输危险货物行业中执行的强制性标准，对汽车运输危险货物的托运、承运、车辆和设备、运输、从业人员、劳动防护等方面提出了基本的要求。由于标准的内容与从事道路危险货物运输密切相关，从业人员必须掌握。

该标准主要分为：适用范围、包装、标志和标签、托运、承运、车辆和设备、运输、从业人员、劳动防护、事故应急处理等内容。

2 《汽车运输、装卸危险货物作业规程》（JT 618—2004）

该标准也是我国道理运输危险货物行业中执行的强制性标准，从业人员必须掌握。该标准规定了汽车运输或装卸危险货物的基本要求和安全作业要求。

该标准主要包括适用范围、通则、包装货物运输和装卸要求、散装货物运输和装卸要求、集装箱运输和装卸要求、部分常见大宗危险货物的运输和装卸要求等内容。

3 《气瓶直立道路运输技术要求》（JT/T 773—2010）

该标准为推荐性标准，由企业自愿选择使用。标准对气瓶直立道路运输的一般要求、运输方式及要求、运输车辆、装卸作业、固定要求、运输等方面的技术要求进行了规定，适用于气瓶公称容积小于 1000L，用于盛装气体的移动式压力容器，包括散装气瓶、集装格、集装篮等。

该标准主要包括适用范围、一般要求、运输方式、运输车辆、装卸作业、固定要求、运输以及附录等内容。

4 《危险货物道路运输企业运输事故事件应急预案编制要求》（JT/T 911—2014）

该标准为推荐性标准，由企业自愿选择使用。标准规定了危险货物道路运输企业突发事件应急预案的编制步骤、预案内容以及文本格式与要求。

---

[6] 该标准即将修订完成，颁布实施新版本。

5 《危险货物道路运输企业安全生产管理制度编写要求》（JT/T912—2014）

该标准为推荐性标准，由企业自愿选择使用。标准规定了危险货物道路运输企业安全生产管理制度的编制要求、编制内容、编制步骤、格式及要求。

6 《危险货物道路运输企业安全生产责任制编写要求》（JT/T913—2014）

该标准为推荐性标准，由企业自愿选择使用。标准规定了危险货物道路运输企业安全生产责任制的编制要求、编制内容及格式和要求等。

7 《危险货物道路运输企业安全生产档案管理技术要求》（JT/T914—2014）

该标准为推荐性标准，由企业自愿选择使用。标准规定了危险货物道路运输企业安全生产档案管理要求、档案分类、归档范围、立卷归档、电子档案。

8 其他行业标准

在集装箱技术、人员评价、安全生产管理、应急预案等方面，交通运输部及其他相关部门制定了相应的行业标准，这些标准与道路危险货物运输密切相关，从业人员应了解按照规定执行。相关标准主要如下：

（1）《移动式压力容器安全技术监察规程》（TSG R0005—2011）；

（2）《液体危险货物罐式集装箱》（JT/T 4782—2007）；

（3）《道路货物运输企业等级》（JT/T 631—2005）；

（4）《营运车辆技术等级划分和评定要求》（JT/T 198—2004）；

（5）《职业汽车驾驶员适应性检测评价方法》（JT/T 442—2001）；

（6）《汽车导静电橡胶拖地带》（JT 230—1995）。

模块四　危险货物运输的限制与相关免除

一 危险货物运输的限制

由于危险货物的特性，其必须在一些特定的条件下运输。为了确保运输安全，现实中对危险货物的本身状态以及危险货物的包装、包装件限量、运输量、运输和装卸操作、车辆等作了一系列的限制。根据限定的种类，可分为：限制运输、限量运输和限量包装。

1 限制运输

从危险货物本身来看，其自身就具有不稳定性，会产生各种不同的危险性，如爆炸性、聚合性、遇热分解出易燃、有毒、腐蚀或窒息性气体等。对于大多数危险物质，自身的不稳定性可以通过适合的包装、稀释、添加稳定剂、添加抑制剂、控制温度或采取其他特殊措施来控制，使用这些技术处理后达到运输要求。

从运输管理方面来说，主要是从承运人资质、车辆、设备、从业人员资格、运输、装卸等方面对运输危险货物进行限制的。

（1）资质限制。

《危险化学品安全管理条例》《中华人民共和国道路运输条例》要求危险货物承运人必须经过行政许可，符合《道路危险货物运输管理规定》规定的资质条件，方可从事运输。

（2）车辆、设备限制。

车辆安全技术状况应符合《机动车运行安全技术条件》（GB 7258—2012）、《道路运输爆炸品和剧毒化学品车辆安全技术条件》（GB 20300—2006）、《危险货物运输车辆结构要求》（GB 21668—2008）等标准的要求；车辆技术状况应达到一级车况标准；标志应符合《道路危险货物运输车辆标志》（GB 13392—2006）；车辆应配置带有行车记录功能的卫星定位装置；运输易燃易爆危险货物车辆的排气管应安装隔热和熄灭火星装置，并配备导静电橡胶拖地带装置；车辆应有切断总电源和隔离电火花的装置，切断总电源装置应安装在驾驶室内；装卸易燃易爆危险货物的机械，工、属具应有消除产生火花的措施等。运输车辆和设备必须满足上述条件时，方可从事运输危险货物作业。

此外，《道路危险货物运输管理规定》还明确规定，除铰接列车、具有特定装置的大型物件运输专用车辆外，严禁使用货车列车（经特许，具有特殊装置的大型物件运输专用车辆除外）装运危险货物；倾卸式车辆只准装运散装硫磺、萘饼、粗蒽、煤焦沥青等危险货物。

（3）从业人员限制。

从业人员的素质、技术水平，是决定运输安全的重要因素，所以国家对从业人员实行从业许可。从业人员必须通过交通运输行业的考试，取得从业资格证书。在《道路危险货物运输管理规定》中，为了体现分类管理的理念，加强对剧毒化学品、爆炸品的运输管理，要求相应的从业人员也必须取得剧毒化学品、爆炸品运输从业资格证书。

（4）运输、装卸限制。

《汽车运输、装卸危险货物作业规程》（JT 618—2004）对危险货物的运输、装卸分类、分包装进行限制。例如，运输途中不得进入运输危险货物车辆禁止通行的区域，驾驶人员连续行车时间不得超过4h，一天驾驶总时间不得超过8h；装卸操作时，轻拿轻放，谨慎操作，严防跌落、摔碰、溢漏，禁止撞击、拖拉翻滚、投掷等。危险货物从业人员必须严格按照该标准的规定进行作业。

2 限量运输

限量运输是指使用车辆或罐体等运输容器一次装载危险货物的最大允许载运量。目前，在道路危险货物运输中，对单车一次装载量没有明确的限制，最高限量为汽车核定载质量。对于罐式专用车辆罐体载货后总质量与专用车辆核定载质量相匹配，对于危险程度较高的剧毒化学品、爆炸品以及强腐蚀的危险货物，《道路危险货物运输管理规定》明确限制了其运输容积，要求“运输爆炸品、强腐蚀性危险货物的罐式专用车辆的罐体容积不得超过 $20m^3$，运输剧毒化学品的罐式专用车辆的罐体容积不得超过 $10m^3$，但符合国家有关标准的罐式集装箱除外。运输剧毒化学品、爆炸品、强腐蚀性危险货物的非罐式专用车辆，核定载质量不得超过 10t，但符合国家有关标准的集装箱运输专用车辆除外”。此外，爆炸品和过氧化物中可堆码的物品，其高度不可超过 1.5m，最高件超过车厢栏板部分必须小于该包件的 1/3 等。

3 限量包装

限量包装是指一单件包装的最大允许装载量。单件包装既可以是内包装，也可以是组合包装。在这种情况下一般是规定两个，即每小件内包装限装多少，每件外包装限装多少。限量包装主要的决定因素是危险货物的性质。一般而言，危险性越大的货物，其使用的包装量就应越小。例如，钢桶（1A1）装载液体危险货物，对于采用 I 类包装的，其最大容积为 250L；对于采用 II 类包装的，其最大容积为 450L。其次是包装的形式、材质和强度。金属容器的包装限量要比木质材料的包装限量大。密封型木箱，直接装固体货物，包装限量可达 50kg，而如果作组合包装的外包装则其包装的净重不得超过 20kg。使用可伸缩带覆盖的货盘作为装运货物的外包装时，其每一包件的总重量不得超过 20kg。

二 危险货物运输的相关免除

有些危险货物被列入《危险货物品名表》中，但其危险程度较低或者运输量非常有限且符合相应的包装，使其危险性降低到相当的程度或控制在很小范围内，而在运输过程中不致造成人身伤亡和严重的财产损毁，从降低承托双方的运输成本角度，可以将其当作普通货物运输，称为危险货物运输的免除，也叫危险货物豁免运输。

目前，交通运输部针对部分危险程度较低的危险货物颁布了《关于同意将潮湿棉花等危险货物豁免按普通货物道路运输的通知》（交运发〔2011〕141 号），对潮湿棉花、活性炭、硫等相关危险货物在符合一定的包装要求或浓度要求或者运输量要求的情况下，进行了全部豁免运输。

交运发〔2011〕141 号豁免运输的危险货物列表

序号	联合国编号	名称和说明	包装类别	CN 编号	豁免及其豁免条件
1	UN1365	潮湿棉花	III	42505	全部豁免
2	UN1362	活性炭	III	42521	全部豁免
3	UN1350	硫	III	41501	其中，做成某种形状（如小球、颗粒、丸状、锭状或薄片）的硫磺全部豁免
4	UN3166	内燃发动机或易燃气体发动的车辆或易燃液体发动的车辆	—	—	全部豁免
5	UN1327	干草，禾秆或碎稻草和稻壳	—	—	全部豁免
6	UN3065	乙醇饮料，按体积含乙醇高于 24%，但不超过 70%	III	33551	其中，5L 以下的全部豁免
7	UN1373	动物或植物合成的纤维或纤维织品，未列入时的，含油	III	42509	全部豁免
8	UN3360	植物纤维，干的	—	—	全部豁免
9	UN1263	涂料	III	32198	其中，20L 以下的水性涂料全部豁免
10	UN1210	印刷油墨，易燃，或印刷油墨相关材料，易燃	III	32119	其中，20L 以下的胶印油墨、润版液全部豁免

此外，交通运输部还联合其他相关行业管理部门共同颁布了《关于农药运输的通知》（交水发〔2009〕162 号），主要规定如下。

（1）凡危险性低于国家标准《危险货物品名表》（GB 12268—2005）农药条目包装Ⅲ类标准的农药产品（含农药登记为低毒、微毒产品），按普通货物管理。

（2）对列入标准的农药条目包装类别Ⅲ的农药产品（含农药登记位中等毒产品），其内容器所盛装农药重量或容量在 5kg 或 5L 以内且每包件重量不超过 30kg 的，同时具有符合国家标准《农药包装通则》（GB 3796—2006）规定要求的包装容器和内容器，按普通货物管理，但需要在有关运输文件货物说明中注明“有限数量”或“限量”一词；同时，在包件外表的一个菱形框内表明内装物的联合国编号（前加 UN）和Ⅲ（即包装类别Ⅲ），Ⅲ标在联合国编号下侧。另外，在按限量要求对农药进行包装时，应确保同一外容器的内装物不会因为渗漏而发生危险反应。

（3）但是对包装类别为Ⅰ、Ⅱ的农药产品（含农药登记位剧毒、高度产品）以及不符合限量标准及包装要求的包装类别Ⅲ的农药产品，仍然需要按照危险货物运输。

单元二 危险货物的分类与相关特性

学习要点

了解货物物理及化学特性，熟悉《危险货物品名表》的结构和作用，熟悉危险货物分类及品名编号，熟悉各类危险货物定义及特性。

模块一 危险货物的定义和界定

一 危险货物的定义

依据《危险货物分类和品名编号》（GB 6944—2012），危险货物（也称危险物品或危险品）是指“具有爆炸、易燃、毒害、感染、腐蚀、放射性等危险特性，在运输、储存、生产、经营、使用和处置中，容易造成人身伤亡、财产损毁或环境污染而需要特别防护的物质和物品”。该定义指明在危险货物的性质、危险后果及特别防护三方面的要求。

（1）具有爆炸、易燃、毒害、感染、腐蚀、放射性等危险特性。具体指明了危险货物本身所具有的特殊理化性质。

考虑到交通运输部已根据《放射性物品运输安全管理条例》（国务院令第 562 号）制定了《放射性物品道路运输管理规定》（交通运输部令 2010 年第 6 号），故在本教材中不涉及放射性物品。

（2）容易造成人身伤亡、财产损毁或环境污染。指出了危险货物在一定条件下，如受热、明火、摩擦、振动、撞击或与性质相抵触物品接触等，发生化学变化所产生的危险效应。不仅是货物本身遭到损失，更严重的是危及人身安全、破坏周围环境。

（3）在运输、储存、生产、经营、使用和处置中需要特别防护。这里的“特别防护”，不仅指货物运输必须做到的诸如轻拿轻放、谨防明火等防护，还包括针对危险货物本身特性所采取的各种“特殊”防护措施。大多数危险货物的包装和配载都有特定要求，如有的爆炸品需添加抑制剂方可运输。

上述三个要求缺一则不成为危险货物。如贵重物品防丢失、精密仪器防振动等都需特别防护，但这些物品不具特殊理化性质，一旦防护失措，不会造成人身伤亡或除货物本身以外财物毁损，所以不属危险货物。

在我国，道路危险货物运输所涉及“危险货物”以列入国家标准《危险货物品名表》（GB 12268—2005）的为准，凡是《危险货物品名表》列名的货物，均为危险货物。未列入《危险货物品名表》的，以有关法律、行政法规的规定或者国务院有关部门公布的结果为准。

危险货物的分类、分项、品名和品名编号则以国家标准《危险货物分类和品名编号》（GB 6944—2012）、《危险货物品名表》（GB 12268—2005）为准。

二 危险货物分类和品名

1 危险货物的分类

《危险货物分类和品名编号》（GB 6944—2012）明确，危险货物按其具有的危险性或最主要的危险性分为 9 个类别。第 1 类、第 2 类、第 4 类、第 5 类和第 6 类再分成项别。类别和项别分列如下。

第 1 类　爆炸品。

第 1.1 项：有整体爆炸危险的物质和物品；

第 1.2 项：有迸射危险，但无整体爆炸的物质和物品；

第 1.3 项：有燃烧危险并有局部爆炸危险或局部迸射危险或这两种危险都有，但无整体爆炸危险的物质和物品；

第 1.4 项：不呈现重大危险的物质和物品；

第 1.5 项：有整体爆炸危险的非常不敏感物质；

第 1.6 项：无整体爆炸危险的极端不敏感物品。

第 2 类　气体。

第 2.1 项：易燃气体；

第 2.2 项：非易燃无毒气体；

第 2.3 项：毒性气体。

第 3 类　易燃液体。

第 4 类　易燃固体、易于自燃的物质、遇水放出易燃气体的物质。

第 4.1 项：易燃固体；

第 4.2 项：易于自燃的物质；

第 4.3 项：遇水放出易燃气体的物质。

第 5 类　氧化性物质和有机过氧化物。

第 5.1 项：氧化性物质；

第 5.2 项：有机过氧化物。

第 6 类　毒物质和感染性物质。

第 6.1 项：毒性物质；

第 6.2 项：感染性物质。

第 7 类　放射性物质。

第 8 类　腐蚀性物质。

第 9 类　杂项危险物质和物品。

危险货物的分类，主要是依据危险货物具有的危险性或最主要的危险性。在其具体命名时，有的是根据货物的物理性质；有的是根据货物的化学性质（如：氧化性物质和腐蚀性物质）；有的是结合货物的物理和化学性质（如易燃液体和易燃固体）；还有的是根据货物对人身伤害的情况（如毒性物质）。总之，哪一种特性在运输的危险中居主导地位，就把该货物归为那一类危险品。上述的分类标准，并不是相互排斥的，大多数危险货物都兼有两种以上的性质。因此，在注意到某种货物的主要特性时，必须注意到该货物的其他性质。

2 危险货物的品名、编号

2012 年 5 月 11 日修订的《危险货物品名表》（GB 12268—2012），规定了 3000 多种危险货物的品名，危险货物的品名编号则采用联合国编号（UN 号），取消了原有的中国编号（即 CN 号）。危险货物品名表的每个条目都对应一个编号。危险货物名表的条目包括以下四类。

（1）“单一”条目适用于意义明确的物质或物品。

示例：UN 1090　丙酮

UN 1194　亚硝酸乙酯溶液

（2）“类属”条目适用于意义明确的一组物质或物品。

示例：UN 1133　粘合剂，含易燃液体

UN 1266　香料制品，含油易燃溶剂

UN 2757　固态氨基甲酸酯农药，毒性

UN 3101　液态 B 型有机过氧化物

（3）“未另作规定的”特定条目适用于一组具有某一特定化学性质或特定技术性质的物质或物品。

示例：UN 1477　无机硝酸盐，未另作规定的

UN 1987　酯类，未另作规定的

（4）“未另作规定的”一般条目适用于一组符合一个或多个类别或项别标准的物质或物品。

示例：UN 1324　有机易燃固体，未另作规定的

UN 1993　易燃液体，未另作规定的

3 危险货物品名表结构

危险货物品名表分为 7 栏，如表所示。

危险货物品名表（摘录）

联合国编号	名称和说明	英文名	类别和项别	次要危险性	包装类别	特殊规定
0004	苦味酸铵，干的，或湿的，按质量含水低于 10%	AMMONIUM PICRATE dry or wetted with less than 10% water，by mass	1.1D			
0005	武器弹药筒，带有爆炸装药	CARTRIDGES FOR WEAPONS with bursting charge	1.1F			
0006	武器弹药筒，带有爆炸装药	CARTRIDGES FOR WEAPONS with bursting charge	1.1E			
0007	武器弹药筒，带有爆炸装药	CARTRIDGES FOR WEAPONS with bursting charge	1.2F			
0009	燃烧弹药，带有或不带有起爆装置、发射剂或推进剂	AMMUNITION，INCENDIARY with or without burster，expelling charge or propelling charge	1.2G			
0010	燃烧弹药，带有或不带起爆装置、发射剂或推进剂	AMMUNITION，INCENDIARY with or without burster，expelling charge or propelling charge	1.3G			
0012	武器弹药筒，带惰性射弹或轻武器弹药筒	CARTRIDGES FOR WEAPONS，INERT PROJECTILE or CARTRIDGES，SMALL ARMS	1.4S			
0014	武器弹药筒，无弹头或轻武器弹药筒，无弹头	CARTRIDGES FOR WEAPONS，BLANK or CARTRIDGES，SMALL ARMS，BLANK	1.4S			
0015	发烟弹药，带有或不带起爆装置、发射剂或推进剂	AMMUNITION，SMOKE with or without burster，expelling charge or propelling charge	1.2G			204
0016	发烟弹药，带有或不带起爆装置、发射剂或推进剂	AMMUNITION，SMOKE with or without burster，expelling charge or propelling charge	1.3G			204
0018	催泪弹药，带有起爆装置、发射剂或推进剂	AMMUNITION，TEAR-PRODUCING with burster，expelling charge or propelling charge	1.2G	6.18		
0019	催泪弹药，带有起爆装置、发射剂或推进剂	AMMUNITION，TEAR-PRODUCING with burster，expelling charge or propelling charge	1.3G	6.18		

第 1 栏“联合国编号”——即危险货物编号，是根据联合国分类制度给危险货物划定的系列编号。

第 2 栏“名称和说明”——危险货物的中文正式名称，用黑体字（加上构成名称一部分数字、希腊字母、“另”、“特”、间、正、邻、对等）表示；也可附加中文说明，用宋体字表示（其中“%”符号代表：a）如果是固体或液体混合物以及溶液和用液体湿润的固体，为根据混合物、溶液或湿润固体的总质量计算的质量分数，单位为 10^{-2}；b）如果是压缩气体混合物，按压力装载时，用占气体混合物总体积的体积分数表示，单位为 10^{-2}；或按质量装载时，用占混合物总质量的质量分数表示，单位为 10^{-2}；c）如果是液化气体混合物和加压溶解的气体，用占混合物总质量的质量分数表示，单位为 10^{-2}）。

第 3 栏“英文名称”——危险货物的英文正式名称，用大写字母表示；附加说明用小写字母表示。

第 4 栏“类别或项别”——危险货物的主要危险性，其中第 1 类危险货物还包括其所属的配装组，危险货物的类别或项别以及爆炸品配装组划分按 GB 6944 确定。

第 5 栏“次要危险性”——除危险货物主要危险性以外的其他危险性的类别或项别，按 GB 6944 确定。

第 6 栏“包装类别”——按照联合国包装类别给危险货物划定的类别号码，按 GB 6944 确定。

第 7 栏“特殊规定”——与物品或物质有关的任何特殊规定，其适用于允许用于特定物质或物品的所有包装类别。

危险货物品名表列入了运输、储存、经销及相关活动等过程中最常见的危险货物。凡是《危险货物品名表》列名的货物，均为危险货物。当然，随着新产品不断出现，没有列入品名表的某些危险货物并不表明不受到特别限制即可运输、储存、经销及相关活动。就道路危险货物运输而言，《道路危险货物运输管理规定》指出：“未列入《危险货物品名表》的，以有关法律、行政法规的规定或者国务院有关部门公布的结果为准”。《汽车运输危险货物规则》（JT617）则规定：“托运未列入《危险货物品名表》的危险货物时，应提交与托运的危险货物完全一致的安全技术说明书、安全标签和危险货物鉴定表”。

危险货物性质鉴定表

品名		别名	
英文名		分子式	
理化性能[a]			
主要成分[b]			
包装方法[c]			
中毒急救措施			
撒漏处理和消防方法			
运输注意事项[d]			
鉴定单位意见	属于＿＿＿＿类＿＿＿＿项危险货物 比照＿＿＿＿品名办理 比照危规第＿＿＿＿号包装		
鉴定单位联系人：　电话：　传真： 地址：　邮编： 鉴定单位及鉴定人＿＿＿＿（盖章）　年　月　日			
申请单位联系人：　电话：　传真： 地址：　邮编： 申请鉴定单位＿＿＿＿（盖章）　年　月　日			

注：鉴定单位由国家安全生产监督管理局指定。

a. 性能包括色、味、形态、密度、熔点、沸点、闪点、燃点、爆炸极限、急性中毒极限及危险程度；

b. 凡危险货物系混合物，应该详细填写所含危险货物的主要成分；

c. 包装方法应注明材质、形状、厚度、封口、内部衬垫物、外部加固情况及内包装单位质量(重量)等；

d. 对该种货物遇到何种物质可能发生的危险，提出防护措施。

模块二　货物的基本理化特性常识

一般货物是指包括电力、热力、气体在内供出售的物品。在货物学中，将货物定义为：凡是经由运输部门或仓储部门承运的一切原料、材料、工农业产品、商品以及其他产品。一般货物也属于物质的范畴。

一　物质的概念及相关特性

1 物质的形态

世界是由物质组成的。物质总是以一定的形态而存在的，主要有固态、气态和液态三种形态，简称为物质的"三态"。物质的状态是随着温度和压力的变化而变化的。以氯气为例，在常温（20℃左右）、压力低至1MPa（即10atm）以下，氯气呈气态；而在144℃、加压到7.7MPa时，它就会变成液态。随着温度降低，其液化压力也可降低，如在常温、压力约为2MPa时氯气仍能保持液态。其中：工程单位制中的压力单位为atm（标准大气压），现通用的国际单位制中的压力单位为Pa（帕斯卡），存在以下关系式：

$1atm=1kg/cm^2$；$1Pa=1N/m^2$；$1kPa=10^3Pa$；$1MPa=10^6Pa$；$1GPa=10^9Pa$；$1atm=10^5Pa$。kPa读作千帕；MPa读作兆帕；GPa读作吉帕。本书以下均采用国际单位制。

危险货物包装的选用以及运输条件的确定，在很大程度上取决于该物质的状态和变化规律。如运输液体、气体危险货物罐车的罐体，有压力容器和常压容器。一般讲，常温常压是20℃、1个标准大气压（atm）。据此，常压容器的工作压力不高于1个标准大气压（atm）。这样，人们常说的"压力容器"是指其工作压力高于1个标准大气压（atm）。压力容器的准确定义，要参照《特种设备安全监察条例》（国务院令第549号）第九十九条。

2 物理变化

物质发生变化时没有生成其他物质的变化叫做物理变化。如：水沸腾时生成水蒸气，冷却至0℃时凝结成冰。虽然形态不同，但水、冰、水蒸气仍是同一种物质——水，即它们的性质没有发生变化。

3 化学变化

化学变化又叫化学反应，是指物质在变化时生成其他物质的运动形式，常表现为颜色改变、放出气体、生成沉淀等。如汽油与空气混合燃烧后生成CO、CO_2、HC、NO_x等气体等。化学变化不但生成其他物质，而且还伴随着能量的变化，如吸热、放热、发光等。如黄磷能与空气中的氧接触发生化学反应生成五氧化二磷，同时放出大量的热并引起燃烧。这些现象有助于判断有没有化学变化的发生。在危险货物在运输过程中发生的化学变化，主要包括氧化、燃烧、爆炸、腐蚀、中毒等。

4 物理性质

物质不需要发生化学变化就表现出来的性质叫物理性质，如状态、密度、熔点、沸点、颜色、气味等。物质的物理性质对识别货物、把握运输条件有重要的作用。如在炎热季节，汽油、酒精等低沸点液体物质，受温度影响，会产生膨胀，甚至发生包装容器破裂等。

（1）密度和相对密度。

密度是指某种物质单位体积的质量。密度的单位可用千克每立方米（kg/m^3）或克每立方厘米（g/cm^3）表示；气体的密度常用克每升（g/L）或克每毫升（g/mL）表示。常见物质的密度如表所示。

常见物质的密度

物　质	密度（g/cm^3）	物　质	密度（g/cm^3）
氢气	0.00009	煤油	0.80
氦气	0.00018	苯	0.88
一氧化碳	0.00125	水	1.00
空气	0.00129	甘油	1.26
氧气	0.00143	硫酸	1.834
二氧化碳	0.00198	硝酸	1.503
氯气	0.00321	盐酸	1.12 ~ 1.19
汽油	0.70	铁	7.8
乙醚	0.71	汞	13.6
酒精	0.80		

相对密度是指相同温度、相同压力下两种物质的密度之比。一般地，气体的相对密度是以空气为标准；而液体的相对密度则是以水为标准。

从业人员了解危险货物的相对密度对安全运输具有重要意义。如：由于二氧化碳的相对密度比空气大得多，使二氧化碳覆盖在火焰上可以隔绝空气与火焰的接触，从而实现灭火。有些气体包括一些有毒或可燃物质的蒸气比空气重，它们在空气中易于下沉或积聚，往往会造成中毒（如煤气 CO 中毒），或燃烧爆炸等恶性事故。油类不溶于水且其相对密度比水小，若油类物品失火时用水扑救，油就会浮在水面上继续燃烧并随着水的流动而扩大灾情，所以应使用泡沫、干粉灭火。

（2）沸点和熔点。

物质三态相互转化时，当压力固定，温度就成为其所处状态的决定因素。在一个大气压下，液体沸腾转化为气体时的温度称为沸点。反之，从气体冷凝的角度来看，则这个温度又称为液化点。液体沸腾时，继续加热，仅促使沸腾继续进行，而不会使液体温度再升高。因此，在压力不变时，液体的沸点是一定的。同样，固体熔化时的温度也是一定的。在一个大气压下，固体熔化时的温度称为熔点。而从液体凝固的角度来看，则这个温度又称为凝固点。

要特别重视那些熔点、沸点在常温范围内的危险货物的运输作业。若作业操作不当，这些货物常温下会出现状态转化，引发危险。如，乙胺沸点为 16.6℃，四氧化二氮沸点为 21℃，低温下这些货物呈液态，温度超过其沸点（处于常温范围内）则为气态，压力或体积变化较大。故这些货物的包装应考虑到气液两种状态的特性。

（3）升华和潮解。

升华是指一种物质从固态不经过液态直接转化为气态的现象，如萘、樟脑等都容易升华。若物质本身具有易燃性，升华成气体时着火的危险性就更大。

潮解是指某些物质（如氢氧化钠（固态））从空气中吸收或者吸附水分，使得表面逐渐变得潮湿、滑润，最后物质就会从固体变为该物质的溶液的现象。有些物质吸收空气中的水分后，不仅仅是发生单一的溶解现象，而同时会发生化学变化，生成新的物质，如氢化钠、电石等吸收水分后会生成易燃的氢气、乙炔气等。

5 化学性质

物质在化学变化中表现出来的性质叫化学性质。危险货物的危险性主要由物质的化学性质所决定。从业人员掌握各种危险货物的化学性质，是确保安全运输的先决条件。如：已知乙醚的沸点为 34.5℃，闪点为 –40℃，相对密度为 0.715，有麻醉性，是极易燃且有毒、比水轻的强挥发性液体物质，应使用严密封口的铁桶、玻璃瓶或塑料瓶进行包装，防止因挥发使乙醚气体扩散到空气中引起人畜中毒、燃烧和爆炸。因乙醚的沸点较低，在夏季运输时应使用大容量的铁桶包装进行冷藏运输，且由于乙醚比水轻，在发生火灾时不能用水扑救。

总之，各种物质都有不同的特性，当受到日晒、摩擦、撞击，或接触明火，或在运输中温度不适宜，或与性质相抵触的物质配载时，都易引起各种变化，使承运的危险货物发生潮解、风化、氧化、发热、溶化、熔化、沉淀、聚合、挥发、燃烧、爆炸等。因此，各种危险货物在运输过程中，必须根据它们的各种特性，严格执行各种安全操作规程，做好安全防范工作，消除不安全隐患，确保其运输安全。

二 物质的分类

1 纯净物

由单一物质构成的物质是纯净物，如蒸馏水、纯酒精等。危险货物大多数是纯净物，其特性也是就纯净物而言的。纯与不纯是相对的，没有绝对的纯。在某些危险货物的规格上，常标有“优级纯”、“分析纯”、“化学纯”、“试剂纯”、“工业纯”，分别表明该物质的纯净程度。在规定的纯度内，可以将这些危险货物认为是纯净物。从运输要求讲，只要一种物质中所含杂质的量不至于影响危险货物储运安全的，就可认为是纯净物。运输中，在两种情况下对危险货物的纯度有要求：

某些危险货物对杂质特别敏感，杂质达到一定的量就会影响储运安全。如：高纯的石灰氮遇水是不会放出易燃气体的，但当其中含有一定量的碳化钙（电石）杂质时，遇水则会产生剧烈反应。又如有机过氧化物，即使微量的酸类、金属氧化物或胺类都会使其剧烈分解。

某些危险货物在高纯度时化学性能非常活跃，为了储运安全，会要求在这些物质里加上阻聚剂防止其聚合，或者在高纯度的易爆物质里掺上水、石粉等来降低其敏感度。

纯净物又分为单质和化合物两种。由一种元素组成的纯净物叫做单质。由不同种元素组成的纯净物叫做化合物。单质按其不同性质又可分为金属和非金属。有将近 60 种单质被列入危险货物，大致分以下几种情况。

（1）由金属性非常强的碱金属和碱土金属两族元素组成的单质，如锂、钠、钾、铷、铯、钫、铍、镁、钙、锶、钡等。

（2）由非金属性非常强的卤族元素和氧族元素组成的单质，如氟、氯、溴、碘、砹，氧、硫、硒、碲等。

（3）由毒性强的元素组成的单质。

（4）由颗粒比较细小的某些金属元素组成的单质，如粉状的锌、铝、锰，钍、钛、锆、铪等。

（5）放射性元素。

（6）惰性气体。惰性气体就其本身的性质而言不具备化学危险性，但其被装在 15MPa 以上的高压气瓶内时，无疑就是随时会引爆的重磅炸弹。

2 混合物

混合物是指由两种或多种物质混合而成的物质，如：含有氧、氮、稀有气体、二氧化碳及其他气体及杂质的空气、含有各种有机物的石油（原油）、油漆、炸药等，均为混合物。

组成混合物的各种成分之间没有发生化学反应，它们保持着原来的性质，但这些性质综合起来又给混合物以新的性质，或加剧、或抑制了混合物中某些物质的特性。如硫磺、碳末是易燃品，硝酸钾是氧化剂，将这三者以一定比例混合后就形成爆炸品，称为黑火药，这是因为硫磺、碳末和硝酸钾仍然保持了各自原有的性质。

三 无机化合物

化合物按其组成与性质，可分为无机化合物与有机化合物两大类，绝大多数的无机化合物可以归入氧化物、酸、碱、盐四大类。

1 氧化物

任何元素和氧化合生成的化合物称为氧化物。金属元素和氧化合得到金属氧化物，如危险货物中的氧化铍（BeO）、氧化汞（HgO）等；非金属元素和氧化合得到非金属氧化物，如二氧化碳（CO_2）、二氧化硫（SO_2）、五氧化二磷（P_2O_5）等。

根据化学性质不同，氧化物按照是否与水生成盐及生成的盐的类型可分为酸性氧化物、碱性氧化物等。列入危险货物的氧化物大致有这样几种：所有的过氧化物和一部分易分解释放出氧的氧化物；所有气体状态的氧化物；所有遇水反应能生成酸或碱的氧化物；一部分对人体有毒害作用的氧化物。显然，列入危险货物的氧化物，除气体外，大部分都会与水发生反应生成碱或酸或释放出氧。所以，在运输过程中必须注意防水。

2 碱

碱多指碱金属及碱土金属的氢氧化物，如氢氧化钾（KOH）、氢氧化钠（NaOH）等。除氢氧化钠、氢氧化钾、氢氧化钡、氢氧化钙（$Ca(OH)_2$）（微溶）和一水合氨（氨水）外，其余的碱基本上都难溶于水。

一般情况下，活泼金属钾、钠等的氢氧化物，碱性很强，能强烈腐蚀人体、织物、纤维等物品，故列入危险货物；很多不太活泼金属的氢氧化物，如氢氧化镁、氢氧化铜，则因其碱性较弱，也没有其他突出的危险性，所以不属于危险货物。有的碱毒性更为突出，则列入毒性物质类。

3 酸

酸即指溶解于水时释放出的阳离子全部是氢离子（H^+）的化合物。它们在水溶液中都能电离生成带正电的氢离子和带负电的酸根离子。大多数酸是液体。有些酸是气体物质的水溶液，如盐酸是氯化氢的水溶液。还有少数的酸是固体，如硼酸 H_3BO_3、磷酸 H_3PO_4 等。

与碱一样，酸的腐蚀性也有强弱之分。几乎所有的酸都列入危险货物。但要注意的是，酸并非都被列入腐蚀性物质类。除了腐蚀这一共同特性外，有的酸有极强的氧化性，有的酸毒性的危险性远远大于腐蚀性，有的酸会剧烈分解发生爆炸。

4 盐

酸跟碱作用而生成盐和水的反应叫做中和反应。凡是电离时生成金属阳离子和酸根阴离子的化合物都叫做盐。

盐的个性差异很大，危险货物中的盐散见于爆炸品、氧化剂、毒性物质、腐蚀性物质等各类别中。

四 有机化合物

含有碳、氢两种元素的化合物称为有机化合物，简称有机物。有时也将有机化合物又称为碳氢化合物。

1 有机化合物的特征

有机化合物一般都难溶于水，而易溶于有机溶剂；有机物对热不稳定，一般都能燃烧，第 3 类易燃液体几乎全部是有机物。

2 有机化合物的主要危险性

（1）大多数有机物为易燃品或可燃品。

有机物的熔点和沸点都较低，在室温下易于挥发，并具有较低的比热和着火温度，这些物理性质是有机物易点燃的原因。

（2）大多数有机物对健康有危害性。

首先，由于其易于挥发，机体摄入这些有机物，极可能引起某些细胞功能的改变。不过，有机化合物的毒性作用彼此有很大的差别，有的吸入时会发生麻醉作用；所有的有机物均有刺激性；还有不少有机物是有毒的。其次，由于绝大部分的有机物在燃烧时，即使有足量的空气，也不能完全燃烧，常生成大量的一氧化碳和其他有毒气体，对消防人员的危害极大。

（3）有机物火灾扑灭的困难大。

大多数有机物难溶于水，易溶于有机溶剂，故用水来扑灭有机物燃烧的火焰通常无效，而应用二氧化碳、泡沫或卤剂来扑救。

五 溶液

溶液不是化合物也不是混和物，而是介于化合物和混和物之间的一种物质。溶液有两种以上的组成成分。凡是用来溶解其他物质的液体，称为溶剂；凡是被溶剂所溶解而成溶液的物质，称为溶质。溶质以单个分子（或离子）均匀地分散在溶剂分子间的液体叫做溶液，溶液具有澄清透明和均匀的外形。

溶液的化学性质是由组成溶液的溶剂和溶质共同决定的。溶液兼有溶剂和溶质的各自化学性质。危险货物中有大量的溶液，主要是以酒精为溶剂的各种化妆品；以苯为溶剂的各种农药、杀虫剂、粘胶剂；以香焦水、溶剂油等为溶剂的各种油漆；还有以丙酮、乙醚为溶剂的各种制品等。这些商品的品种繁多，而且还在不断增加。它们的特性主要是由溶剂的特性决定的，溶剂属哪一级易燃液体，这些溶液就应按那一级易燃液体的条件进行储运。所以在受理托运这一类货物时，不能仅写一个商品名称，而必须注明其溶剂的名称。溶质的性质有时也起到不容忽视的决定作用。如乙醇无毒，为防止偷盗工业用酒精作食用酒，就在乙醇中掺入极少量的甲醇，整个溶液即有毒不能食用也不能做医药用，而其工业用途不受丝毫影响，这时的品名应是工业（或变性）酒精。

从业人员准确地知道自己所运货物一定量的溶液里含有多少溶质是很重要的。以乙醇为例，纯乙醇的沸点 79℃，相对密度 0.79，闪点 13℃，爆炸极限 3.3% ~ 19%。乙醇无限溶于水，随着水的含量不同，酒精水溶液的参数也发生变化。30% 的酒精水溶液闪点 35.5℃；白酒的酒精含量约 50% ~ 60%，闪点在 22.5 ~ 25.5℃之间。又如，75% 以下硫酸水溶液不能用铁质容器包装等。

1 溶液的浓度

一定量的溶液里所含溶质的量叫做溶液的浓度。溶液浓度的表示方法有百分比浓度、ppm 浓度、当量浓度等，常用的有以下几种。

（1）百分比浓度：即溶质质量占全部溶液质量的百分比。

$$\text{百分比浓度}=\frac{\text{容质质量}}{\text{溶质质量}+\text{溶剂质量}}\times 100\%$$

（2）ppm 浓度：当溶液的浓度极稀时，用百分比表示很不方便，可用百万分比表示。ppm 是百万分数的符号。

$$\text{ppm 浓度}=\frac{\text{容质质量}}{\text{溶质质量}+\text{溶剂质量}}\times 100\text{ppm}$$

2 溶液的溶解度

在相同的条件下，各种溶质在一定量的溶剂中所能溶解的能力是不同的。物质的溶解能力又叫溶解性，同样的溶质在不同的溶剂中的溶解性也是不同的。因此，要说某溶质在某溶剂里的溶解性，如果没有指明溶剂，则是指溶剂为水。一般认为 20℃时，在 100g 水中能溶解 10g 以上的物质是易溶物质；能溶解 1g 以上的是可溶物质；能溶解 1g 以下的是微溶物质；能溶解 0.01g 以下的是难溶物质（或不溶物质）。

物质的溶解性通常用溶解度来定量表示。在一定温度下，100g 溶剂中最多可溶解的溶质克数，叫做这种溶质在某温度下某溶剂里的溶解度。温度、压强都对溶解度有一定的影响，但影响程度因溶质而异。在危险货物的储运工作中，了解各种货物尤其是液体货物对水的溶解性是很重要的。水是重要的消防手段，使用水扑救易燃液体火灾时，必须了解该易燃液体是否溶于水。溶于水可以用水扑救；不溶于水而密度又小于水，则该易燃液体会浮在水面上流淌，使火势蔓延。有毒气体泄漏时，如该气体溶于水，也可用水扑救，或将气瓶抛于水中以应急。

模块三　爆炸品基本特性

一　爆炸品的定义

依据《危险货物分类和品名编号》（GB 6944—2012），爆炸品是指在外界作用下（如受热、撞击等），能发生剧烈的化学反应，瞬时产生大量的气体和热量，使周围压力急骤上升，发生爆炸，对周围环境造成破坏的物品，也包括无整体爆炸危险，但具有燃烧、抛射及较小爆炸危险，或仅产生热、光、音响或烟雾等一种或几种作用的烟火物品。

根据爆炸时发生的变化性质，爆炸可分为物理爆炸、化学爆炸和核爆炸。该定义非常明确地指出“爆炸品”的爆炸是属于化学爆炸，即指物质因得到起爆的能量而迅速分解，释放出大量的气体和热量的过程。炸药、炮弹、爆竹以及爆炸性药品的爆炸都是化学爆炸。化学爆炸必须同时具备 3 个因素：①反应速度快；②释放出大量的热；③产生大量气体。

二　爆炸品的分项

由于各种爆炸物品特性差异，其危险程度也各不相同。《危险货物分类和品名编号》（GB 6944—2012）将第 1 类 爆炸品按危险程度分为 6 项。

（1）第 1.1 项　有整体爆炸危险的物质和物品。

（2）第 1.2 项　有进射危险，但无整体爆炸危险的物质和物品。

（3）第 1.3 项　有燃烧危险并有局部爆炸危险或局部迸射危险或这两种危险都有，但无整体爆炸危险的物质和物品。

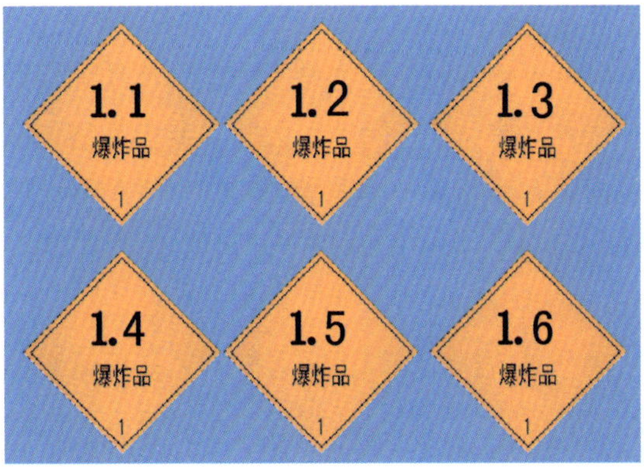

本项包括满足下列条件之一的物质和物品：

①可产生大量热辐射的物质和物品；

②相继燃烧产生局部爆炸或迸射效应或两种效应兼而有之的物质和物品；

（4）第 1.4 项　不呈现重大危险的物质和物品。

本项包括运输中万一点燃或引发时仅造成较小危险的物质和物品；其影响主要限于包件本身，并预计射出的碎片不大、射程也不远，外部火烧不会引起包件几乎全部内装物的瞬间爆炸。

（5）第 1.5 项　有整体爆炸危险的非常不敏感物质。

本项包括有整体爆炸危险性、但非常不敏感，以致在正常运输条件下引发或由燃烧转为爆炸的可能性很小的物质。

（6）第 1.6 项　无整体爆炸危险的极端不敏感物品。

本项包括仅含有极不敏感爆炸物质、并且其意外引发爆炸或传播的概率可忽略不计的物品。本项物品的危险仅限于单个物品的爆炸。

三 爆炸品的特性

一般决定爆炸品爆炸性能强弱的指标主要有以下 3 个。

（1）感度（亦称敏感度）。

感度是指爆炸品在外界作用下发生爆炸反应的难易程度。爆炸品需要外界提供一定量的能量才能触发爆炸反应，否则爆炸反应就不能进行。感度高低通常以引起爆炸所需要的最小外界能量（又称初始冲能或起爆能）来表示。显然，引起某爆炸品爆炸所需的起爆能越小，则其感度越高，危险性也越大。不同爆炸品所需起爆能的大小是不同的，其敏感度也是不同。如：TNT 对火焰的敏感度较小，但如用雷管引爆则立即爆炸。即使同一种爆炸品，所需起爆能大小也不是固定不变的。如同样是 TNT，在缓慢加压的情况下，它可经受几千千克压力也不爆炸，但在瞬间撞击情况下，即使冲击力很小，也会引起爆炸。这就是爆炸品的运输装卸作业中不能摔碰、撞击的原因。

起爆能有多种能量形式，如机械能（冲击、摩擦、针刺）；热能（高温、明火、火花、火焰）；电能（电热、电火花）；光能（激光及其他光线）；爆炸能（雷管、起爆药）等。在运输装卸过程中，温度变化及机械作用的影响是不可避免的，所以在各种形式的感度中，主要是确定爆炸品的热感度和撞击感度。

①热感度：指爆炸品在外界热能作用下发生爆炸变化的难易程度。一般用“爆发点”来表示。爆发点是指物质在一定延滞期内发生爆炸的最低温度。延滞期则指从开始对炸药加热到其发生爆炸所需要的时间。表中给出了在不同延滞期下 TNT 的爆发点。可见，同一爆炸品，延滞期越短，爆发点越高；延滞期越长，爆发点越低。虽未受高热，但受低热时间足够长也会诱发爆炸。因此，在运输中一定要使爆炸品远离热源或采取严格隔离措施。

TNT 炸药在不同延滞期下的爆发点

延滞期	5s	1min	5min	10min
爆发点（℃）	475	320	285	270

②撞击感度：指爆炸品在机械冲击的外力作用下，对冲击能量的敏感程度。冲击感度高，说明其对外界冲击能量的敏感度高，易于引起爆炸。反之，冲击感度低，说明其对冲击能量的感度低，不易引起爆炸。如装卸时不慎，炸药由高空落下；车辆在行驶中发生剧烈的冲击、震动等均属这一类。

炸药的纯净度对其撞击感度有很大的影响。当炸药内混入坚硬物质如玻璃、铁屑、砂石等时，则其撞击感度增加，危险性增大。当炸药中混入惰性物质如石蜡、硬脂酸、机油等时，则其撞击感度降低。因此，在运输装卸过程中，严禁混入坚硬杂物，车厢货舱应保持干净，炸药撒漏物绝不能再装入原包装内。有些较敏感的炸药（如黑索金、泰安等），在运输过程中为确保安全，可加入适量石蜡（这些附加物称为钝感剂）使其钝化，以增加安全系数。

（2）威力和猛度。

①威力：指炸药爆炸时的作功能力，即炸药爆炸时对周围介质的破坏能力。威力的大小主要取决于爆热的大小、爆炸后气体生成量的多少以及爆温的高低。

②猛度：又称猛性作用，指炸药爆炸后爆轰产物对周围物体（如混凝土、建筑物或矿石层等）破坏的猛烈程度。

爆炸品的威力和猛度越大则炸药的破坏作用越强。衡量威力和猛度的参数很多，运输中采用爆速，即爆炸品本身在进行爆炸反应时的传播速度（m/s），它是决定爆炸威力的重要因素。爆速越大，单位时间内进行爆炸反应的爆炸品越多，其爆炸威力也越大。通常将爆速是否大于3000m/s作为衡量爆炸品威力强弱的一个参考指标。从常见炸药的爆速等参数可看出黑索金、泰安、特曲儿、硝化甘油等都是爆炸威力很强的炸药。

常见炸药的爆速等参数

炸药品名	爆速（m/s）	1kg炸药爆炸后所产生的气体量（L）	1kg炸药爆炸后所产生的热量（kJ）
黑火药	500	280	2784
硝化甘油	8400	716	4196
硝化纤维	6300	765	4291
梯恩梯	6990	727	4187
特曲儿	7740	710	4564
黑索金	8380	908	6280
泰安	8400	780	6389
雷汞	4500	315	1541
迭氮铅	4500	310	1089

（3）安定性（稳定性）。

爆炸品的安定性是指爆炸品在一定的贮存期间内，不改变自身的物理性质和化学性质（即爆炸性能）的能力。爆炸品本身是一种不稳定的，即使在正常的保管条件下，也会产生某种程度的物理或化学变化，所以，长期贮存不安定的爆炸品或在一定外界条件（如环境温湿度等）影响下，不仅会改变爆炸品的爆炸性能，而且还可能发生燃烧和爆炸事故。

根据我国汽车运输的特点，以保持在环境温度不超过45℃（可允许短期略超过45℃）的条件下，运输期间货物不发生分解，不改变其使用效能，即可认为该货物安定性符合安全运输要求。同时，为增加运输过程中的化学安定性，对某些炸药，在运输途中必须加入一定量的水、酒精，或其他钝感剂（如萘、二苯胺、柴油等）。

可以看出，爆炸性是运输过程中对安定性的最大威胁。其中感度和安定性是用来衡量货物起爆的难易程度，而威力和猛度则关系到一旦发生爆炸所产生的破坏效果。一般来讲，可选用爆发点低于350℃、爆速大于3000m/s、撞击感度在2%以上为爆炸性的3个主要参考数据。三者居其一，即可认为具有爆炸性。

四 常运的爆炸品

1 火药、炸药及起爆药

（1）火药。

火药又叫发射药，是极易燃烧的固体物质，量大时或在密闭状态下也能转变为爆炸。火药按其结构又分为单基药、双基药、三基药和黑火药。

①单基药，主要成分为硝化纤维素（UN0340，0341）；

②双基药，主要成分是硝化纤维素（UN0340，0341等）、硝化甘油和硝化甘油乙醇（UN0144）；

③三基药，主要成分是硝化纤维素（UN0340，0341等）、硝化甘油与硝基胍（UN0282）；

④黑火药，主要成分是硝酸钾、硫磺、木炭的机混合物，各成分配比不同其性能也不同。

硝化纤维素（别名硝化棉），为纤维素与硝酸酯化反应的产物，是用精制棉与浓硝酸和浓硫酸酯化反应而得，广泛用于火工、造漆等行业，摄影胶片、赛璐珞、乒乓球都用其作原料。其外观像受过潮的棉花，色白而纤维长，因此，误认其为棉花而发生事故也时有所见。硝化棉中含氮量不超过12.5%时，只能引起自燃，不会爆炸。因此，含氮量大于12.5%且所含水分不得少于32%的硝化棉则属于1.1项（爆炸品）；含氮量小于12.5%且所含水量不少于32%的硝化棉属于4.1项（易燃固体）。

硝酸棉不仅易燃且易分解。松散的硝化棉在空气中燃烧不留残渣，增大密度时，燃速下降。大量硝化棉在堆积或密闭容器中燃烧能转化为爆轰。干燥的硝化棉极不稳定易被点燃，易因摩擦而产生静电，在较低温度下能自行缓慢分解，放出大量的有毒气体并伴随放热，温度迅速上升而自燃。含水为 25% 时，较为安全。

火药是以燃烧反应为主要化学变化形式的爆炸性物质。常见火药的形式有：带状、棍状、片状、长管状、七孔状、短管状和环状等。

（2）炸药（猛炸药）。

炸药是相对稳定的物质，在一般情况下比较安定，能经受生产、贮存、运输、加工和使用过程中的一般外力作用。只有在相当大的外力作用下（如受热、撞击）才能引爆。猛炸药按其组成情况可分为单质炸药、混合炸药和工程炸药。

①单质炸药，如三硝基甲苯（梯恩梯）（UN 0209）、环三亚甲基三硝胺（旋风炸药、黑索金、RDX）（UN 0483）、季戊四醇四硝酸酯（季戊炸药、泰安）（UN 0150）等；

②混合炸药，如三硝基甲苯（梯恩梯）（UN 0209）与环三亚甲基三硝胺（旋风炸药、黑索金、RDX）（UN 0483）或其他两种以上单质炸药的混合物；

③工程炸药，如硝酸铵类的混合爆炸物（UN 0222）。

炸药爆炸时化学反应速度非常快，在瞬间形成高温高压气体并释放出大量热量，以极高的功率对外界作功，使周围介质（如建筑，交通设施等）受到强烈的冲击、压缩而变形或破碎。

2 火工品及引信

装有火药或炸药，受外界刺激后产生燃烧或爆炸，以引燃火药、引爆炸药或做机械功的一次性使用的元器件和装置统称火工品。它是靠简单的激发冲量（如加热、火焰、冲击、针刺、摩擦）引起作用，产生火焰，点燃发射药或引信药剂（延期药、加强药和时间药）引爆雷管、炸药。

引信是装配在弹药中，能够控制战斗部（如炮弹的弹丸，火箭的弹头，地雷的雷体和手榴弹的弹壳等）在相对目标最有利的地位或最有利的时间完全引起作用的装置。而引信中能够适时起激发作用的元件就是火工品。

火工品都是小的炸药元件，具有比较高的感度。其大致可分为两种：一种按输入冲量形式分为机械、热、电、爆炸装置等；另一种按输出形式分为点火器（包括火帽、底火、延期药、点火索、点火具等）和起爆器材（包括雷管、导爆索、导爆管、传爆管等）。

模块四　气体的基本特性

一 气体的定义

本类气体指满足下列条件之一的物质：在 50℃时，蒸气压力大于 300kPa 的物质；20℃时在 101.3kPa 标准压力下完全是气态的物质。

以上定义是以货物的物理特性为依据的。即在 50℃时的蒸气压力大于 300kPa，或温度在 20℃时，在 101.3kPa 标准压力下完全是气态的物质，经压缩或降温加压后，储存于耐压容器或特制的高绝热耐压容器（俗称钢瓶）内或装有特殊溶剂的耐压容器中，均属压缩、液化或溶解气体货物。为便于理解，引入以下概念。

（1）危险货物第 2 类气体，包括压缩气体、液化气体、溶解气体和冷冻液化气体、一种或多种气体与一种或多种其他类别物质的蒸气混合物、充有气体的物品和气雾剂。

①压缩气体，是指在 –50℃下加压包装供运输时完全是气态的气体，包括临界温度小于或等于 –50℃的所有气体，如，压缩天然气（Compressed Natural Gas，简称 CNG）。

②液化气体，是指在温度大于 –50℃时加压包装供运输时部分是液态的气体，可分为：

a. 高压液化气体，临界温度在 –50℃～ 65℃之间的气体；

b. 低压液化气体，临界温度在大于 65℃的气体。

如，液化天然气（Liquefied Natural Gas，简称 LNG）。

③溶解气体，是指加压包装供运输时溶解于液相溶剂中的气体。

④冷冻液化气体，是指包装供运输时由于其温度低而部分呈液态的气体。

（2）压力的单位。国际标准单位 SI 制中压力单位为 Pa，也称为标准压力 :$1Pa=1N/m^2$，1MPa（兆帕）$=10^3$kPa（千帕）$=10^6$Pa（帕）。在实际工作中，人们常用标准大气压（atm），也简称大气压。

（3）常温常压是指货物储存和运输的自然条件。常压即是正常的 1 个标准大气压；在标准大气压下，环境温度高于沸点时，物质为气体；环境温度低于沸点时，物质则为液体。通常，增大压力、降低温度，可以使气体液化。要使临界温度低于 50℃的气体液化，至少需要 5MPa 的压力。常温是指自然环境温度，它有一个比较宽的温度区间，如我国冬天北方室外的气温可达 –40℃，夏天在阳光直射下可达 50℃以上。

（4）蒸气压，指在液体（或固体）的表面存在着该物质的蒸气，这些蒸气对液体（或固体）表面产生的压强就是该液体（或固体）的蒸气压。在一定的温度下，与同种物质的液态（或固体）处于平衡状态的蒸气所产生的压强叫饱和蒸气压，它随温度升高而增加。如，水在 20℃时，饱和蒸气压是 2.3kPa，而在 100℃时为 0.1MPa。饱和蒸气压是物质的一个重要性质，它的大小取决于物质的本性和温度。饱和蒸气压越大，表示该物质越容易挥发。

在同一温度下，各种物质的饱和蒸气压不同。液态物质的温度升高到其沸点时，其饱和蒸气压与外界压力相等，此时的气化可在液体表面和内部同时剧烈进行，这就是沸腾。如果对某种达到饱和状态的蒸气施压，外部压力大于蒸气压时，蒸气就会液化。所以临界压力实质上是临界温度时的某物质的饱和蒸气压。由此可知，虽然 50℃比某些液体的沸点要高，但如果此时外部压力大于这些液体在 50℃时的蒸气压时，那么这些物质还能保持液体的状态。用于灌装液体货物的铁桶和玻璃瓶一般可以承受 0.3MPa 的内压。因此，如果某物质的 50℃时的蒸气压大于 0.3MPa，则这种物质必须灌装在区别于液体货物包装的耐压容器中。

二 气体的分项

第 2 类危险货物（气体）按其化学性质分为 3 项。

1 第 2.1 项 易燃气体

本项包括在 20℃和 101.3kPa 条件下：

（1）爆炸下限小于或等于 13% 的气体；

（2）不论其爆炸下限如何，其爆炸极限（燃烧范围）大于或等于 12% 的气体。

这项气体泄漏时，遇明火、高温或光照，即会发生燃烧或爆炸。燃烧或爆炸后的生成物对人体具有一定的刺激或毒害作用。

“易燃”是这类气体的根本化学特性。气体“易燃”或“非易燃”一般是以爆炸极限或燃烧范围来衡量的。燃烧需要氧气，空气中含有 1/5 的氧气即可助燃。某种可燃气体散发在空间与空气混合后，若可燃气浓度太低，可供燃烧的物质太少，燃烧不能进行；反之，若可燃气浓度太高，则供氧不足，也不能使燃烧进行。可燃气体或可燃液体的蒸气与空气混合后遇火花引起燃烧爆炸的浓度范围，称为该物质的爆炸（燃烧）极限，用可燃物占全部混和物的百分比浓度来表示。混合气体能发生燃烧爆炸的最低浓度称爆炸下限，最高浓度称爆炸上限。在上、下限之间的混合气体叫做爆炸性混合气体。爆炸上限与爆炸下限之差为爆炸范围（燃烧范围）。气体爆炸下限越低或爆炸范围越大，则其燃烧的可能性越大，也就越易燃，越危险。

易燃气体中，爆炸下限小于 10% 的占 92%，其余的燃烧范围大于 12%。因此，可以用爆炸下限小于 10% 或爆炸范围大于 12% 作为衡量易燃气体的标准。只要参数满足上述两者之一，即可被认为是易燃气体。常见可燃气体、蒸气的参数见下表。

常见可燃气体、蒸气的参数

可燃气体	自燃点（℃）	爆炸极限（体积 %）		危险度 $H=\frac{X_2-X_1}{X_1}$
		下限 X_1	上限 X_2	
氢气	585	4.0	75	17.7
二氧化碳	100	1.25	44	34.3
硫化氢	260	4.3	45	9.5
氰化氢	538	6.0	41	5.8
氨	651	15.0	28	0.9
一氧化碳	651	12.5	74	4.9
乙炔	335	2.5	81	31.4
甲烷	537	5.3	14	1.7
丙烷	467	2.2	9.5	3.3
已烷	260	1.2	7.5	5.2

2 第 2.2 项 非易燃无毒气体

本项包括窒息性气体、氧化性气体以及不属于其他项别的气体，不包括在温度 20℃时的压力低于 200kPa、并且未经液化或冷冻液化的气体。这项气体泄漏时，遇明火不燃，直接吸入体内无毒、无刺激、无腐蚀性，但高浓度时有窒息作用。

燃与不燃是相对的，有些气体在高温条件下遇明火会燃烧。不燃气体主要是惰性气体和氟氯烷类的致冷剂和灭火剂。必须给予十分重视的是有些气体，如氧气、压缩空气、一氧化二氮等本身不可燃，但它们有强烈的氧化作用，可以帮助燃烧，称之为氧化性气体（助燃气体）。氧化性气体实质上是气体状的氧化剂，它比液态或固态的氧化剂具有更强烈的氧化作用，所以，不能忽视氧化性气体的危险性。在储存运输危险货物的实际中，必须把氧化性气体与非易燃气体区别开来。储运氧化性气体要遵守储运第 5 类（氧化性物质与有机过氧化物）的各项要求和规定。

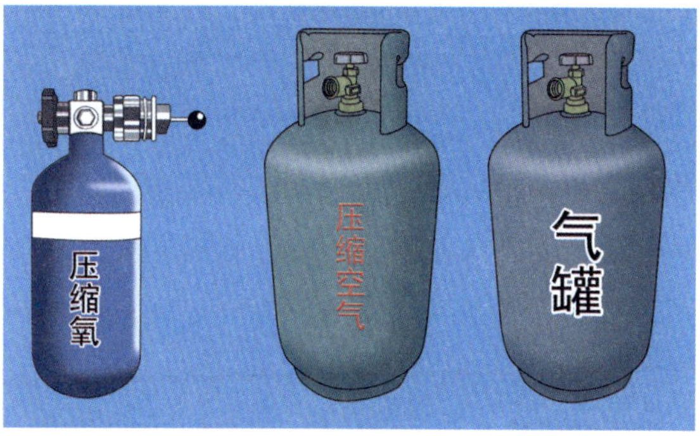

3 第 2.3 项 毒性气体

本项包括满足下列条件之一的气体：

（1）其毒性或腐蚀性对人类健康造成危害的气体；

（2）急性半数致死浓度 LC_{50} 值小于或等于 $5000ml/m^3$ 的毒性或腐蚀性气体。

值得注意的是，危险货物 2.3 项有毒气体不包括“剧毒化学品”。“剧毒化学品”应以《剧毒化学品目录》（2002 年版）及《剧毒化学品目录（2002 年版）补充和修正表》为准。

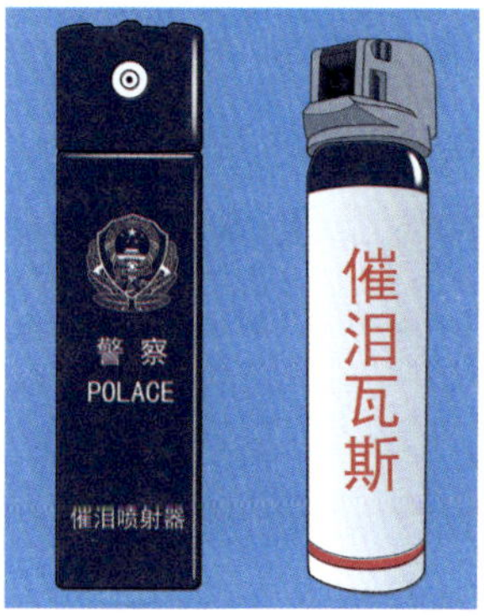

这项气体泄漏时，对人畜有强烈的毒害、窒息、灼伤、刺激等作用。本项气体的毒性指标与危险货物第 6 类（毒性物质）的毒性指标相同。其储运的注意事项也必须遵守毒害品的有关规定。

特别强调，具有两个项别以上危险性的气体和气体混合物，其危险性先后顺序为：2.3 项优先于所有其他项；2.1 项优先于 2.2 项。

三 气体的特性

从业人员应了解与危险货物有关的气体的几个物理性质。

1 气体的液化

物质由气态转变为液态的过程叫做液化。液化是放热过程，有两种方式：降低温度和压缩体积。

任何气体都可以压缩，处于压缩状态的气体叫做压缩气体。如果在对气体进行压缩的同时进行降温，压缩气体就会转化为液体。经加压降温后成为液态的而在常温常压下是气态的物质叫做液化气体。为区别一种气体货物的两种不同状态，被液化的气体在气体名称之前应冠以“液化”或“液态”，如液化氢气、液态氧（又可简称为液氢、液氧）和液化石油气等。

气体只有将温度降低到一定程度时施加压力才能被液化。若温度超过此值，则无论怎样增大压力都不能使之液化。这个加压使气体液化所允许的最高温度叫做临界温度。不同气体，临界温度不同。气体在临界温度时，还需施加压力才能被液化。在临界温度时，使气体液化所需要的最小压力叫做临界压力。不同气体，临界压力也各不相同。常见的几种气体的临界温度和临界压力见下表。

几种气体的临界温度和临界压力

气体名称	临界温度（℃）	临界压力（MPa）	气体名称	临界温度（℃）	临界压力（MPa）
氦气	-267.9	0.23	乙烯	9.7	5.07
氢气	-239.9	1.28	二氧化碳	31.0	7.29
氖气	-228.7	2.59	乙烷	32.1	4.88
氮气	-147.1	3.35	氨气	132.4	11.13
氧气	-118.8	4.97	氯气	143.9	7.61
甲烷	-82.1	4.63	二氧化硫	157.2	7.77
一氧化碳	-138.7	3.46	三氧化硫	218.3	8.38

通常在常温下使用和储运气体，而且灌装气体的容器不绝热，即容器内外的温度是一样的。因此，临界温度低于常温的气体是压缩气体，临界温度高于常温的气体是液化气体。

无论是处于压缩状态，还是处于液化状态，气体的临界温度越低，危险性越大。

2 气体的物理爆炸

物质因状态或压力发生突变而形成的爆炸现象称为物理爆炸，如气体钢瓶的爆炸等。

气体要储存和运输，必须灌装在耐压容器中。根据不同气体的临界温度和临界压力，气体耐压容器所承受的内压也不同，最低的为 1MPa，最高的达 15MPa 以上。

按规定压力装灌合乎质量要求和安全标准容器内的气体，在正常情况下不会发生危险。但当受到剧烈撞击、振动、高温、受热时，会使容器内压力骤增，该压力超过容器的耐受力时就会发生气瓶爆炸。在实际运输中，气瓶发生爆炸的主要原因往往是超过规定而过量充装气体，或使用过期的应报废而未报废的钢瓶。此时如再加上撞击、高热等因素，气瓶爆炸的危险性就更大。气瓶爆炸后，紧跟着往往是易燃气体的化学爆炸或有毒气体的扩散，产生比物理爆炸更严重的后果。因此，防止气瓶的物理爆炸是保证气体储运安全的首要事项。可以看出，储运气瓶应轻拿轻放，远离火源，防止日晒，注意通风散热。

3 气体的相对密度

当温度、压力相同时，两种气体密度之比称为气体的相对密度。气体的相对密度是以空气为标准的。如在标准大气压下，1L 空气的质量为 1.293g，1L 氢气的质量为 0.08987g；空气的平均分子量为 29，氢气的分子量是 2.016，则氢气对空气的相对密度 D 为：

$$D=\frac{0.08987}{1.293}=0.0695 \quad \text{或} \quad D=\frac{2.016}{29}=0.0695$$

比空气轻的气体会上浮在封闭空间的顶部，比空气重的气体都会沉积在低洼处。若任其蓄积，就会引起燃烧、爆炸、毒害、窒息等潜在危险。如，二氧化碳的相对密度是 1.5862，空气中二氧化碳含量只要达到 3%，就会使人窒息而死。所以储存危险货物的仓库必须有良好的通风排气设施。在装卸作业时，应先开仓通风，后进行作业。在拆卸货车车厢、集装箱和货舱时，尤其要注意这一点。

4 气体的溶解性

某些液体对某种气体有很大的溶解能力，如氨气、氯气可以大量溶解在水里，乙炔可以大量溶解在丙酮中。利用这个性质可以储运某些不易液化或压缩的气体，乙炔就是如此。乙炔钢瓶内填充了多孔性物质，再注入丙酮，然后把乙炔加压灌入，使之溶解在丙酮中。把这种溶解在溶剂中的气体称为溶解气体。

溶解有气体的溶剂受热后，气体会大量逸出，从而引起容器爆炸。特别是乙炔钢瓶，从火灾中抢救出来后，瓶内的多孔材料可能熔结，溶剂可能挥发，钢瓶就失效。此时如果再用来灌装乙炔，就可能造成大事故。所以，乙炔钢瓶经火烤后就不能再使用。

一旦发现某些易溶于水的气体溢漏，应急时可利用气体在水中的溶解性用水吸收扑救。

四 气体的主要危险性

1 容器破裂甚至爆炸

此类货物都是灌装在耐压容器中，内部承受着几兆帕压力的容器本身就是一种危险货物。由于受热、撞击等原因造成容器内压急剧升高，或者由于容器内壁被腐蚀，容器材料疲劳等原因使容器的耐压强度下降，都会引起容器的破裂甚至爆炸。

2 由于气体物质本身的化学性质引起的危险

由于各种气体的化学性质差别很大，有的易爆易燃、有的有毒、有的具有腐蚀性等，气体如果溢漏出来，因其本身的化学性质，则可能引起火灾、爆炸、中毒、灼伤、冻伤等事故。即使是化学性质很不活泼的惰性气体的溢漏，也会引起窒息死亡。

从业人员在运输装卸过程中，针对气体的不同化学性质所引起的各种危险，应采取相应有效的预防措施。

五 常见的气体

1 氧气（压缩氧 UN1072；冷冻液态氧 UN1073）

氧气是空气的重要组成部分。空气中氧气占 21%，其余主要为氮气（约占 78%）。由于氮气的性质不活泼，空气的许多化学性质，实际上是氧气性质的表现。当有压缩空气装在 15MPa 以上高压钢瓶中运输时，应与氧气同样看待。

氧气无色、无味、微溶于水，氧的临界温度 −118.8℃，沸点 −183℃，临界压力 4.97MPa，液氧为淡蓝色。氧气本身不能燃烧，但它是一种极为活泼的助燃气体，几乎能与所有的元素化合生成氧化物。气焊、气割正是利用可燃气体和氧燃烧所放出的热量作为热源的。

氧气浓度对它的化学性质有很大影响。空气中氧气含量不大，棉花、酒精等在空气中只能比较平缓地燃烧，超过正常比例的氧气能使燃烧迅猛。油脂在纯氧中的反应要比在空气中剧烈得多，当高压氧气（即高压空气）喷射在油脂上就会引起燃烧或爆炸，实质就是油脂与纯氧的反应，所以氧气瓶（包括空瓶）绝对禁油。在装卸过程中，应注意储氧钢瓶不得与油脂配装，不得用油布覆盖；储运氧气钢瓶的仓间、车厢、集装箱等不得有残留的油脂；氧气瓶及其专用搬运工具严禁与油脂接触，阀门、轴承都不得用油脂润滑；操作人员不能穿戴沾有油污的工作服和手套。

2 氢气（压缩氢 UN1049；冷冻液态氢 UN1966）

氢气是最轻的气体，约为空气的 1/14 重。氢气无色、无嗅，极难溶于水，临界温

度 –239.9℃，临界压力 1.28MPa。氢气可燃，纯净的氢气在空气中燃烧平静，火焰为淡蓝色。燃烧温度可达 2500 ～ 3000℃，可作焊接用。

氢气的爆炸范围极宽，为 4.0% ～ 75%，所以氢气是一种极危险的气体。在运输过程中，氢气瓶漏气后会与空气或氧气混合，一旦遇明火或高温即可发生强烈爆炸，这一点要求从业人员充分重视。

氢气有极强的还原性，能与许多非金属直接化合，如氢能在氯气中燃烧生成氯化氢；能与硫反应生成硫化氢。氢气在氯气中的爆炸极限为 5.5% ～ 89%，氢和氯的混和气体在日光照射下就会发生剧烈的爆炸。所以，氢气不能与任何氧化剂尤其是氧气、氯气混储、混运。

3 氯（UN 1017）

氯（氯气）的临界温度 144℃，临界压力 7.61MPa。常温下 0.6MPa 就会使氯气液化，故氯气总是在液化状态下储存运输，习惯称氯气为液氯。

氯气是一种黄绿色的剧毒气体，有强烈的刺激气味。空气中的最高允许浓度 2mg/m^3，如浓度超过 0.1 ～ 0.5mg/m^3，人吸入后会发生咽喉、鼻、支气管痉挛，眼睛失明，并导致肺炎、肺气肿、肺出血而死亡；如超过 2.5g/m^3，则会立即使人畜窒息死亡。

氯气的蒸气密度为 2.5，所以，氯气泄漏在空气中会沉在下部沿地面扩散，使地面人员受害。氯气溶于水，常温下 1 体积水可溶解 2.5 体积的氯气。依据此特性，当氯气瓶漏气时可大量浇水，或迅速将其推入水池，或用潮湿的毛巾捂住口鼻，以减轻危害。

氯气是很活泼的物质，有极强的氧化性。如铜能在氯气中燃烧；氯气与易燃气体能直接化合，其混合气遇光照会发生爆炸；氯与非金属如磷、砷等接触也会发生剧烈的反应甚至爆炸。氯气与有机物接触也会发生强烈反应。

在一般运输的气体中，氢气和氯气、氧气占了储运量中的极大部分。

4 溶解乙炔（UN 1001）

溶解乙炔（C_2H_2）俗名电石气。电石受潮后放出的气体即为乙炔。

纯净的乙炔为无色无味的易燃、有毒气体，而工业电石制的乙炔因混有硫化氢（H_2S）、磷化氢（PH_3）等杂质而具有特殊的刺激性气味。一般规定，工业制乙炔中乙炔含量应在 98% 以上，磷化氢的含量不得超过 0.2%，硫化氢含量不得超过 0.1%。

乙炔非常容易燃烧，也极易爆炸，其闪点 –17.8℃，爆炸极限 2.3% ～ 72.3%。在液态和固态下或在气态和一定压力下有猛烈爆炸的危险，受热、震动、电火花等因素都可以引发爆炸，因此，不能在加压液化后贮存或运输。

乙炔微溶于水，易溶于乙醇、苯、丙酮等有机溶剂。在 15℃和 1.5MPa 时，乙炔在丙酮中的溶解度为237g/L，溶液是稳定的。因此，工业上是在装满石棉、活性炭或硅藻土等多孔物质的钢桶或钢罐中，使多孔物质吸收丙酮后将乙炔压入，以便贮存和运输。国外曾有报道，因容器密封不良而漏气，操作人员在采取措施时，由于衣服摩擦产生静电，因火花放电引起爆炸事故。所以，相比于其他气体，防止乙炔的泄漏显得更为重要。

乙炔与铜、银、汞等重金属或其盐类接触能生成乙炔铜、乙炔银等易爆炸物质，故凡涉及乙炔用的器材都不能使用银和含铜量70%以上的铜合金。

乙炔能与氯气、次氯酸盐等化合成乙炔基氯，乙炔基氯极易爆炸。乙炔还能与氢气、氯化氢、硫酸等多种物质起反应。因而储运乙炔时，不能与其他化学物质放在一起。

5 天然气（压缩天然气 UN1971；冷冻液态天然气 UN1972）

天然气广泛用于工业、农业、家用及商业的动力燃料，以及化学及石油化学工业原料。天然气是无色无嗅的混合气体，主要成分为烷烃，其中甲烷占绝大多数，因此，其性质基本与纯甲烷相似，属“单纯窒息性”气体。另有少量的乙烷、丙烷和丁烷，此外一般还含有氮、水气、二氧化碳、硫化氢，以及微量的惰性气体（氦、氩）等。天然气极易燃。蒸气能与空气形成爆炸性混合物，在室温下的爆炸极限为5%～15%，在-162℃左右的爆炸极限6%～13%。

液化后的天然气称为液化天然气（Liquid Natural Gas，LNG），被公认是地球上最干净的能源。其组成与气态稍有不同，因为LNG在液化过程中，已将硫、二氧化碳、水分等除去。沸点-164～-160℃。当LNG由液体蒸发为冷的气体时，其密度与常温下的天然气不同，约比空气重1.5倍。泄漏后，其气体不会立即上升，而是沿着液面或地面扩散，吸收水与地面的热量以及大气与太阳的辐射热，形成白色云团。由雾可察觉冷气的扩散情况，但在可见雾的范围以外，仍有易燃混合物存在。如果易燃混合物扩散到火源，就会发生回燃。当冷气温度至-112℃左右，就变得比空气轻，开始向上升。LNG比水轻（相对密度约0.45），遇水生成白色冰块。冰块只能在低温下保存，温度升高即迅速蒸发，如急剧扰动能猛烈爆喷。液化天然气与皮肤接触会造成严重灼伤。

模块五　易燃液体基本特性

一　易燃液体的定义

此类货物包括易燃液体和液态退敏爆炸品。

1 易燃液体

易燃液体是指易燃的液体或液体混合物，或是在溶液或悬浮液中有固体的液体，其闭杯试验闪点不高于 60℃，或开杯试验闪点不高于 65.6℃。易燃液体还包括满足下列条件之一的液体：

（1）在温度等于或高于其闪电的条件下提交运输的液体；

（2）以液态在高温条件下运输或提交运输、并在温度等于或低于最高运输温度下放出易燃蒸气的物质。

2 液态退敏爆炸品

液态退敏爆炸品是指为抑制爆炸性物质的爆炸性能，将爆炸物质溶解或悬浮在水中或其他液态物质后，而形成的均匀液态混合物。

对运输来说，易燃液体最主要的危险是其挥发性蒸气导致燃烧和爆炸。衡量液体物质的易燃、易爆性的重要参数是闪点、沸点、燃点、爆炸极限和蒸气压等。

（1）闪点。

闪点是指在一稳定的空气环境中，可燃性液体或固体表面产生的蒸气在试验火焰作用下被闪燃时的最低温度。闪点是衡量液体易燃性的最重要的指标，闪点越低，则表示其液体越易燃烧，危险性越大。

闪点分为开杯试验闪点和闭杯试验闪点。开杯试验闪点（Toc）是将易燃液体放在敞开的容器中加热所测定（称开杯法）的闪点；闭杯试验闪点（Tcc）是将易燃液体放在一个特定的密闭容器中加热所测定（称闭杯法）的闪点。一般说的闪点，除有特别说明外，都是指闭杯闪点。

（2）沸点。

沸点是指液体发生沸腾时的温度，即物质由液态转变为气态的温度。

沸点随外界压力变化而改变，压力低，沸点也低。如在高山上煮饭，水易沸腾，但饭不易熟。这是由于大气压随地势的升高而降低，水的沸点也随高度的升高而逐渐下降。在海拔 1900m 处，大气压约为 79800Pa（600mmHg），水的沸点是 93.5℃。对运输来说，液体的沸点越低，越容易气化，越容易与空气形成爆炸性混合物。

二 易燃液体的特性

1 易燃液体的物理特性

（1）高度挥发性。

液体物质在任何温度下都会蒸发，并在加热到沸点时，迅速变为气体。静置的液体，表面看似静止不动，但实际上其分子是在不停的运动之中。一些能量较高的液体分子在运动中会克服液体分子间的吸引力成为气体，这个过程一般称为“气化”。如果气化只发生在液体的表面，又称为“蒸发”。蒸发是液体分子从液体表面不断进入气相变为气体的过程。蒸发可以在低于沸点的温度下进行。液体在低于沸点温度下的蒸发现象又称“挥发”。不同液体的蒸发速度是不同的。

一般来讲，沸点低的液体，挥发性也大。易燃液体大多是低沸点液体，在常温下就能不断地挥发，如乙醚、乙醇、丙酮和二硫化碳等的挥发性都较大，这类物质也称为挥发性液体。不少易燃液体的蒸气又较空气重，易积聚不散，特别在低洼处所、通风不良的仓库内及封闭式货厢内易积聚产生易燃易爆的混合蒸气，造成危险隐患。

（2）高度流动扩散性。

易燃液体的黏度一般都较小，而且大多数易燃液体的相对密度比较小，且不溶于水，会随水的流动而扩散。易燃液体还具有渗透、毛细管引力、浸润等作用，即使容器只有细微裂纹，易燃液体也会渗出容器壁外，扩大其表面积，源源不断地挥发，使空气中的蒸气浓度增高，增加了燃烧爆炸的潜在危险。

（3）蒸气压及受热膨胀性。

敞开的液体物质总是或快或慢地蒸发着，直至全部变为蒸气为止，但装在密闭容器内的液体则不然。如果将某种液体在一定温度条件下，盛装在一个留有空间的容器中，即有少量液体蒸气进入液体表面的空间，直到液体与其蒸气达到平衡为止（达到蒸气压）。温度越高，液体蒸气压力越大，且由于其沸点低、易挥发特性必然使其蒸气压也较高，危险性也越大。蒸气压高的易燃液体，易于产生能引起燃烧所需要的最低限度的蒸气量，因此蒸气压越高，危险性也相对增加。运输途中很可能因为环境温度变化的影响，蒸气压高的易燃液体容易引起包装容器出现“鼓桶”现象，甚至爆炸。为此，盛装易燃液体的容器应有足够的安全系数，甚至在容器内还须加入某些性质相容的稳定剂以抑制其挥发。

热胀冷缩是物质的固有特性。液体物质的受热膨胀系数较大，加上易燃液体的易挥发性，受热后蒸气压也会增大，装满易燃液体的容器往往会造成容器胀裂而引起液体外溢。因此，易燃液体灌装时应充分注意，容器内应留有足够的膨胀余位。

（4）易积聚静电。

大部分易燃液体都是电解质，如醚类、酮类、汽油、酯类、芳香烃及石油产品等。这些物质在管道、贮罐、槽车、装卸、灌注、摇晃、搅拌和高速流动过程中，由于振动、摩擦的作用极易积聚静电，特别是汽车罐车运输，在灌装时的灌装流速过快也极易积聚静电。当所带的静电荷聚积到一定程度时，就会发生静电放电，引起可燃性蒸气的燃烧爆炸，后果严重。因此，装运易燃液体的罐车必须配备导除静电的装置。

2 易燃液体的化学特性

（1）高度易燃性、易爆性。

易燃液体几乎都是有机化合物，都含有碳原子和氢原子。在一定条件下（如加热、遇火等）与空气中的氧化合而引起燃烧。同时，由于这些液体的挥发性较大，极易挥发成蒸气并在液池表面与空气形成可燃性混合物，当混合物浓度达到一定范围（即爆炸极限）时，一旦遇明火或加热就会与空气中的氧化合而引起燃烧或爆炸。

注意易燃液体爆炸极限范围越宽，燃烧、爆炸的可能性越大；温度升高，易燃液体挥发量增大，易燃易爆性增大；相同温度下，易燃液体闪点越低，越易挥发，易燃易爆性越高。

（2）能与强酸、氧化剂剧烈反应。

易燃液体遇氧化剂或具有氧化性的强酸如高锰酸钾、硫酸、硝酸会剧烈反应而自行燃烧。因此装运时，应注意易燃液体不得与强酸、氧化剂混装，或者采取有效措施隔离方可。

（3）易燃液体的有毒性。

大多数易燃液体除具有易燃、易爆的危险特性外，还具有不同程度的毒性。易燃液体可通过皮肤、消化道或呼吸道被人体吸收而中毒。如长时间的吸入醚蒸气会使人麻醉，深度麻醉可致人死亡。特别是挥发性较大的易燃液体，其蒸气带来的毒性更不可忽视，即使是挥发性很小的易燃液体，直接与之接触也是有害的。易燃液体蒸气浓度越大，毒性也越大。

三 常见的易燃液体

1 苯（C_6H_6）（UN 1114）

苯是组成结构最简单的芳香烃，在常温下为一种无色透明液体，易挥发，具有芳香气味。苯比水密度低，相对密度 0.879，易溶于有机溶剂，难溶于水，故不能用水扑救苯引起的火灾；沸点 80.1℃，闪点 –11℃（闭杯），爆炸极限 1.3% ~ 7.10%，挥发性大，暴露在空气中很容易扩散。

苯是从炼焦以及石油加工的副产品中提取的，属于重要的工业原料，广泛用于乙烯、酚的制成，以及合成橡胶、乳酸漆、塑料、粘合剂、农药、树脂、香料等工业。苯有毒，人和动物吸入或皮肤接触大量苯进入体内，会对造血器官与神经系统造成损害，空气中最高允许浓度 10ppm。苯与氧化剂反应剧烈，易于产生和积聚静电。

2 二硫化碳（CS_2）（UN 1131）

纯的二硫化碳为无色液体，有类似氯仿的芳香甜味，但通常不纯的工业品因混有其他硫化物而变为微黄色，且具有令人不愉快的烂萝卜味。沸点 46℃，相对密度 1.26（比水重），相对蒸气密度 2.63（比空气重），能在较低处扩散到相当远的地方，遇火源会着火回燃。闪点 –30℃，爆炸极限 1% ~ 60%。不溶于水，溶于乙醇、乙醚等多数有机溶剂。

本品极易燃，其蒸气能与空气形成范围广阔的爆炸性混合物。接触热、火星或氧化剂易燃烧爆炸并分解产生有毒的硫化物烟气。与铝、锌、钾、氟、氯、迭氮化物等反应剧烈，有燃烧爆炸危险。高速冲击、流动、激荡后可因产生静电火花放电引起燃烧爆炸。有毒，空气中含量达到 15g/m³ 时，半小时即可致人死亡。

3 车用汽油或汽油（UN 1203）

汽油系轻质石油产品中的一大类，主要成分是碳原子数为 7 ~ 12 的烃类混合物，是一种无色至淡黄色的易流动的油状液体。沸点 40 ~ 200℃，相对密度 0.67 ~ 0.71，闪点 -45 ~ -50℃，自燃点 415 ~ 530℃，爆炸极限 1.3% ~ 6.0%，挥发性极强（会使局部空间氧气浓度降低，使人窒息死亡），不溶于水。其蒸气与空气能形成爆炸性混合物，遇火种、高温氧化剂等有火灾危险。用作溶剂的汽油没有添加其他物质，故毒性较小。而用作燃料的汽油因加入四乙基铅等作抗爆剂，而大大增加了毒性（致癌）。

模块六　易燃固体、易于自燃的物质、遇水放出易燃气体的物质基本特性

一 易燃固体、易于自燃的物质、遇水放出易燃气体的物质分项和定义

此类包括易燃固体、易于自燃的物质和遇水放出易燃气体的物质，分为 3 项。

1 4.1 项　易燃固体、自反应物质和固态退敏爆炸品

（1）易燃固体：易于燃烧的固体和摩擦可能起火的固体。

（2）自反应物质：即使没有氧气（空气）存在，也易发生激烈放热分解的热不稳定物质。

（3）固态退敏爆炸品：为抑制爆炸性物质的爆炸性能，用水或酒精润湿爆炸性物质、或用其他物质稀释爆炸性物质后，而形成的均匀固态混合物。

易燃固体的燃点都很低，遇空气（或氧或氧化剂）、遇火、受热、摩擦或与酸类接触等都能引起剧烈的燃烧甚至爆炸，并可能散发出有毒烟雾或有毒气体的固体物质。所以，易燃固体在贮存、运输、装卸过程中，应当注意轻拿轻放，避免摩擦撞击等外力作用。其中，燃点是指物质开始燃烧时所需的最低温度，又叫燃烧点、着火点等。燃点越低，其发生燃烧的可能性和危险性越大。可见，易燃固体同时具备三个条件：燃点低；燃烧迅速；放出有毒烟雾或有毒气体，这三个条件缺一不为危险货物。通过对 100 种易燃固体进行分析研究，发现大多数易燃固体的燃点都低于 300℃。因

此，可以用燃点低于 300℃作为易燃固体衡量的参考数据之一。

此外，熔点在一定程度上影响着固体的易燃性。一般来说，熔点低的固体具有较强的挥发性，它们在较低的温度下即能转变为液态或直接升华，其挥发出的蒸气与空气能形成爆炸性混合物并易于点燃，具有较低的闪点。因此，对低熔点的固体可以用闪点评价其易燃性的大小。

2 4.2 项　易于自燃的物质

本项包括发火物质和自然物质。

（1）发火物质：即使只有少量与空气接触，不到 5min 时间便燃烧的物质，包括混合物和液态（液体或固体）。

（2）自热物质：发火物质以外的与空气接触便能自己发热的物质。

易于自燃的物质的主要特点是不需外界火源作用，自身在空气中能缓慢氧化放热并积热不散，达到其自燃点而自行燃烧。因此，对运输来讲，此项货物最主要的危险是自行发热、燃烧，有些甚至在无氧条件下也会自燃。

自燃是指不经明火点燃就自动着火燃烧的现象，可分为两种情况：一种是物质虽不与明火接触，但受外界热源加热而自燃；另一种是物质不需明火加热，在一定的条件下会自身氧化放热而自燃。前者称为受热自燃，一般易燃物品，包括固态、液态和气态的，都具有受热自燃的特性；后者称为自热自燃，只有一小部分易燃物品具有这种特性。

物质在发生自燃时所需要的最低温度，叫做自燃点。自燃点的高低是此项物质危险性大小的主要标志。参照相关资料，此项物质可采用自燃点在 200℃以下为依据。如黄磷的自燃点仅 30℃，即使是在冰天雪地的环境温度下，只要露在空气中黄磷也很容易自身发热积温到 30℃而燃烧，故黄磷是自热自燃的易燃物品。

3 4.3 项　遇水放出易燃气体的物质

此项货物是指遇水放出易燃气体，且该气体与空气混合能够形成爆炸性混合物的物质。

此项物品必须具备三个条件：在常温或高温下受潮或与水剧烈反应，且反应速度快；反应产物为可燃气体；反应过程中放出大量热，可引起燃烧或爆炸。此项物质遇酸和氧化剂也能发生反应，

而且比与水的反应更为剧烈，因此危险性也更大。

二 易燃固体、易于自燃的物质、遇水放出易燃气体的物质主要特性

1 易燃固体的主要特性

（1）需明火点燃。

虽然本项物质燃点较低，但自燃点很高，在常温条件下不易达到，故不会自燃，需要明火点着以后，才能持续燃烧。

（2）高温条件下遇火星即燃。

环境温度越高，此类物质越容易着火。当外界的温度高达此类物质的自燃点时，不需明火，就会自燃。

（3）粉尘有爆炸性。

该项物质的粉尘因与空气接触表面积大，燃烧速度极快，遇火星即会爆炸。

（4）与氧化剂混合能形成爆炸品。

许多易燃固体与强氧化剂放在一起，在一定的外界条件作用下，会发生剧烈的燃烧反应甚至爆炸，如红磷与氯酸钾（强氧化剂）接触，略加摩擦或冲击立即着火燃烧。有些易燃固体如萘、樟脑会从固态直接转化为气态，这种现象称为升华。升华后的易燃固体的蒸气与空气混合后，具有爆炸的危险。

（5）遇水分解。

易燃固体中有不少物质遇水会发生化学反应而被分解。如硫磷化物遇水或潮湿空气分解，会放出有毒易燃的硫化氢；氨基化钠遇水放出有毒及腐蚀性的氨气等。有这种特性的易燃固体总数并不多，几种易燃固体的主要危险性见下表。

几种易燃固体的主要危险性

品　　名	燃烧点（℃）	自燃点（℃）	分解温度（℃）
硝化棉	180（爆发点）		40（开始分解）
赛璐珞	100	150 ~ 180	
赤磷	160 左右	200 ~ 250	
发孔剂 H			198 ~ 200，遇酸分解
三硫化四磷		100	遇水分解
五硫化磷	300		遇水分解
氨基化钠			遇水分解

续上表

品　　名	燃烧点（℃）	自燃点（℃）	分解温度（℃）
重氮胺基苯	150（爆发点）		
重氮、萘酚、对亚硝基苯酚			140
硫磺	207 ~ 255		
三聚甲醛	45（闪点）		
偶氮二异丁腈			103 ~ 104（放氮）
苯磺酰肼（发孔剂 BCH）			70 ~ 100（放氮）
萘	80（闪点）		

易燃固体虽很容易发生燃烧，但是若没有火种、热源等外因作用，没有助燃物质（空气中的氧或氧化剂）的存在，是不易发生燃烧。在储运过程中，易燃固体发生燃烧事故都是因其接触明火、火花、强氧化剂、受热或受摩擦、撞击等引起。因此，只要在储运中严格防止上述外因的作用，就可保证其运输安全。

2 易于自燃的物质主要特性

（1）不需受热和明火，会自行燃烧。

此项物质暴露在空气中会与空气中的氧接触，发生氧化反应并放出大量热量。当热量积聚起来，使物质升到一定温度时，就会引起燃烧。隔绝这类物质与空气接触是储运安全的关键。

（2）受潮后，会增加自燃的危险性。

易于自燃的物质中的油纸、油布等含油脂的纤维制品，干燥时由于物质的间隙大，易于散热，只要注意通风，自行缓慢氧化产生的热量就不会聚积，一般不会自燃。但一旦受潮，产生的热量就会积聚不散而自燃。

（3）大部分易于自燃的物质与水反应剧烈。

易于自燃的物质会自动发热，其原因是与空气中的氧发生反应。对易于自燃的物质储运保管中关键的防护措施是阻隔其与空气的接触。如黄磷就存放在水中。但不少易于自燃的物质，如三异丁基铝、三氯化三甲基铝等，与水会发生剧烈反应并放出易燃气体和热量，引起燃烧。所以，采取何种措施阻隔易于自燃的物质与空气的接触要看具体品种而言。

（4）接触氧化剂会立即发生爆炸。

易于自燃的物质的还原性很强，一旦接触到氧化性物质或酸类物质会立即发生强烈的氧化还原反应，产生爆炸的效果，因此危险性也更大。

3 遇水放出易燃气体的物质主要特性

（1）遇水（受潮）燃烧性。

此项物质化学特性极其活泼，遇湿（水）会发生剧烈化学反应，产生可燃性气体和热量。当这些可燃性气体和热量达到一定浓度或温度时，能立即引起自燃或在明火作用下引起燃烧。此外，此项物质还会与酸类或氧化性物质发生剧烈反应，其反应比遇湿（水）更为剧烈，危险性也更大。如若把金属钠撒入硫酸中，立即就会有大量气泡和热量溢出，反应非常剧烈。

有些遇水放出易燃气体的物质本身易燃或放置在易燃的液体中（如金属钾、钠等均浸没在煤油中保存以隔绝空气），它们遇火种、热源也有很大的危险。

（2）爆炸性。

遇水放出易燃气体的物质中的碳化钙（电石）等，会与空气中的水分发生反应，生成易燃气体。放出的易燃气体与空气混合达到一定量时，遇明火即有引起爆炸的危险。

（3）毒害性。

遇水放出易燃气体的物质均有较强的吸水性，与水反应后生成强碱和有毒气体，接触人体后，能使皮肤干裂、腐蚀并引起中毒。

（4）自燃性。

硼氢类物质和化学性质极活泼的金属及其氢化物（在空气中暴露时）均能发生自燃。

综上所述，虽然按燃烧的不同条件把第 4 类危险货物分为 3 项，每项货物都有其具体的特征，但它们的共同危险特征是具有易燃性、腐蚀性、毒害性和爆炸性。

三 常见的易燃固体、易于自燃的物质和遇水放出易燃气体的物质

1 常见的易燃固体

（1）赤磷（又名红磷）及磷的硫化物（非晶形磷：UN1114）。

非晶形磷又称赤磷，其与黄磷是磷的同素异形体，但两者性质相差极大。赤磷为紫红色立方结晶或无定形粉末，无毒、无嗅；相对密度 2.34，熔点 590℃（4.3MPa 时），416℃升华；不溶于水、二硫化碳和有机溶剂，略溶于无水酒精；着火点比黄磷高得多，易燃但不易自燃，燃点 200℃，自燃点 240℃。赤磷与氧化剂接触会爆炸。

磷与硫能生成多种化合物（如 P4S3，P2S5），都是易燃固体。所有这些磷化物都不太稳定，在遇水或受热时易分解，甚至发生燃烧。

（2）硫（UN 1350）。

硫又称硫磺或硫黄，是硫元素构成的单质，黄色晶体，性脆，易研成粉末。相对密度 2.06，熔点 114.5℃，自燃点约 250℃。在 113 ~ 114.5℃时熔化为明亮的液体。继续加热

到 160 ~ 170℃时变稠变黑，形成新的无定型变体，继续加热到 250℃时，又变成液体。444.5℃时，硫开始沸腾，而产生橙黄色蒸气。硫在空气中燃烧生成 SO_2。

硫磺往往是散装运输。由于性脆、颗粒小、易粉碎成粉末散在空气中，有发生粉尘爆炸的危险。每升空气中含硫的粉尘达 7mg 以上遇到火源就会爆炸。这里，硫是作为还原剂被氧化，所以硫是易燃固体。但是，硫对金属如铁、锌、铜等又有较强的氧化性。几乎所有金属都能与硫起氧化反应。反应开始需要加热，但一旦开始反应便产生氧化热，此时不需要外部热源，也能使反应加速进行，有起火和爆炸的危险。

硫与氧化剂（如硝酸钾、氯酸钠）混合，就形成爆炸性物质，敏感度很强。我国民间生产的爆竹、烟花等，以硫磺、氯酸钾以及炭粉等为主要原料。

值得注意的是，在《关于 GB 12268—2005〈危险货物品名表〉国家标准第 1 号修改单的公告》第 2 条"GB 12268—2005《危险货物品名表》的表 1 中编号 1350，'硫'，附加如下说明：硫磺如做成某种形状（如小球、颗粒、丸状、锭状或薄片），可按照普通货物运输"。

2 常运易于自燃的物质

（1）白磷或黄磷（UN 1381）。

黄磷是白色或淡黄色的半透明的蜡状固体，相对密度 1.828，自燃点 30℃，熔点 44.1℃，沸点 280℃，蒸气相对密度 4.42，蒸气压 133.3kPa（76.6℃）。黄磷性质极活泼，暴露在空气中即被氧化，加之自燃点低，因此只需一、二分钟即自燃。所以，黄磷必须浸没在水中，若包装破损使水渗漏，导致黄磷露出水面，就会自燃。

黄磷有剧毒。黄磷自燃的生成物氧化磷也有毒。在救火过程中应防止中毒。黄磷对皮肤有刺激性，可引起烧伤。

（2）油浸的麻、棉、纸等及其制品。

纸、布、油脂都是可燃物，但通常情况下不作为易燃品，更不会自燃。

虽然，它们在空气中会氧化（如纸发黄，油结成一层硬膜等），但过程缓慢，不聚热，不会自燃。然而，当把它们经浸油处理后，油脂与空气的接触面积增加了无数倍，氧化反应放出的热量就增大，再加上纸、布又有很好的保温作用，使生成的热量难于逸散。时间一长，热量积聚，温度不断升高，达到自燃点就会自燃。特别是在空气潮湿的情况下，温度逐渐升高而发生自燃。所以这些物质要充分干燥，才能装箱储运，且要用花格透笼箱包装，并保持良好的通风散热条件。在装运储存过程中，要慎防这些物质淋雨受潮，只要注意通风，一般不会自燃。

3 常运的遇水放出易燃气体的物质

（1）钠（UN 1428）、钾（UN 2257）等碱金属。

钠、钾都是银白色柔软轻金属。钠相对密度 0.971，常温时为蜡状，熔点 97.5℃。钾

相对密度0.862，熔点63℃。钠、钾等碱金属是化学性质最活泼的金属元素。暴露在空气中会与氧作用生成金属氧化物，也会吸收空气中的水分，发生反应而置换出氢气。若放在水中，反应进行得迅速而剧烈，反应热会使放出的氢气爆炸，引起金属飞溅。

二氧化碳不能作为碱金属火灾的灭火剂。因为二氧化碳能与钠、钾等碱金属起反应。

干砂（SiO_2）也不能用于扑救碱金属的火灾。

由于这些金属与煤油、石蜡不反应，所以把钠、钾等浸没在这些矿物油中储存，使其能与空气中的氧和水蒸气隔离。应当注意，用于存放活泼金属的矿物油必须经过除水处理。这些物质的包装如损漏，则非常危险。

（2）碳化钙（CaC_2）（UN 1402）。

碳化钙又称电石。纯品为无色晶体，工业品为灰黑色块状物相对密度2.22。电石有强烈的吸湿性，能从空气中吸收水分而发生反应（与水相遇反应更剧烈），放出乙炔（电石气）和大量热量。热量能很快达到乙炔的自燃点而起火燃烧，甚至爆炸。

需要注意的是，由于工业品常含有砷化钙（Ca_3As_2）、磷化钙（Ca_3P_2）等杂质，与水作用时会放出砷化氢（AsH_3）、磷化氢（PH_3）等有毒气体，因此使用由电石产生的乙炔有毒（需通过浓硫酸和重铬酸钾洗液除去）。

模块七　氧化性物质和有机过氧化物基本特性

一　氧化性物质和有机过氧化物的分项和定义

此类危险货物包括氧化性物质和有机过氧化物，分为2项。

1　5.1项　氧化性物质

氧化性物质，是指本身未必燃烧，但通常因放出氧气可能引起或促使其他物质燃烧的物质。

此项货物系指处于高氧化态，具有强氧化性，易分解并放出氧和热量的物质。包括含过氧基的无机物，其本身不一定可燃，但能导致可燃物的燃烧。与松软的粉末状可燃物能组成爆炸性混合物，对热、震动或摩擦比较敏感。

2 5.2 项　有机过氧化物

有机过氧化物，是指分子组成中含有过氧基（—O—O—）结构的有机物。

有机过氧化物易燃易爆，极易分解，对热、振动或摩擦极为敏感。有机过氧化物按其危险程度分为七种类型。具体是：A 型有机过氧化物、B 型有机过氧化物、C 型有机过氧化物、D 型有机过氧化物、E 型有机过氧化物、F 型有机过氧化物、G 型有机过氧化物[7]。有机过氧化物是“类属”条目，其适用于意义明确的一组物质或物品。如：UN3109 是“液态 F 型有机过氧化物”。

二 氧化性物质和有机过氧化物的特性

氧化性物质有很多，它们的氧化能力有强也有弱，有的性质很活泼，有不同的危险性；有的性质比较稳定，不属于危险货物。因此，不能笼统地认为氧化性物质都是危险货物。被列入危险货物的氧化性物质是一种化学性质比较活泼的物质，既可用作化学试剂及化工原料，也可用作化肥。氧化性物质本身不一定可燃，但可放出氧而引起其他物质的燃烧。

1 氧化性物质的特性

此项货物在遇酸、受热、受潮或接触有机物、还原剂后即有分解放出原子氧和热量，引起燃烧或形成爆炸性混合物的危险。

（1）氧化性。

（2）不稳定性，受热易分解。

几种无机氧化剂的分解温度见下表。

几种无机氧化剂的分解温度

品　　名	分解反应分子式	分解温度（℃）
硝酸铵	$2NH_4NO_3=2N_2\uparrow+4H_2O+O_2\uparrow$	210
高锰酸钾	$2KMnO_4=MnO_2\uparrow+O_2\uparrow+K_2MnO_4$	＜240
硝酸钾	$2KNO_3=2KNO_2+O_2\uparrow$	400
氯酸钾	$2KClO_3=2KCl+3O_2\uparrow$	400
过氧化钠	$Na_2O_2=Na_2O+[O]$	460

[7] A 型 ~G 型有机过氧化物的含义，见《危险货物分类和品名编号》（GB 6944—2012）4.6.2.2.3 款。

（3）化学敏感性。

氧化性物质与还原剂、有机物、易燃物质或酸等接触时，有的能立即发生不同程度的化学反应。如氯酸钾或氯酸钠与蔗糖或淀粉接触，高锰酸钾与甘油或松节油接触，三氧化铬与乙醇等混合，都能引起燃烧或爆炸。用扫帚清扫撒在地上的硝酸银即能引起局部燃烧爆炸。同属氧化性物质，由于氧化性的强弱不同，相互混合后也能引起燃烧爆炸，如硝酸铵和亚硝酸钠，硝酸铵和氯酸盐等。有机过氧化物中的过氧化苯甲酰电子分解温度只有130℃，甚至在拧瓶盖时如操作不当也可能引起爆炸。

（4）吸水性。

大多数盐类都具有不同程度的吸水性。如硝酸盐中的钠、钙、镁、铵、锌、铁、铜和亚硝酸钠等，在潮湿环境里很容易从空气中吸收水分，甚至溶化、流失。有的还容易吸水变质，如：过氧化钠、过氧化钾遇水则猛烈分解放氧，若遇有机物、易燃物即引起燃烧；三氧化铬迅速吸水变成铬酸；高锰酸锌吸水后的液体接触有机物（如纸、棉布等），能立即燃烧；漂粉精遇水后，不仅能放出氧，同时还产生大量剧毒和腐蚀性的氯气等。

（5）毒性和腐蚀性。

氧化性物质一般都具有不同程度的毒性，有的还具有腐蚀性，人吸入或接触可能发生中毒、灼伤现象。如硝酸盐、氯酸盐都有不同程度的毒性，三氧化铬（铬酸酐）、过氧化钠都有腐蚀性等，从业人员操作时应做好个人防护。

2 有机过氧化物的特性

有机过氧化物很不稳定，容易分解，有很强的氧化性，对热、振动或摩擦极为敏感。当其受到振动、冲击、摩擦或遇热时即分解生成易燃气体并放出热量，加之其本身就是可燃物，就会因高温引起自身燃烧，而燃烧又产生更高的热量，最后导致反应体系的爆炸。

有机过氧化物具有前述氧化性物质的特点，而且比无机氧化物有更大的危险性，其危险主要表现在以下方面。

（1）有机过氧化物比无机氧化物更容易分解。

其分解温度一般在150℃以下，有的甚至在常温或低温时即可分解，一些有机过氧化物的分解温度见下表，故需保持低温运输。由于分解温度低，有机过氧化物对摩擦、撞击等因素也比无机氧化物敏感。同时，有机过氧化物对杂质很敏感，少量的酸类、金属氧化物或胺类即会引起剧烈分解。

（2）有机过氧化物绝大多数是可燃物质，有的甚至是易燃物质。有机过氧化物分解产生的氧往往能引起自燃；燃烧时放出的热量又加速分解，循环往复极难扑救。

（3）有机过氧化物分解后的产物，几乎都是气体或易挥发的物质，再加上易燃性和自身氧化性，分解时易发生爆炸。

一些有机过氧化物的分解温度

品　名	分 子 式	自催化分解温度（℃）
过氧化叔丁醇	$(CH_3)_3COOH$	88 ~ 93
过氧化苯甲酸叔丁酯	$C_6H_5CO{\cdot}O_2{\cdot}C(CH_3)_3$	64
过氧化醋酸叔丁酯	$(CH_3)_3CO{\cdot}O_2{\cdot}C(CH_3)_3$	93
过氧化三甲醋酸叔丁酯	$(CH_3)_3COOCOC(CH_3)_3$	29.4
过氧化二碳酸二异丙酯	$[(CH_3)_2CHO{\cdot}CO]_2O_2$	12
过氧化二月桂酰	$[CH_3(CH_2)_{10}CO]_2O_2$	48.9

三 常见的氧化性物质和有机过氧化物

1 硝酸钾（KNO_3）（UN 1486）

硝酸钾又称钾硝石、火硝。无色透明晶体或粉末，相对密度 2.109，溶于水，且在水中的溶解度随水温上升而剧烈增大。该物质为强氧化剂，与有机物接触能燃烧爆炸，遇热则分解放出氧气。当硝酸钾与易燃物质混合后，受热甚至轻微的摩擦冲击都会迅速地燃烧或爆炸。黑火药就是根据这个原理配制的。

硝酸钾遇硫酸会发生反应生成硝酸，所以硝酸盐类不能与硫酸配载。

2 氯酸钾（$KClO_3$）（UN 1485）

氯酸钾为白色晶体或粉末，味咸、有毒，相对密度 2.32。常温下稳定，在 400℃时能分解生成氯化钾（KCl）和氧气（O_2）。与还原剂、有机物（如糖、面粉）、易燃物（如硫、碳、磷）或金属粉末等混合可形成爆炸性混合物，经摩擦、撞击或加热时即爆炸。因包装破损，氯酸钾撒漏在地上后被践踏发生火灾的事故时有发生。

氯酸钾的热敏感和撞击感度都比黑火药灵敏得多。氯酸钾遇浓硫酸则生成高氯酸（$HClO_4$）和二氧化氯（ClO_2）。高氯酸是一种极强的酸，也有极强的氧化性，而二氧化氯是极不稳定易爆炸的物质。所以氯酸盐不可与浓硫酸配载。

模块八　毒性物质和感染性物质基本特性

一 毒性物质和感染性物质的分项和定义

此类包括毒性物质和感染性物质，分为 2 项。

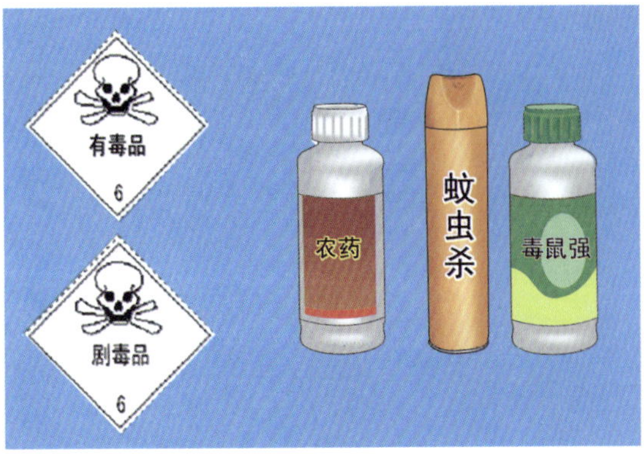

6.1 项　毒性物质

毒性物质，是指经吞食、吸入或与皮肤接触后可能造成死亡或严重受伤或损害人类健康的物质。

本项包括满足下列条件之一的毒性物质（固体或液体）：

（1）急性口服毒性：LD50 ≤ 300mg/kg。

（注：青年大白鼠口服后，最可能引起受实验动物在 14d 内死亡一半的物质剂量，试验结果以 mg/kg 体重表示）

（2）急性皮肤接触毒性：LD50 ≤ 1000mg/kg。

（注：使白兔的裸露皮肤持续接触 24h 后，最可能引起受实验动物在 14d 内死亡一半的物质剂量，试验结果以 mg/kg 体重表示）

（3）急性吸入粉尘和烟雾毒性：LC50 ≤ 4mg/L。

（4）急性吸入蒸气毒性：LC50 ≤ 5000ml/m^3，且在 20℃和标准大气压力下的饱和蒸气浓度大于或等于 1/5LC50。

6.2 项　感染性物质

感染性物质，是指已知或有理由认为有病原体的物质。

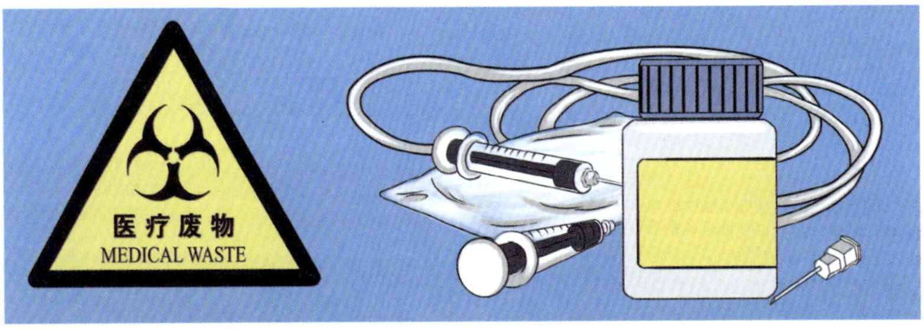

感染性物质分为 A 类和 B 类。

A 类：以某种形式运输的感染性物质，在与之发生接触（发生接触，是在感染性物质泄露到保护性包装之外，造成与人或动物的实际接触）时，可造成健康的人或动物永久性失残、生命危险或致命疾病。

B 类：A 类以外的感染性物质。

第 6 类危险货物，根据其危害程度确定包装类别。如毒性物质（包括农药），按其毒性程度划入三个包装类别。

Ⅰ类包装：具有非常剧烈毒性危险的物质及制剂；

Ⅱ类包装：具有严重毒性危险的物质及制剂；

Ⅲ类包装：具有较低毒性危险的物质及制剂。

有关第 6 类危险货物包装类别的划分情况，见《危险货物分类和品名编号》（GB 6944—2012）。

二 毒性物质基础知识

按毒性物质的定义，属于毒性物质的危险货物繁多复杂。按其化学组成，可划分为有机毒性物质和无机毒性物质两大部分。根据运输中毒害危险程度，就包装目的而言，毒性物质的包装被划分为三个类别（包装类）。

Ⅰ类包装：具有非常剧烈毒性危险的物质及制剂；

Ⅱ类包装：具有严重毒性危险的物质及制剂；

Ⅲ类包装：具有较低毒性危险的物质及制剂。

以口服、皮肤接触以及吸入粉尘和烟雾的方式确定分类的标准见下表。

口服摄入、皮肤接触和吸入粉尘和烟雾确定包装分类的标准

口服毒性 LD50 (mg/kg)	皮肤接触毒性 LD50 (mg/kg)	吸入粉尘和烟雾毒性 LC50 (mg/L)	包装类别
≤ 5.0	≤ 50	≤ 0.2	Ⅰ
>5.0 和≤ 50	>50 和≤ 200	>0.2 和≤ 2.0	Ⅱ
>50 和≤ 300	>200 和≤ 1000	>2.0 和≤ 4.0	Ⅲ

毒性物质有固体、液体、粉末、气体、蒸气、雾、烟等各种形态，尤以气体、蒸气、雾、烟、粉尘等形态活跃于生产环境的毒性物质会污染空气，且易经呼吸道进入人体，还可能污染皮肤，经皮肤进入人体。毒性物质通常是指常温、常压下呈液态或固态的物质。

1 人畜中毒的途径

毒性物质对人畜发生作用的先决条件是侵入体内。人畜中毒的途径是呼吸道、皮肤和消化道。在运输中，毒性物质主要经呼吸道和皮肤进入人体内，经消化道进入的较少。

（1）呼吸道。

整个呼吸道都能吸收毒性物质，尤以肺泡的吸收能力最大。肺泡面积很大，肺泡壁很薄，有丰富的微血管，所以肺泡对毒性物质的吸收极其迅速。有毒气体和蒸气，5μm 以下的尘埃能直接到达肺泡，进入血液循环而分布全身，可在未经肝脏转化之前就起作用。呼吸道吸收毒性物质的速度，取决于空气中毒性物质的浓度、毒性物质的理化性质、毒性物质在水中的溶解度和肺通气量、心血输出量等因素。而肺通气量和心血输出量又与劳动强度、气温等有关。

（2）皮肤。

许多毒性物质能通过皮肤吸收，吸收后不经过肝脏即直接进入血液循环。毒性物质经皮肤吸收的途径大致有三条：通过表皮屏障；通过毛囊；极少数可通过汗腺。由于表皮角质层下的表皮细胞膜富有固醇磷酯，故对非脂溶性物质具有屏障作用。表皮与真皮连接处的基膜也有类似作用。脂溶性物质虽能透过此屏障，但除非该物质同时又有一定的水溶性，否则不易被血液吸收。但当皮肤损伤或患有皮肤病时，其屏障作用被破坏，此时原来不会经过皮肤被吸收的毒性物质能大量被吸收。毒性物质经皮肤吸收的数量和速度，除与毒性物质本身的脂溶性、水溶性和浓度等有关外，还与皮肤的温度升高、出汗增多、创伤部位等有关。

（3）消化道。

毒性物质经消化道进入体内，一般都是在运输装卸作业后，被毒性物质污染的手未彻底清洗就进食、吸烟或将食物、饮料带到作业场所被污染而误食。另外，一些进入呼吸道的粉尘状毒性物质也可随唾液咽下而进入消化道。毒性物质经消化道吸收主要是在小肠。但某些无机盐（如氰化物）及脂溶性毒性物质，可经口腔粘膜吸收。经消化道吸收的毒性物质一般先经过肝脏，在肝脏转化后，才进入血液循环，故其毒性较小。

2 毒性大小的影响因素

就毒性物质本身而言，其化学组成和结构是毒性大小的决定因素。但毒性物质的物理特性也可影响毒性作用的大小。

（1）毒性物质的化学特性是毒性大小的决定因素。

无机毒性物质中，含有汞（Hg）、铅（Pb）、钡（Ba）、氰根（CN–）等的物质一般均属于毒性物质。

凡带有氰根（CN–）的化合物，能在人体内释放出游离氰根，即可抑制细胞色素氧化酶，毒性较大。如氰化钠溶于水后即释出游离氰根，属剧毒品。而氰化银不溶于水，在水中几乎不释出游离氰根，因此，其毒性比氰化钠小。硫氰酸钠在水中不释出游离氰根，而以硫氰酸根存在，毒性又小得多。

有机毒性物质中，含有磷（P）、氯（Cl）、汞（Hg）、氰基（–CN）、铅（Pb）、硝基（$-NO_3$）、氨基（$-NH_2$）多数属于毒性物质。如苯胺、硝基苯等进入人体后，形成高铁血红蛋白，使血液失去运输氧气的功能，最后造成人体组织缺氧。卤化烃随着卤原子增多，其毒性增大。如一氯甲烷、二氯甲烷、三氯甲烷、四氯甲烷，随着氯元素的增加，毒性依次增强。绝大多数有机磷农药和磷酸脂类及硫化磷酸脂类进入人体后对人体有害，如磷酸三甲苯脂和二硫化焦磷酸四乙脂等。

（2）毒性物质的物理特性对毒性大小的影响。

①毒性物质在水中的溶解度越大，其毒性也越大。如氯化钡能溶于水，毒性较大。硫酸钡不溶于水，人吞服基本无毒。三氧化二砷的溶解度比三硫化二砷大 3 万倍，故前者的毒性大。

②毒性物质的颗粒越小，越易引起中毒。因为颗粒越小，越易进入呼吸道而被吸收。将氰化钠制成颗粒状进行运输或储存，就是为降低其毒性。

③脂溶性毒性物质易透过皮肤溶于脂肪进入血液引起中毒。如苯胺、硝基苯一类毒性物质很容易通过皮肤引起中毒。

④毒性物质沸点越低，越易引起中毒。毒性物质沸点越低，就越易挥发成蒸气，增加毒性物质在空气中的浓度，而引起吸入中毒。同理，气温越高，毒性物质的挥发性越大，同时还会增加毒性物质的溶解度和加剧人体呼吸的次数，从而增加毒性物质进入人体的可能性。

3 毒性的量度

毒性物质虽对人有毒害作用，但如果进入体内的毒性物质剂量不足，则不会中毒。表示毒性物质的摄入量与效应的关系称为毒性。通常认为：动物致死所需某毒性物质的摄入量（或浓度）越小，则表示该毒性物质的毒性越大。对某毒性物质的毒性测定，是用动物进行的。毒性的计量单位是 mg/kg，即把某毒性物质使某动物死亡的最小量与该动物的体重相比，得到每千克的动物摄入某毒性物质的毫克数。

常用的毒性指标有以下 8 个。

（1）口服毒性半数致死量，用符号 LD50 表示。LD50 是经过统计学方法得出的一种物质的单一计量，可使青年白鼠口服后，在 14d 内死亡 50% 的物质剂量。

（2）皮肤接触毒性半数致死量，也用 LD50 表示。是指使白兔的裸露皮肤持续接触 24h，最可能引起这些试验动物在 14d 内死亡 50% 的物质剂量。

必须说明的是，虽然口服毒性半数致死量与皮肤接触毒性半数致死量的符号相同，但同一种毒性物质的这两个指标值是不同的，须经试验而定。

（3）吸入毒性半数致死浓度，用符号 LC50 表示。经呼吸途径中毒，就不能用致死中量来量度，而用半数致死浓度来表示。LC50 是指使雌雄青年白鼠连续吸入 1h，最可能引起这些试验动物在 14d 内死亡 50% 的蒸气、烟雾或粉尘的浓度。粉尘和烟雾毒性物质用每立方米空气中含有某毒性物质的毫克数（mg/m^3）表示。气体毒性物质则以每立方米空气中的毫克数表示（百万分率，即 ppm）。

（4）最高容许浓度，又称极限阈值，用符号 TLV 表示。TLV 是指在该浓度下健康成人长期经受也不致引起急性或慢性危害的浓度。所谓最高，是指生产场所空气中含有该毒性物质浓度的极限，在多处多次的采样测定时，每次测定都不得超过此上限，而不是平均值不超过此限值。其度量单位同 LC50。

（5）绝对致死量，用符号 LD100 表示，指使实验动物全部死亡的毒性物质的最小用量。

（6）最低致死量，用符号 LDLO 表示，指在已发生的中毒死亡的病历报告中的最小摄入量。在 LD50 时，死亡率已达 50%，那么死亡率是 1%、0.1%、0.01% 的毒性物质用量，即可能致死的用量是多少呢？这是根据有死亡纪录的最小量而定的，而不是根据实验。单位不用毫克 / 千克（mg/kg），而直接用重量（mg）单位。

（7）最小中毒量，用符号 TDLO 表示，指能引起染毒动物出现中毒症状的最小用量。

（8）最小中毒浓度，用符号 TCLO 表示，指能引起染毒动物出现中毒症状的最小浓度。

《剧毒化学品目录》（2002 年版）共收录 335 种剧毒化学品。该目录是以化学品毒性指标作为判定界限而收录的，不改变现行有关危险化学品分类。本目录包括序号、中文名称、英文名称、分子式、CAS 号、UN 号以及受限范围。其中受限范围是指该剧毒化学品受到中国政府的限制范围。“Ⅰ”表示国家明令禁止使用的剧毒化学品；“Ⅱ”表示国家明令禁止使用的农药；“Ⅲ”表示在蔬菜、果树、茶叶和中草药材上不得使用的农药。

4 毒性物质的其他危险性

毒性是毒性物质的主要性质。若用闪点、燃点、燃速、腐蚀性等指标衡量，毒性物质中又有不少是易燃品和腐蚀性物质。也就是说，各种毒性物质还有很多其他化学特性。其中与运输装卸作业有关的如下。

（1）有机毒性物质具有可燃性。

毒性物质中的有机物都是可燃的，其中有不少液体的闪点低于 61℃，够得上易燃液体标准。这些物质一旦遇明火、高热或与氧化剂接触会燃烧爆炸，燃烧时会放出有毒气体，加剧毒性物质的危险性。如戊腈，闪点 40℃；异戊腈，闪点 25℃；甲基苯胺，闪点 29.4℃；氯甲苯，闪点 52℃；氯甲酸丁酯，闪点 36 ~ 38℃；溴丙酮，闪点 45℃等。

（2）遇酸或水反应放出有毒气体。

如氰化钾能与盐酸发生反应，生成毒性更强的氰化氢气体，气体更容易通过呼吸道中毒。因此，氰化物不得与酸性腐蚀性物质配装。

氰化物还能与水发生反应生成有毒的气体。如氰化钾与水放出氨气（NH_3）。氨气虽然也是一种毒气，但其毒性要比氰化钾弱得多。两害取其微，故氰化钾泄漏污染时，可用水来分解，不过要小心不得使氰化钾的水溶液溅在人身上，否则会加速中毒。

必须指出，并不是所有遇水反应放出有毒气体的毒性物质，都像氰化钾（氰化物）一样，反应生成有毒气体的毒性比反应前的毒性物质的弱。如氟化砷遇水发生反应放出的有毒气体是氟化氢，其危害性就比液体状的氟化砷要大得多。

（3）腐蚀性。

有不少毒性物质对人体和金属有较强的腐蚀性，强烈刺激皮肤和黏膜，甚至会发生溃疡加速毒物经皮肤的入侵。

三 感染性物质的危险特性

感染性物品的危险特性在于其使人或动物感染疾病或其毒素能引起病态，甚至死亡。

“生物制剂”和“医学标本”只要其不含有或有足够的理由相信不含有感染性物质或其他危险货物，可认为不是危险货物。生物制剂包括按照国家卫生当局的要求制成的，在卫生当局认可或特许下的，用于人类或兽类的各种生物制剂成品；或在国家卫生当局特许之前运输用来供研制或调查目的用于人或动物的生物制剂；或用于动物试验符合国家卫生当局要求的生物制剂。这些制剂还包括按照国家专业机关程序制成的半成品。活的动物和人的疫苗可认为是生物制剂，但不认为是感染性物质。

医学标本是指任何人或动物的成分，包括但不局限于排泄物、分泌物、血液及其成分、组织或组织液。储运这些物质是用于医学诊断目的，但不包括活的感染性动物。

1 感染性物质的生物安全分级

1980 年世界卫生组织按对个人和公众的危害性，将各种感染性物品的生物安全分为四级，见下表。各国可以按照自己的实际情况进行分级。

感染性物质的生物安全分级

类别＼分级	1 级	2 级	3 级	4 级
按对个人危害	低	中	高	高
按对公众危害	低	有限	低	高

2 感染性物质的运输

感染性物质无法给出衡量参数，也无法用化学实验确定，而由卫生防疫部门认定。感染性物质单纯的存在状态多为菌种或毒种，其在实验室环境下发生感染的机会较多，感染的危害性更大，感染性物质的运输过程也存在感染性。

感染性分为实验室感染可能性、感染后发病的可能性、症状轻重及愈后情况、有无生命危险及有效防止实验室感染方法、用一般的微生物操作方法能否防止实验室感染、我国有无此种菌（毒）种及曾否引起流行、人群免疫力等情况。

这类物质的运输需经当地省（自治区、直辖市）政府卫生行政部门批准。

运输中传染病菌（毒）种的容器若发生破损，应遵循以下原则：

（1）迅速查明容器被损坏的原因和菌（毒）种名称；

（2）及时划定被污染的范围，并实施严格消毒；

（3）及时登记接触者名单，必要时进行医学观察或留验、化学预防、应急免疫接种及丙种球蛋白保护；

（4）事故发生时，提请运输部门向当地交通、卫生行政部门（或卫生防疫站）报告事故情况，必要时请求协助处理；

（5）如鼠疫杆菌、霍乱弧菌和艾滋病病毒的容器破损时，应在立即处理的同时，向当地政府卫生行政部门和卫生部报告。

四 常见的毒性物质

1 氢氰酸（UN 1613）及氰化钡（UN 1565）、氰化钾（UN 1680）、氰化钠（UN 1689）等氰化物

氢氰酸即氰化氢（HCN），具有苦杏仁味，极易扩散，易溶于水（即称为氢氰酸）。含氰基（-CN）的化合物叫氰化物。大多数氰化物属剧毒物质，在体内能迅速离解出氰根（CN-）而起毒性作用，50 ~ 100mg 就可使人致死。如氰化钠，俗称山萘或七步倒，人仅服 1 ~ 3mg 走不出七步路即会死亡。

氰化物虽有较大毒性，但易被分解为低毒或无毒的物质。如氰化钾与水作用会逐渐被分解成甲酸钾和氨。遇 H_2O_2 分解很快，故小量的含氰毒物可用 H_2O_2 作解毒剂。

氰化物遇酸或酸性腐蚀物质时会放出 HCN。

2 砷（UN 1558）、砷粉（UN 1562）及其化合物

砷的俗名为砒，为元素砷（As）的单质，通常为灰色的金属状的晶体，还有黄及黑的两种同素异形体。灰色的金属特性较突出，但性脆；相对密度 5.7，不溶于水；在空气中表面会很快被氧化而失去光泽。纯的未被氧化的砷是无毒的，口服后几乎不被吸收就排出体外。但因为砷易氧化，表面几乎都生成了剧毒砷的氧化物，所以砷也列为剧毒品。砷在自然界主要是以化合物存在，如硫化砷（雄黄）化学式 AsS，三硫化二砷（雌黄）化学式 As_2S_3 等。

不纯的砷俗称砒霜或白砒，有剧毒。

砷为非金属，故其氧化物为酸性氧化物。有两种氧化物：三氧化二砷（As_2O_3）（UN 1561，CN 61007）和五氧化二砷（As_2O_5）（UN 1559，CN61010）。其对应酸为亚砷酸（H_3AsO_3）和偏亚砷酸（$HAsO_2$）及砷酸（H_3AsO_4），皆为弱酸。其对应盐则为亚砷酸盐和偏亚砷酸盐及砷酸盐。亚砷酸钠（$NaAsO_2$）及砷酸钾（K_3AsO_4）等皆为剧毒品。其他砷化物也大都具有毒性。

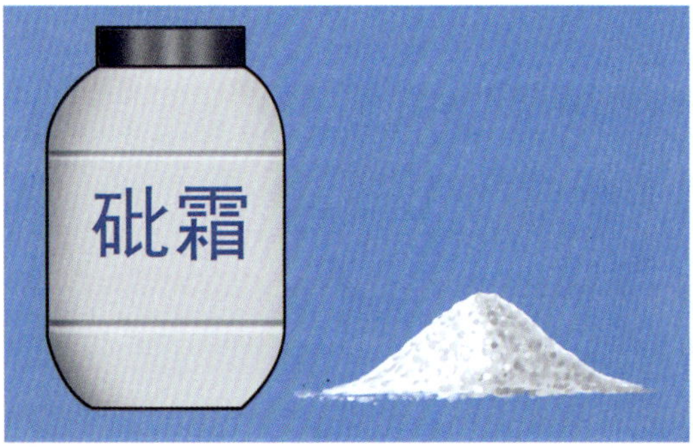

砷与氢的化合物叫砷化氢，是气体，极毒，当砷化氢分子中的氢原子被有机化合物中的烃基取代后得到的有机砷化合物则叫做胂。胂类化合物也大都具有毒性。

一般地，砷的可溶性化合物都具有毒性。砷及其化合物可用作药物和杀虫剂等。

3 发动机燃料抗爆剂混合物（四乙基铅）（UN 1649）

四乙基铅（Pb（C_2H5）$_4$）又名四乙铅，为无色油状液体。相对密度 1.66，有臭味；不溶于水，易溶于有机溶剂和脂肪，易挥发；主要作汽油抗爆剂；因高度挥发，易进入呼吸道；因溶于脂肪，易为皮肤接触吸收；毒性较大，主要侵害中枢神经系统。

模块九　腐蚀性物质基本特性

一　腐蚀性物质的定义

此类物质是指通过化学作用使生物组织接触造成严重损伤或在渗漏时会严重损害甚至毁坏其他货物或运载工具的物质。其包括满足下列条件之一的物质：

（1）使完好皮肤组织在暴露超过 60min、但不超过 4h 之后开始的最多 14d 观察期内全厚度毁损的物质。

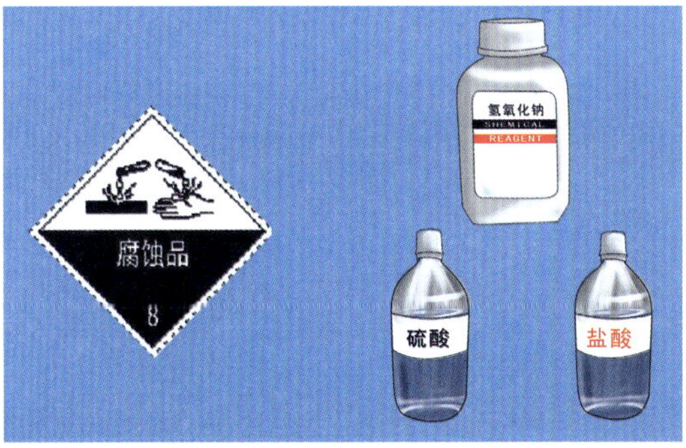

（2）被判定不引起完好皮肤组织全厚度毁损，但在 55℃试验温度下，对钢或铝的表面腐蚀率超过 6.25mm/a（读作每年毫米）的物质。

上述表述，一方面是针对人体的伤害，如灼伤人体组织、完好皮肤坏死等；另一方面从运输角度考虑，腐蚀对材料（金属等物品）造成的损坏、破坏，如长期、缓慢的腐蚀对车辆、罐体的影响等。

腐蚀性物质对物质的腐蚀作用，主要是化学作用。有时会引起一系列复杂的化学变化。各种腐蚀性物质接触不同物质发生腐蚀反应的效应及速度是不同的，说明各种腐蚀性物质腐蚀性强弱不一。各物质的耐腐蚀性也参差不齐。

从运输角度考虑，腐蚀不仅要看对材料的破坏，还应特别考虑对人体的伤害。同时也不能虑及长期的缓慢的腐蚀，而只能以即时的化学或电化学腐蚀作用为准。

二　腐蚀性物质的包装类别

Ⅰ类包装：非常危险的物质和制剂；

Ⅱ类包装：显示中等危险性的物质和制剂；

Ⅲ类包装：显示轻度危险性的物质和制剂。

其具体的危险程度，见《危险货物分类和品名编号》（GB 6944—2012）的“4.9.2.1 Ⅰ类包装、4.9.2.2 Ⅱ类包装、4.9.2.3 Ⅲ类包装”的表述。

腐蚀反应、构成复杂多样，其中不乏相互抵触的物品，如可燃物品与氧化剂，酸性与碱性物品等。分项时以酸碱性作为主要的分类标志，再考虑其可燃性。这样，在实际工作中，根据化学性质将第8类危险货物（腐蚀性物质）分为：酸性腐蚀品、碱性腐蚀品和其他腐蚀品。

1 酸性腐蚀品

酸性腐蚀品按其化学组成可分成无机酸性腐蚀品和有机酸性腐蚀品两个子项。

（1）无机酸性腐蚀品。

这类物品都是具有酸性的无机物。酸性的大小，决定了腐蚀性的强弱。其中不少酸具有很强的氧化性，如硝酸、硫酸、氯磺酸等。很明显，具有强氧化性的无机酸不能接触有机物。无机酸性腐蚀品中还包括遇水或遇湿能生成酸的物质，如三氧化二硫、五氯化磷等。

（2）有机酸性腐蚀品。

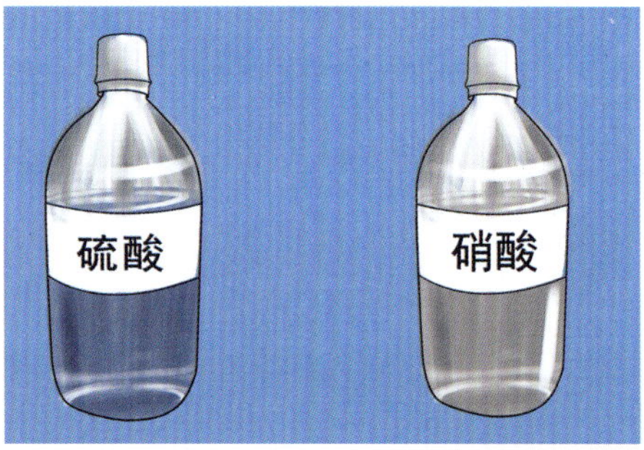

酸性有机物品，如甲酸、溴乙酰、三氯乙醛、冰醋酸等，绝大多数是可燃物，有很多是易燃的。如：乙酸，闪点40℃；丙烯酸，闪点54℃；丁基三氯硅烷，闪点52℃；丙酸，闪点54.4℃等。所以，同样是酸性腐蚀品，无机酸具有强氧化性，有机酸大多数可燃，绝不能认为同是酸性就把它们配载或混储，它们之间必须分类管理，储存运输时不能一起存放。

2 碱性腐蚀品

碱性腐蚀品包括碱性的无机物和碱性的有机物。其碱性决定了其腐蚀性。一般地说，碱性的大小决定了腐蚀性的强弱；碱性腐蚀品的腐蚀性要比酸性物品的腐蚀性弱一些；无机碱比无机酸的腐蚀性弱；有机碱比有机酸的腐蚀性弱；同是碱性物品，无机碱要比有机碱的腐蚀性强。无机碱性腐蚀品中没有具有氧化性的物质，所以没有必要再把碱性腐蚀品分为有机碱性和无机碱性两个子项。碱性腐蚀品中的有机物如水合肼等，是强还原剂，易燃，其蒸气会爆炸。

3 其他腐蚀品

其他腐蚀品指既不显酸性也不显碱性的腐蚀品，如次氯酸钠、三氯化锑、苯酚、甲醛等，分为无机物和有机物两类。无机物中的次氯酸钠、漂白粉有氧化性。有机物可燃，如甲醛的闪点50℃，爆炸极限7%~73%，具有极强的还原性。

腐蚀品的上述分类是由各种腐蚀品的本身化学性质决定的。要认识到各种腐蚀品具有各种不同的性质，若认为凡是腐蚀品就可以混储配载，酸与碱混装，氧化剂与还原剂配载，就势必酿成恶性事故。

三 腐蚀性物质的特性

腐蚀性物质是化学性质非常活泼的物质，能与很多金属、非金属及动、植物机体等发生化学反应。腐蚀性物质不仅具有腐蚀性，很多同时还具有毒性、易燃性或氧化性等性质中的一种或数种。

1 腐蚀性

腐蚀是物质表面与腐蚀性物质接触后，发生化学反应而受到破坏的现象。

（1）对人体的腐蚀（化学烧伤或化学灼伤）。

具有腐蚀性的固体、液体、气体或蒸气都会对皮肤表面或器官的表面（如眼睛、食道等）产生化学烧伤。固体腐蚀性物质如氢氧化钠等，能烧伤与之直接接触的表皮。液体腐蚀性物质则能很快侵害人体的大部分表面积，并能透过衣物发生作用。气体腐蚀性物质虽然不多，但许多液体腐蚀性物质的蒸气和粉末状固体腐蚀性物质的粉尘，同样具有严重的腐蚀性，不仅能伤害人体的外部皮肤，尤其会侵害呼吸道和眼睛。

腐蚀性物质接触人的皮肤、眼睛或进入呼吸道、消化道，就立即与表皮细胞组织发生反应，使细胞组织受到破坏，而造成烧伤。呼吸道、消化道的表面粘膜比人体表皮更娇嫩更容易受腐蚀。内部器官被烧伤时，会引起炎症（如肺炎等），严重的会死亡。有些腐蚀性物质对皮肤的伤害能力很小，但对某些器官却有强烈的刺激。如稀氨水对皮肤的腐蚀作用很轻微，但如溅入眼睛，则可能引起失明。

必须注意的是化学烧伤（灼伤）与物理烧伤（烫伤）有很大的不同。物理烧伤会使人立即感到强烈的刺痛，人的肌体会本能地立即避开。而化学烧伤有一个化学反应的过程，开始并不太感到疼痛，要经过数分钟、数小时，甚至数日后才表现出其严重伤害来，所以常常被人们忽视，其危害性也就更大。如皮肤接触氢氟酸后，表皮腐蚀似乎不严重，但氢氟酸会侵蚀骨骼中的钙而造成严重后果。另外，物理烧伤脱离接触后，伤害不继续加深；而腐蚀性物质与皮肤接触后，灼伤逐步加剧，要清除掉沾在皮肤上的腐蚀性物质颇费周折，同时腐蚀性物质对皮肤等组织细胞的吸附作用很强，还会通过皮肤被吸收，引起全身中毒，加之化学烧伤的周围组织因坏死及中毒等原因，较难痊愈。故化学烧伤比物理烧伤更应引起重视。

（2）对物质的腐蚀。

腐蚀性物质中的酸、碱甚至盐都能不同程度地对金属进行腐蚀。它们会腐蚀金属的容器、车厢、货舱、机仓及设备等。即使这些金属物质不直接与腐蚀性物质接触，也会因腐蚀性物质蒸气的作用而锈蚀。如化工物质运输车辆的损耗程度要比普通运输车辆的损耗大得多。

有机物质如木材、布匹、纸张和皮革等也会被碱、酸腐蚀。腐蚀性物质甚至能腐蚀水泥建筑物，撒漏于水泥地上的盐酸，能把光滑的地面腐蚀成为麻面。撒漏的硫酸不加水稀释流入下水道，会使水泥制的下水道毁坏。氢氟酸甚至能腐蚀玻璃。

2 毒性

腐蚀性物质中有很多物质还具有不同程度的毒性，如五溴化磷、偏磷酸、氢氟硼酸等。特别是具有挥发性的腐蚀性物质，如发烟硫酸、发烟硝酸、浓盐酸、氢氟酸等，能挥发出有毒的气体和蒸气，在腐蚀肌体的同时，还能引起中毒。

3 易燃性和可燃性

有机腐蚀性物质具有可燃性。这是所有有机物的通性，是它们本身的化学构成所决定的。其中有很多有机腐蚀性物质闪点很低，如冰醋酸，闪点 40℃；醋酸酐，闪点 54℃，遇明火会引起燃烧。

有些强酸强碱的腐蚀性物质，在腐蚀金属的过程中能放出可燃的氢气。当氢气在空气中占一定的比例时，遇高热、明火即燃烧，甚至引起爆炸。

4 氧化性

腐蚀性物质中的含氧酸大多是强氧化剂。它们本身会分解释放出氧，如硝酸暴露在空气中就会分解产生氧气，或在与其他物质作用时，夺得其电子将其氧化。

一方面，强氧化剂与可燃物接触时，即可引起燃烧，如硝酸、硫酸、高氯酸等。与松节油、食糖、纸张、炭粉、有机酸等接触后，即可引起燃烧甚至爆炸；另一方面，氧化性有时也可被利用。如浓硫酸和浓硝酸的强氧化性能使铁、铝金属在冷的浓酸中被氧化，在金属表面生成一层致密的氧化物薄膜，保护了金属。这种现象称为“钝化”。根据这一特点，对运输浓硫酸可采用铁制容器或铁罐车装运，用铝制容器盛放浓硝酸。

5 遇水反应性

腐蚀性物质中很多物质能与水会发生反应，并放出大量的热量。这些反应大致分为以下两种。第一种是遇水分解，这类反应主要以氯化物为典型，如三氯化磷能被水分解成盐酸和磷酸；第二种是遇水化合，这类反应以各种酸酐为典型，如三氧化硫遇水生成硫酸、五氧化二磷遇水生成磷酸等。会发生这类反应的物质受潮后腐蚀性增强。

遇水反应的腐蚀性物质都能与空气中的水气反应而发烟（实质是雾，习惯上称烟），其对眼睛、咽喉和肺均有强烈刺激作用，且有毒。由于反应剧烈，并同时放出大量热量，当满载这些物质的容器遇水后，则可能因漏进水滴而猛烈反应，使容器炸裂。所以，尽管没有给这些物质贴上“遇潮时危险”的副标志，其防水要求应和 4.3 项危险货物（遇湿易燃物质）相同。

四 常见的腐蚀性物质

1 硫酸（H_2SO_4），含硫高于 51%（UN 1830）

一般认为，硫酸的消费量可以从某个角度衡量一个国家的经济状况和发展水平。硫酸是重要的工业原料，硫酸铝、盐酸、氢氟酸、磷酸钠和硫酸钙等，在制造时都要用硫酸。硫酸的运输量和储存量在整个酸性腐蚀性物质中占首位。

纯硫酸是无色的油状液体，常见不纯的硫酸为淡棕色。硫酸是一种高沸点难挥发的强酸，易溶于水，能以任意比与水混溶。98% 的硫酸水溶液的相对密度 1.84，沸点 338℃，凝固点 10℃。SO_3 溶于硫酸中所得产物俗称发烟硫酸，其化学式为 $H_2S_2O_7$，称为焦硫酸。焦硫酸比硫酸还要危险。

稀硫酸具有酸的一切通性，能腐蚀金属，能中和碱，并能与金属氧化物和碳酸盐作用。

浓硫酸有以下特性。

（1）脱水性。

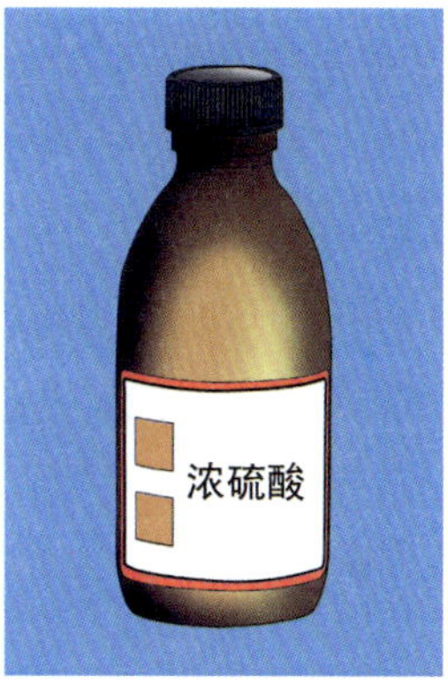

脱水性是浓硫酸的性质，而非稀硫酸的性质。可被浓硫酸脱水的物质一般为含氢、氧元素的有机物，其中蔗糖、木屑、纸屑和棉花等物质中的有机物，被脱水后生成了黑色的炭（碳化），并会产生二氧化硫。如脱水后的皮肤组织从成分到外观都与木炭无异。浓硫酸甚至能使高氯酸脱水，生成七氧化二氯，七氧化二氯很不稳定，几乎在生成的同时就爆炸性地分解成氯和氧。所以浓硫酸与高氯酸不能配载混储。

（2）吸水性。

浓硫酸对水有极强的亲和性。当其暴露在空气中时，能吸收空气中的水蒸气。因此常做干燥剂。浓硫酸溶于水时，能释放出约 84kJ/mol 的高热量。因此，稀释浓硫酸时必须十分小心，应将浓硫酸缓缓加入水中。若把水倒入浓硫酸中，开始时因水较轻浮在酸的表面，当水扩散至酸中时，即放出溶解热，可发生局部沸腾，会剧烈溅散而伤人。

（3）强氧化性。

常温下，浓硫酸能使铁、铝等金属钝化。加热时，浓硫酸可以与除金、铂之外的所有金属反应，生成高价金属硫酸盐。此外，热的浓硫酸还可将碳、硫、磷等非金属单质氧化到其高价态的氧化物或含氧酸，本身被还原为 SO_2。

浓硫酸也能分解由沸点较低的酸生成盐。把盐与硫酸混合加热，即可分馏出更易挥发的产物。浓硫酸与硝酸盐、盐酸盐也会发生类似的反应，故浓硫酸不宜与盐类混贮和配载。事实上浓硫酸不宜与任何其他物质进行配载。

2 硝酸，发红烟的除外，含硝酸高于 70%；硝酸，发红烟的除外，含硝酸不超过 70%（UN 2031）以及硝酸，发红烟的（UN 2032）

硝酸（HNO_3）是一种重要的强酸。纯硝酸为无色液体，但通常因溶有二氧化氮（NO_2）而呈红棕色，即硝酸，发红烟的（UN 2032，CN 81001），是一种非常强的氧化剂。68% ~ 70% 的硝酸水溶液相对密度 1.4，沸点 120.5℃，熔点 -42℃，与水无限混溶。

硝酸的水溶液无论浓稀均具有强氧化性及腐蚀性，溶液越浓其氧化性越强。在常温下硝酸能溶解除了金、铂、钛、铌、钽、钌、铑、锇、铱以外的所有金属，而粉末状金属则能与硝酸起爆炸性反应。浓稀硝酸在常温下都能与铜发生反应，这是盐酸与硫酸无法达到的。但浓硝酸在常温下会与铁、铝发生钝化反应，使金属表面生成一层致密的氧化物薄膜，阻止硝酸继续氧化金属。另外，浓硝酸还能溶解诸如 C、S 等非金属。不管具体的反应如何，硝酸在发生腐蚀反应的同时一般总会生成有毒气体 NO 和 NO_2 中的一种。

浓硝酸和浓盐酸物质的量按 1∶3 混合，即为王水，能溶解金等稳定金属。

硝酸在光照条件下分解成水、二氧化氮和氧气，因此硝酸一定要盛放在棕色瓶中，并置于阴凉处保存。

浓硝酸与松节油、乙醇、醋酸等有机物、木屑和纤维产品等相混能引起燃烧甚至爆炸。硝酸的腐蚀性很强，能灼伤皮肤，也能损害粘膜和呼吸道。硝酸还能氧化毛发和皮肤的组成部分——蛋白质，使蛋白质转化为一种称为黄朊酸的黄色复杂物质。所以，硝酸溅到皮肤上，愈合很慢，并会留下很难看的疤痕。

炸药和硝酸有密切的关系。最早出现的炸药是黑火药，它的成分中含有硝酸钠（或硝酸钾）。由棉花与浓硝酸和浓硫酸发生反应，生成的硝酸纤维素是比黑火药强得多的炸药。

3 氢氯酸（盐酸）（UN 1789）

工业中，盐酸的重要性仅次于硫酸和硝酸。工业上俗称的三酸二碱是最重要的化工原料，三酸即硫酸、硝酸和盐酸。就产量和运输量来说，盐酸超过硝酸占第二位。

氢氯酸是无水氯化氢（UN 1050，CN 22022）的水溶液。氯化氢（HCl）是无色有刺激性气味的气体，在空气中能冒烟，蒸气密度 1.27。有毒，空气中浓度超过 1500ppm 时，数分钟内可致人死亡。氯化氢极易溶于水，在 0℃时，1 体积的水大约能溶解 500 体积的氯化氢，所得水溶液即为氢氯酸，习惯称盐酸。氯化氢和盐酸的化学式均为 HCl。工业等级的盐酸浓度一般为 36% 左右，通常因含铁离子而呈黄色，相对密度（水 =1）为 1.2。

浓盐酸和稀盐酸均为强酸，具有一切酸的特性。如：能与碱中和生成盐和水；能溶解碱性氧化物；能溶解碳酸盐，释放出二氧化碳气体。故盐酸起火时，可用碱性物质如碳酸氢钠、碳酸钠、消石灰等中和，也可用大量水扑救。盐酸能溶解比较活泼的金属（如锌、镁、铁）。浓盐酸还可以溶解较不活泼的金属铜；具有较强的腐蚀性。所以，在装运过程中，盐酸严禁与碱类、胺类、碱金属、易燃物或可燃物等混装混运。

浓盐酸易挥发性，其酸蒸气具有毒性。吸入危险数量的氯化氢，可使呼吸道中的细胞完全变态，并能破坏气管内层。对于成人来说，氯化氢在空气中的浓度为 5ppm 时开始有气味；5 ~ 10ppm 时对粘膜有轻度刺激；35ppm 时短暂接触会强烈刺激咽喉；50 ~ 100ppm 时达忍耐的限度；1000ppm 时短暂接触就有肺水肿的危险。

此外，盐酸受热时，氯化氢会从水中逸出，此时盐酸容器内会产生相当大的压力，而导致耐压能力不大的耐盐酸腐蚀的容器破裂。因此，运输途中应防曝晒、雨淋，防高温。

4 固态氢氧化钠（NaOH）（UN 1823）和氢氧化钠溶液（UN 1824）

氢氧化钠又被称为烧碱、苛性钠、火碱等，是最常见的强碱，在整个工业部门有许多用途。纯的无水氢氧化钠为白色半透明的块状或片状固体，极易溶于水，溶解度随温度的升高而增大。固体氢氧化钠有吸水性，除极易吸收空气中的水汽外，还会吸收二氧化碳生成碳酸钠而变质，这是因为氢氧化钠能与非金属氧化物反应生成盐和水。因此在贮存和运输固体氢氧化钠时，必须防止其与空气接触。

氢氧化钠水溶液有涩味和滑腻感，溶液呈强碱性，具备碱的一切通性。市场出售和运输的氢氧化钠大多是 30% 和 45% 的水溶液，运输量很大。

由于氢氧化钠对蛋白质有溶解作用，所以，其浓溶液能与活体组织作用，能溶解丝、毛和动物组织，会严重灼伤皮肤。摄入液碱，如不立即用 1% 的醋酸溶液中和就可致命。氢氧化钠浓溶液是带微红色（45% 氢氧化钠水溶液）或微蓝色（30% 氢氧化钠水溶液）的透明液体，将之误认为红白葡萄酒、烧酒或饮料而误食丧命时有所闻。

氢氧化钠与无机酸发生中和反应产生大量热，并生产相应的盐类；与金属铝、锌、非金属硼和硅等反应放出氢气；能与玻璃的主要成份二氧化硅反应，生成易溶于水的硅酸钠，而使玻璃腐蚀，但其反应速度缓慢。所以，长期存放氢氧化钠溶液（又称液碱）时，不宜使用玻璃或陶瓷器皿。

模块十　杂项危险物质和物品基本特性

一　杂项危险物质和物品的定义

本类是指存在危险但不能满足其他类别定义的物质和物品。

（1）以微细粉尘吸入可危害健康的物质，如 UN2212、UN2590。

（2）会放出易燃气体的物质，如 UN2211、UN3314。

（3）锂电池组，如 UN3090、UN3091、UN3480，UN3481。

（4）救生设备，如 UN2990、UN3072、UN3268。

（5）一旦发生火灾可形成二噁英的物质和物品，如 UN2315、UN3432、UN3151、UN3152。

（6）在高温下运输或提交运输的物质，是指在液态温度达到或超过 100℃，或固态温度达到或超过 240℃条件下运输的物质，如 UN3257、UN3258。

（7）危害环境物质，包括污染水生环境的液体或固体物质，以及这类物质的混合物（如制剂和废物），如 UN3077、UN3082。

（8）不符合 6.1 项毒性物质或 6.2 项感染性物质定义的经基因修改的微生物和生物体，如 UN3245。

（9）其他，如 UN1841、UN1845、UN1931、UN1941、UN1900、UN2071、UN2216、UN2807、UN2969、UN3166、UN3171、UN3316、UN3334、UN3335、UN3359、UN3363。

二　常见的杂项危险物质和物品

1 磁化材料（UN 2807，CN 91001）

永久磁铁以及含有磁性零部件的设备仪表、光学仪器、移动电话、家电产品等货物，距包装件表面任何一点 2.1m 处的磁场强度 H ≥ 0.159A/m 的，在航空运输时要作为“磁化材料”运输。此项物质在其磁场强度范围内，对飞机的导航、通信设备有一定的影响，干扰飞行罗盘的准确性，从而影响飞机安全。

2 固态二氧化碳（干冰）（UN 1845，CN 92001）

干冰是固态的二氧化碳，在常温和压强为 6079.8kPa 压力下，把二氧化碳冷凝成无色的液体，再在低压下迅速蒸发，便凝结成一块块压紧的冰雪状固体物质，其温度是零下 78.5℃，这便是干冰。

干冰为白色升华性结晶，无嗅。临界温度 31.0℃，临界压力 7.4×10^6Pa，相对密度 1.56，常用于食品工业作制冷剂，也可用作人工催雨的化学药剂以及消防灭火剂。干冰气化时吸收的热量是同质量的冰溶解气化吸收热量的 2 倍，且这个过程比冰快得多，故人体接触瞬间即能严重冻伤。因其外形与普通的冰雪很相像，常被误认而用手去抓，但因温度在 -78.5℃，故造成冻伤。因此，在每次接触干冰的时候，一定要小心并且用厚棉手套或其他遮蔽物才能触碰干冰。

由于干冰升华的二氧化碳具有窒息性，能引起呼吸急促甚至窒息死亡，故使用干冰请于通风良好处，切忌与干冰同处于密闭空间。

单元三 道路危险货物运输包装常识

学习要点

了解危险货物运输包装基本要求、包装分类及包装英文标识；熟悉危险货物运输包装标志。

模块一 危险货物运输包装基本要求

根据危险货物性质和运输特点以及运输包装应起的作用，危险货物的运输包装必须具备以下基本要求。

（1）运输包装应结构合理，并具有足够强度，防护性能好。材质、形式、规格、方法和内装货物重量应与所装危险货物的性质和用途相适应，便于装卸、运输和储存。如若危险货物具有腐蚀特性，则其运输包装材质必须防腐蚀。

（2）运输包装应质量良好，其构造和封闭形式应能承受正常运输条件下的各种作业风险，不应因温度、湿度或压力的变化而发生任何渗（撒）漏，表面应清洁，不允许粘附有害的危险物质。

（3）运输包装与内装物直接接触部分，必要时应有内涂层或进行防护处理，运输包装材质不应与内装物发生化学反应而形成危险产物或导致削弱包装强度。

（4）内容器应予固定。如内容器易碎且盛装易撒漏货物，应使用与内装物性质相适应的衬垫材料或吸附材料衬垫妥实。通常，危险货物的特性对衬垫材料有以下特殊要求。

①衬垫材料应具备一定的缓冲作用：衬垫能防止冲撞、振动、摩擦等情况发生而对内包装产生机械等方面的损害。

②衬垫材料应具有吸附作用：当机械损害力量过强，以致突破缓冲作用使内包装产生损坏隐患时，如果内装的是液体物质，衬垫材料应能将此液体物质充分吸收，确保其渗漏不会影响到外包装；如果内装的是粉末状货物，衬垫材料应将其充分吸附，不使其撒漏。

③衬垫材料应具有缓解作用：正因为要求衬垫材料有吸附所装货物的作用，衬垫材料有可能直接接触危险货物，因此，应对所装货物的危险特性有一定的缓解作用。如具有氧

化性的货物，不能使用有机材料作衬垫等，不给危险货物以肆虐的机会，或将其破坏作用降到最低限度以至于零。

实际中，通常使用的衬垫材料有瓦楞纸、细刨花、草套、草垫、纸屑等有机物以及气泡塑料、发泡塑料、硅藻土、蛭石、陶土、黄沙等隋性材料。

（5）盛装液体的容器，应能经受在正常运输条件下产生的内部压力。灌装时应留有足够的膨胀余量（预留容积），除另有规定外，并应保证在温度55℃时，内装液体不致完全充满容器。

（6）运输包装封口应根据内装物性质采用严密封口、液密封口或气密封口。盛装需浸湿或加有稳定剂的物质时，其容器封闭形式应能有效地保证内装液体（水、溶剂和稳定剂）的百分比，在储运期间保持在规定的范围以内。

一般来说，危险货物包装的封口应严密不漏。特别是挥发性强或腐蚀性强的危险货物，封口更应严密，但对有些危险货物不要求封口严密，甚至还要求设有排气孔。如：盛装需浸湿或加有稳定剂的物质时，其容器封闭形式应能有效地保证内装液体（水、溶剂和稳定剂）的百分比，在储运期间保持在规定的范围以内；而对有降压装置的包装，其排气孔设计和安装应能防止内装物泄漏和外界杂质进入，排出的气体量不得造成危险和污染环境。

如何对待某种危险货物包装封口，要根据所装危险货物的性质决定。一般来说，大部分危险货物的包装要求严密封口。对于必须采取非严密包装的货物大致有以下几种。

①油浸的纸、棉、绸、麻等及其制品。该类危险货物要用透笼箱包装，以保持良好的通风。

②碳化钙（电石）（UN 1402）。碳化钙吸收空气中的水分后发生化学反应产生易燃的乙炔气体。如果桶内乙炔气不能及时排出而积聚起来，运输时遇到滚动、碰撞等原因，桶内坚硬的碳化钙块就会与铁桶壁碰撞产生火星，点燃桶内的乙炔气而发生爆炸。所以，装碳化钙的铁桶应严密到不漏水、不漏气，在桶内充氮抑制乙炔的产生；或者应有排放桶内乙炔气的通气孔，同时注意通气孔应能防止桶外的水进入桶内，否则，将是十分危险的。

③过氧化氢（双氧水，H_2O_2）（UN 2014、2015）。双氧水受热或经振动即分解释放出原子氧，有爆炸危险。所以，双氧水的包装应有出气小孔，以随时排出分解出的氧气，释放出容器内的压力。

④冷冻液态氮（UN 1977）。装液态氮的安瓿瓶不耐高压，也不能保持瓶内的 –147.1℃以下的低温，所以不时会有液态氮气化，如不让其排出，将会有爆炸危险。考虑到氮气无毒不燃的性质（空气中本来就有78%的氮），故液氮要求必须用不封口的安瓿瓶包装。

气密封口一般适用于装有下列物质的包装上：

①产生易燃气体或蒸气；

②如使其干燥，会成为爆炸性物质；

③产生毒性气体或蒸气；

④产生腐蚀性气体或蒸气；

⑤可能与空气发生危险反应的物质。

气密封口必须经过检验部门的气密试验。

（7）对于爆炸品而言，其运输包装必须进行专用包装，甚至在爆炸品包装之间都不能有相互替用。一般来说，为了保证爆炸品在储运过程中的安全，爆炸品的生产设计者在设计、生产爆炸品时，往往根据本爆炸品所必须满足的防火、防振、防磁等要求，同时也设计了该爆炸品的包装物，且其包装设计需要与爆炸品的设计同时被批准，否则不得进行爆炸品的生产。爆炸品包装的基本要求应当满足《危险货物运输包装通用技术条件》（GB12463—2009）和《公路运输危险货物包装检验安全规范》（GB19269—2009）的规定。

模块二　危险货物运输包装分类

一　危险货物运输包装的分类

《危险货物运输包装通用技术条件》（GB 12463—2009）中，根据盛装内装物的危险程度，将运输包装分为三个类别。

（1）Ⅰ级包装：适用内装危险性较大的货物。

（2）Ⅱ级包装：适用内装危险性中等的货物。

（3）Ⅲ级包装：适用内装危险性较小的货物。

《危险货物分类和品名编号》（GB 6944—2012）将除第1类、第2类、第7类、5.2项和6.2项物质，以及4.1项自反应物质，根据其危险程度，划分为三个包装类别。I类包装：具有高度危险性的物质；II类包装：具有中等危险性的物质；III类包装：具有轻度危险性的物质。并在《危险货物品名表》的第6列“包装类别”中列出了该危险货物应使用的包装等级。

在国际危险货物运输中，确定采用哪个等级包装的依据是货物的危险程度。除第2类气体和第7类放射性物品的包装另有规定外，《国际海上危险货物运输规则》《国际公路运输危险货物协定》等的危险货物品名表中对各自所列危险货物都具体指明应采用包装的等级。这既表明了该货物的危险等级，又强调了等级的重要性，基本形式与我国的《危险货物品名表》中的“包装类别”相似。

二　危险货物运输包装的作用

对于一般商品来说，其包装的作用主要表现为：一是保护商品，便于运输，这是包装最基本的功能；二是扩大销售，增加利润，这是商品市场竞争的必然要求；三是商品包装在一定程度上还反映出一个国家生产力和科学技术的水平，这是一个国家综合国力和科技水平的外在表现。

危险货物的危险性主要取决于其自身的理化性质，同时也要受到外界条件的影响，如温度、雨雪水、机械作用以及不同性质货物之间的影响。对于危险货物运输包装来说，除了一般的经济学、市场营销学上的意义外，还具有如下重要的作用：

（1）能够防止被包装的危险货物因接触雨雪、阳光、潮湿空气和杂质而使货物变质，或发生剧烈化学反应所造成的事故；

（2）可以减少货物在运输过程中所受到的碰撞、振动、摩擦和挤压，使危险货物在包装的保护下保持相对稳定状态，从而保证运输过程的安全；

（3）可以防止因货物撒漏、挥发以及与性质相悖的货物直接接触而发生事故或污染运输设备及其他货物的事件发生；

（4）便于储运过程中的堆垛、搬动、保管，提高车辆生产率、运送速度和工作效率；

（5）可以防止放射性物质放出的射线对人体的内照射和外照射所造成的危害。

三 危险货物运输包装的基本分类

1 按危险货物的包装材料分类

按危险货物使用的包装材料分类，一般可分为木制包装、金属制包装、纸制包装、玻璃陶瓷制包装、棉麻织品制包装、塑料制包装和编织材料包装等。

（1）木制包装。

①木桶：主要有木琵琶桶、胶合板桶、纤维板桶等。用于盛装危险货物的木桶，一般规定容积不得超过250L，净重不得超过400kg。

②木箱：主要有满板木箱、满底板花格木箱、半花格木箱、花格木箱等。一般规定盛装危险货物的净重不超过400kg。

（2）金属制包装。

金属制包装的主要形式有桶（罐）和箱（盒、听）包装两大类。其基本性能表现为牢固、耐压、耐破、密封、防潮，其强度是所有通用包装中最高的，是运输危险货物中使用最多、最广的包装方式之一。使用的主要金属材料是各种薄钢板、铝板和塑料复合钢板等。

①热轧薄钢板。它属于普通碳素钢板，亦称黑铁皮。其厚度0.25～2.0mm不等。单

件包装的容积大或所装货物的净重大，所用的板材相应的就厚一些，其强度标准以符合包装性能试验的要求为准。

②镀锌钢板。由于锌是保护性镀层，能保护钢板在使用过程中免受腐蚀。锌在干燥空气中不起变化，在潮湿空气中与氧或二氧化碳生成氧化锌或碳酸锌薄膜，可以防止锌继续氧化，镀锌层经铬酸或铬酸盐钝化后形成钝化膜，其防腐能力大为加强，但锌易溶于酸或碱且易于与硫化物反应。对应于黑铁皮而言，镀锌钢板也称白铁皮。

③镀锡钢板。俗称马口铁，它具有良好的耐腐蚀性、冲压成型性、可焊性和弹性。锡遇稀无机酸不溶解，与浓硝酸不起反应，只是遇浓硫酸、浓盐酸及苛性碱溶液在加热时溶解。

④塑料复合钢板。其基件是普碳钢薄板，复合塑料采用软质或半软质聚氯乙烯塑料薄膜或聚苯乙烯塑料薄膜。塑料复合钢板，具有钢板的断切、弯曲、深冲、钻孔、铆接、咬合、卷边等加工性能，又有很好的耐腐蚀性，可耐浓酸、浓碱以及醇类的侵蚀，但对醇以外的有机溶剂的耐腐蚀性差。

⑤铝薄板。包装使用的铝薄板的铝纯度应在 99% 以上，铝板厚 2mm 以上，其特点是耐硝酸和冰醋酸，可焊而咬合性差。一般不用卷边咬合而用焊接。同时铝薄板的质地较软，往往在铝桶外套上可箍钢质笼筋，以增加其强度。

（3）纸制包装。

纸质包装主要有纸箱、纸盒、纸桶、纸袋等。纸制包装的特点是防振性能很好，经特殊工艺加工，强度可与木材相比。如果纸塑复合，可使纸质包装的防水性和密封性大大提高。

（4）玻璃、陶瓷制包装。

各种玻璃瓶、陶坛、瓷瓶等包装，其特点是耐腐蚀性强但很脆、易碎，所以又称易碎品。

（5）棉麻织品及塑料编织纤维包装。

用棉麻织品及塑料编织纤维做成的包装，一般统称袋。在危险货物运输包装中也具有较多的用途。

（6）塑料制包装。

塑料制包装的形状比较多。桶、袋、箱、瓶、盒、罐等都可用塑料制造。其所用的塑料种类也很多，主要有聚氯乙烯、聚苯乙烯、聚乙烯、钙塑、发泡塑料等。塑料还能与金属或纸制成各种复合材料。塑料包装的特点是质轻、不易碎、耐腐蚀。与金属、玻璃容器比较，其耐热、密封、耐蠕变性能相对要差一些。

（7）编织材料包装。

编织材料包装主要是指由竹、柳、草三种材料编织而成的容器，常见的有竹箩、竹箱、竹笼、柳条筐、柳条篓、薄草席包、草袋等。编织包装容器的荆、柳、藤、竹、草等物必须具备不霉、不烂、无虫蛀，而且编织紧密结实的基本要求。

2 按危险货物的包装类型分类

按危险货物包装容器类型一般可分为桶（罐）类、箱类、袋类、坛类、筐篓类以及复合包装等多种。

（1）桶（罐）类。

①钢桶。

钢桶按其封口盖形式可分为闭口钢桶、中开口钢桶和全开口钢桶 3 种。闭口钢桶适用于液体货物，灌装腐蚀性物质的钢桶内壁应涂镀防腐层；中开口钢桶适用于固体、粉末及晶体状货物或稠粘状、胶状货物；全开口钢桶则适用于固体、粉状及晶体状货物。

桶端应采用焊接或双重机械卷边，卷边内均匀填涂封缝胶。桶身接缝，除盛装固体或 40L 以下（含 40L）的液体桶可采用焊接或机械接缝外，其余均应焊接。桶的两端凸缘应采用机械接缝或焊接，也可使用加强箍。桶身应有足够的刚度，容积大于 60L 的桶，桶身应有两道模压外凸环筋，或两道与桶身不相连的钢质滚箍套在桶身上，使其不得移动。滚箍采用焊接固定时，不允许点焊，滚箍焊缝与桶身焊缝不允许重叠。最大容积为 250L，最大净质量为 400kg。

②铝桶。

制桶材料应选用纯度至少为 99% 的铝，或具有抗腐蚀和合适机械强度的铝合金。桶的全部接缝应采用焊接而不能采用卷边机械咬合，如有凸边接缝应采用与桶不相连的加强箍予以加强。容积大于 60L 的桶，至少有两个与桶身不相连的金属滚箍套在桶身上，使其不得移动。滚箍采用焊接固定时，不允许点焊，滚箍焊缝与桶身焊缝不允许重叠。最大容积为 250L，最大净质量为 400kg。一般适用于装腐蚀性液体。

③钢罐。

钢罐两端的接缝应焊接或双重机械卷边。40L 以上的罐身接缝应采用焊接；40L 以下（含 40L）的罐身接缝可采用焊接或双重机械卷边。最大容积为 60L，最大净重量为 120kg。

④木琵琶桶。

所用木材应质量良好，无节子、裂缝、腐朽、边材或其他可能降低木桶预定用途效能的缺陷。桶身应用若干道加强箍加强。加强箍应选用质量良好的材料制造，桶端应紧密地镶在桶身端槽内。最大容积为 250L，最大净质量 400kg。桶内涂涂料并衬有塑料袋或多层牛皮纸袋等。木琵琶板桶适用于装黏稠状的液体。

⑤胶合板桶。

胶合板所用材料应质量良好，板层之间应用抗水粘合剂按交叉纹理粘接，经干燥处理，不应有降低其预定效能的缺陷。桶身至少用三合板制造，若使用胶合板以外的材料制造桶端，其质量应与胶合板等效。桶身内缘应有衬肩。桶盖的衬层应牢固地固定在桶盖上，并能有效地防止内装物撒漏。桶身两端应用钢带加强，必要时桶端应用十字型木撑予以加固。

最大容积为250L，最大净质量为400kg。胶合板桶适用于装粉末状货物。货物应先装入塑料袋或多层牛皮纸袋后，再装入胶合板桶内。

⑥硬质纤维板桶。

所用材料应选用具有良好抗水能力的优质硬质纤维板，桶端可使用其他等效材料。桶身接缝应加钉结合牢固，并具有与桶身相同的强度，桶身两端应用钢带加强。桶口内缘应有衬肩，桶底、桶盖应用十字形木撑予以加固，并与桶身结合紧密。最大容积为250L，最大净质量为400kg。

⑦硬纸板桶。

桶身应用多层牛皮纸粘合压制成的硬纸板制成。桶身外表面应涂有抗水能力良好的防护层。桶端若采用与桶身相同材料制造，则桶身接缝应加钉结合牢固，并具有与桶身相同的强度，桶身两端应用钢带加强；同时，桶口内缘应有衬肩，桶底、桶盖应用十字型木撑予以加固，并与桶身结合紧密，也可用其他等效材料制造。桶端与桶身的结合处应用钢带卷边压制接合。最大容积为250L，最大净质量为400kg。

⑧塑料桶、塑料罐。

按其开口形式分为闭口和全开口塑料桶两种。闭口塑料桶适用于装腐蚀性液体货物，每桶净重不超过35kg；全开口塑料桶适用于装固体、粉状及晶体状货物，通常内衬塑料袋或多层牛皮纸袋，袋口密封。

所用材料能承受正常运输条件下的磨损、撞击、温度、光照及老化作用的影响。材料内可加入合适的紫外线防护剂，但应与桶（罐）内装物性质相容，并在使用期内保持其效能。用于其他用途的添加剂，不能对包装材料的化学和物理性质产生有害作用。桶（罐）身任何一点的厚度均应与桶（罐）的容积、用途和每一点可能受到的压力相适应。最大容积：塑料桶为250L，塑料罐为60L；最大净重：塑料桶为250kg，塑料罐为120kg。

常用桶类包装适装危险货物

包装号	包装组合型式		适用货类	包装件限制重量	备　注
	外包装	内包装			
1 甲 乙 丙 丁	闭口钢桶： 钢板厚1.5mm 钢板厚1.25mm 钢板厚1.00mm 钢板厚>0.50mm~0.75mm		液体货物	每桶净质量不超过： 250kg 200kg 100kg 200kg（一次性使用）	灌满腐蚀性物品钢桶内壁应涂镀防腐层
2 甲 乙 丙 丁 戊	中开口钢桶： 钢板厚1.25mm 钢板厚1.00mm 钢板厚0.75mm 钢板厚0.50mm 钢桶或镀锡薄钢板桶（罐）	塑料袋或多层牛皮纸袋	固体、粉状及晶体状货物 稠黏状、胶状货物	每桶净质量不超过： 250kg 150kg 100kg 50kg或20kg 50kg或20kg	

续上表

包装号	包装组合型式		适用货类	包装件限制重量	备　注
	外包装	内包装			
3 甲 乙 丙 丁	全开口钢桶： 钢板厚 1.25mm 钢板厚 1.00mm 钢板厚 0.75mm 钢板厚 0.50mm	塑料袋或多层牛皮纸袋	固体、粉状及晶体状货物	每桶净质量不超过： 250kg 150kg 100kg 50kg	
4 甲 乙	钢塑复合钢桶： 钢板厚 1.25mm 钢板厚 1.00mm		腐蚀性液体货物	每桶净质量不超过： 200kg 50kg 或 100kg	
5	闭口铝桶： 铝板厚＞ 2mm		液体货物	每桶净重不超过： 200kg	
6	纤维板桶 胶合板桶 硬纸板桶	塑料袋或多层牛皮纸袋	固体、粉状及晶体状货物	每桶净重不超过： 30kg	
7	闭口塑料桶		腐蚀性液体货物	每桶净重不超过 35kg	
8	全开口塑料桶	塑料袋或多层牛皮纸袋		固体、粉状及晶体状货物	每桶净重不超过 50kg

（2）箱类。

①金属箱。

箱体一般应采用焊接或铆接。花格型箱如采用双重卷边接合，应防止内装物进入接缝的凹槽处。封闭装置应采用合适的类型，在正常运输条件下保持紧固。最大净重为 400kg。

金属箱一般用于装块状固体或作销售包装的外包装。爆炸物品的专用包装中，有很多是金属箱，如子弹箱、炮弹箱等。

②木箱。

箱体应有与容积和用途相适应的加强条档和加强带。箱顶和箱底可由抗水的再生木板、硬质纤维板、塑料板或其他合适的材料制成。最大净重为 400kg。

固体、粉末及晶体状货物应先装入塑料袋或多层牛皮袋，牢固封口后再封木箱，木箱应密封不漏。液体危险货物应先装入玻璃瓶、塑料瓶或塑料袋内，严密封口后再装入木箱，箱内需用合适材料衬垫。强酸性腐蚀货物先装入耐酸陶坛、瓷瓶中，用耐酸材料严密封口后再装入木箱中，箱内用不燃松软材料衬垫。坛装货物净重不得超过 50kg，瓶装货物净重不超过 30kg。

③胶合板箱。

这种箱又统称人造板箱，具有自重轻、节约木材、便于运输等特点，但其用于包装危险货物时则受到较大限制。一般来说，人造板箱只能用于包装固体货物和以铁听、铁罐作内包装的货物，包装方法与件重限制同木箱。只有 5 层或 7 层胶合板制成的板箱，经试验有足够的强度，才可代替木箱成为有广泛适用性的外包装。

胶合板所用材料应质量良好，板层之间应用抗水黏合剂按交叉纹理粘接，经干燥处理，不应有降低其预定效能的缺陷。胶合板箱的角柱件和顶端应用有效的方法装配牢固。最大净重为 400kg。

④硬纸板箱、瓦楞纸箱、钙塑板箱。

硬纸板箱或钙塑板箱应有一定抗水能力。硬纸板箱、瓦楞纸箱、钙塑板箱应具有一定的弯曲性能，切割、折缝时应无裂缝，装配时无破裂或表皮断裂或过度弯曲，板层之间应粘合牢固。箱体结合处，应用胶带粘贴，搭接胶合，或者搭接并用钢钉或 U 形钉钉合，搭接处应有适当的重叠。如封口采用胶合或胶带粘贴，应使用抗水胶合剂。钙塑板箱外部表层应具有防滑性能。最大净重为 60kg。

⑤再生木板箱。

箱体应用抗水的再生木板、硬质纤维板或其他合适类型的板材制成。箱体应用木质框架加强，箱体与框架应装配牢固，接缝严密。最大净重为 400kg。

常用箱类包装适用危险货物类型

包装号	包装组合形式		适用货类	包装件限制重量	备注
	外包装	内包装			
9	满板木箱	塑料袋　多层牛皮袋	固体、粉状及晶体状货物	每桶净重不超过 50kg	
10	满板木箱	1. 中层金属桶内装： 螺纹口玻璃瓶 塑料瓶　塑料袋 2. 中层金属罐内装： 螺纹口玻璃瓶 塑料瓶　塑料袋 3. 中层塑料桶内装： 螺纹口玻璃瓶 塑料瓶　塑料袋 4. 中层塑料罐内装： 螺纹口玻璃瓶 塑料瓶　塑料袋	强氧化剂　过氧化物 氯化钠，氯化钾货物	每箱净重不超过 20kg。箱内：每瓶净重不超过 1kg，每袋净重不超过 2kg	
11	满板木箱	螺纹口或磨砂口玻璃瓶	液体强酸货物	每箱净重不超过 20kg； 箱内：每瓶净重不超过 0.5~5kg	
12	满板木箱	1. 螺纹口玻璃瓶 2. 金属盖压口玻璃瓶 3. 塑料瓶 4. 金属桶（罐）	液体、固体粉状及晶体状货物	每箱净重不超过 20kg； 箱内：每瓶、桶（罐）净重不超过 1kg	
13	满板木箱	安瓿瓶外加瓦楞纸套或塑料气泡垫，再装入纸盒	气体、液体货物	每箱净重不超过 10kg。箱内：每瓶净重不超过 0.25kg	

续上表

包装号	包装组合形式		适用货类	包装件限制重量	备注
	外包装	内包装			
14	满板木箱或半花格木箱	耐酸坛或陶瓷瓶	液体强酸货物	1. 坛装每箱净重不超过 50kg； 2. 瓶装每箱净重不超过 30kg	
15	满板木箱或半花格木箱	玻璃瓶或塑料桶	液体酸性货物	1. 瓶装每箱净重不超过 30kg，每瓶不超过 25kg； 2. 桶装每箱净重不超过 40kg，每桶不超过 20kg	
16	花格木箱	薄钢板桶或镀锡薄钢板桶（罐）	稠粘状、胶状货物，如：油漆	1. 每箱净重不超过 50kg； 2. 每桶（罐）净重不超过 20kg	
17	花格木箱	金属桶（罐）或塑料桶，桶内衬塑料袋	固体、粉状及晶体状货物	每箱净重不超过 20kg	
18	满底板花格木箱	螺纹口玻璃瓶、塑料瓶或镀锡薄钢板桶（罐）	稠粘状、胶状及粉状货物	每箱净重不超过 20kg； 箱内：每瓶、桶（罐）净重不超过 1kg	
19	纤维板箱 锯末板箱 刨花板箱	螺纹口玻璃瓶、塑料瓶或镀锡薄钢板桶（罐）	固体、粉状及晶体状货物、稠粘状、胶状货物	每箱净重不超过 20kg； 箱内：每瓶净重不超过 1kg； 每桶（罐）净重不超过 4kg	
20	钙塑板箱	螺纹口玻璃瓶　塑料瓶 复合塑料瓶　金属桶（罐）、镀锡薄钢板桶或金属软管再装入纸盒	液体农药、稠粘状、胶状货物	每箱净重不超过 20kg； 箱内：每桶（罐）、瓶、管不超过 1kg	
21	钙塑板箱	双层塑料袋或多层牛皮纸袋	固体、粉状农药	每箱净重不超过 20kg； 箱内：每袋净重不超过 5kg	
22	瓦楞纸箱	金属桶（罐）　镀锡薄钢板桶 金属软管	稠粘状、胶状货物	每箱净重不超过 20kg； 箱内：每桶（罐）、管不超过 1kg	
23	瓦楞纸箱	塑料瓶 复合塑料瓶 双层塑料袋 多层牛皮纸袋	粉状农药	每箱净重不超过 20kg； 箱内：每瓶不超过 1kg； 每袋不超过 5kg	

（3）袋类。

①塑料编织袋。

该袋应缝制、编织或用其他等效强度的方法制作。防撒漏型袋应用纸或塑料薄膜粘在袋的内表面上。防水型袋应用塑料薄膜或其他等效材料粘附在袋的内表面上。适用于粉状、块状货物。最大净重为 50kg。

②纸袋。

袋的材料应用质量良好的多层牛皮纸或与牛皮纸等效的纸制成，并具有足够强度和韧性。袋的接缝封口应牢固、密闭性能好，并在正常运输条件下保持其效能。防撒漏型袋应有一层防潮层。最大净重为 50kg。

纸袋的层数根据货物的性质、装货重量以及运输条件的优劣和倒运的次数等因素而定。为防潮和增加强度，可在牛皮纸上涂塑。牛皮纸袋可作其他包装的内包装或里衬，也可作外包装；作外包装适用于粉状固体货物，最常见的是用于杀虫粉剂。

（4）坛类。

应有足够厚度，容器壁厚均匀，无气泡或砂眼。陶、瓷容器外部表面不得有明显的剥落和影响其效能的缺陷。最大容积为 32L，最大净重量为 50kg。

（5）筐、篓类。

应采用优质材料编制而成，形状周正，有防护盖，并具有一定刚度，最大净重量为 50kg。

袋类、筐、篓类包装适装危险货物类型

包装号	包装组合形式		适用货类	包装件限制重量	备注
	外包装	内包装			
24	以柳、藤、竹等材料编制的笼、篓、筐	螺纹口玻璃瓶 塑料瓶 镀锡薄钢板桶（罐）	低毒液体或粉状农药，稠粘状、胶状货物，油纸制品和油麻丝	每笼、篓、筐净重不超过 20kg；油漆类每桶（罐）净重不超过 5kg；每瓶不超过 1kg	
25	塑料编织袋	塑料袋	粉状、块状货物	每袋净重不超过 50kg	
26	复合塑料编织袋		块状、粉状及晶体状货物	每袋净重 25~50kg	
27	麻袋	塑料袋	固体货物	每袋净重不超过 100kg	

四 爆炸品包装分类

从目前运输的爆炸品来看，按照包装要求、包装材料以及包装分类，主要有以下三种分类方法。

1 按爆炸品包装要求分类

爆炸品自身理化性质客观上决定了包装要求。根据其包装是否具有特殊要求，将爆炸品包装分为一般包装和特殊包装。

一般包装和特殊包装，可以通过包装说明进行判断。一般包装主要由“P”、“IBC”、“LP”、“T”进行标识。其中“P”是适用中型散货箱和大型包装以外的包装；“IBC”适用于中型散货箱；“LP”适用于大型包装；“T”适用于便携式罐体。特殊包装则由“PP”、“B”、“L”、“TP”进行标识。其中“PP”适用于中型散货箱和大型包装以外的包装；“B”适用于中型散货箱；“L”适用于大型包装；“TP”适用于便携式罐体。

2 按爆炸品的包装材料分类

按爆炸品使用的包装材料分类，一般可以分为木制包装、金属制包装、纸制包装和塑料制包装。其中木制包装主要是利用天然板材以及胶合板、木屑板等人工板材作为包装材料，主要为木桶包装和木箱包装。例如，普通天然木箱、防筛漏天然木箱、胶合板箱、再生木箱、纤维板箱等。

金属制包装的主要形式有桶（包括罐）和箱（包括盒、听）包装两大类。其基本性能表现为牢固、耐压、耐破、密封、防潮，其强度是所有包装中最高的。在爆炸品包装中使用最多的包装材料。例如，钢桶、金属贮器、铝桶、金属分隔板、钢箱、铝箱等。

纸制包装主要有纸包皮、纸袋、牛皮纸包皮为主。这类包装的特点在于防振性能很好，经特殊工艺加工，强度可以与木材相比。

塑料制包装主要是以聚氯乙烯、聚苯乙烯、聚乙烯、钙塑、发泡塑料等为原料制成的桶、袋、箱、瓶、盒、罐。塑料还可以与金属或纸制成各种复合材料。塑料包装特点是质轻、不易碎、耐腐蚀，但与金属容器相比，耐热、密封、耐蠕变性能相对较差。

3 按爆炸品的包装类型分类

爆炸品与其他危险货物相同，包装类型主要分为桶、箱、袋三大类。其中桶类包装主要包括铁桶、铝桶、胶合板桶、纤维板桶、塑料桶；而箱类包装则一般包括以箱为外包装的各种组合包装，例如钢箱、铝箱、木箱、胶合板箱、再生木箱、纤维板箱，以及集装箱；袋类包装则主要体现为塑料袋、纸袋、纺织品袋、导电橡胶袋等。

五 危险货物运输包装的代号和代码

1 标记代号

《危险货物运输包装通用技术条件》规定，包装类别的标记代号用小写英文字母表示：

x——符合Ⅰ、Ⅱ、Ⅲ类包装要求；
y——符合Ⅱ、Ⅲ类包装要求；
z——符合Ⅲ类包装要求。
包装容器的标记代号用阿拉伯数字表示，分别为：
1——桶；
2——木琵琶桶；
3——罐；
4——箱、盒；
5——袋、软管；
6——复合包装；
7——压力容器；
8——筐、篓；
9——瓶、坛。
包装容器的材质标记代号用下列大写英文字母表示，分别为：
A——钢；
B——铝；
C——天然木；
D——胶合板；
F——再生木板（锯末板）；
G——硬质纤维板、硬纸板、瓦楞纸板、钙塑板；
H——塑料材料；
L——编织材料；
M——多层纸；
N——金属（钢、铝除外）；
P——玻璃、陶瓷；
K——柳条、荆条、藤条及竹篾。

2 包装件组合类型标记代号的表示方法

（1）单一包装。

单一包装型号由一个阿拉伯数字和一个英文字母组成，英文字母表示包装容器的材质，其左边平行的阿拉伯数字代表包装容器的类型。英文字母右下方的阿拉伯数字，代表同一类型包装容器不同开口的型号。

例：1A——表示钢桶；

$1A_1$——表示闭口钢桶；

$1A_2$——表示中开口钢桶；

$1A_3$——表示全开口的钢桶。

其他包装容器开口型号的表示方法见下表。

常见包装组合代号

序号	包装名称	代号	序号	包装名称	代号
1	闭口钢桶	1A1	16	瓦楞纸箱	4G1
2	中开口钢桶	$1A_2$	17	硬纸板箱	$4G_2$
3	全开口钢桶	$1A_3$	18	钙塑板箱	$4G_3$
4	闭口金属桶	$1N_1$	19	普通型编织袋	$5L_1$
5	全开口金属罐	$3N_3$	20	复合塑料编织袋	$6HL_5$
6	闭口铝桶	$1B_1$	21	普通型塑料编织袋	$5H_1$
7	中开口铝罐	$3B_2$	22	防撒漏型塑料编织袋	$5H_2$
8	闭口塑料桶	$1H_1$	23	防水型塑料编织袋	$5H_3$
9	全开口塑料桶	$1H_3$	24	塑料袋	$5H_4$
10	闭口塑料罐	$3H_1$	25	普通型纸袋	$5M_1$
11	全开口塑料罐	$3H_3$	26	防水型纸袋	$5M_3$
12	满板木箱	$4C_1$	27	玻璃瓶	$9P_1$
13	满底板花格木箱	$4C_2$	28	陶瓷坛	$9P_2$
14	半花格木箱	$4C_3$	29	安瓿瓶	$9P_3$
15	花格木箱	$4C_4$			

（2）复合包装。

复合包装型号由一个表示复合包装的阿拉伯数字“6”和一组表示包装材质和包装形式的字符组成。这组字符为两个大写英文字母和一个阿拉伯数字。第一个英文字母表示内包装的材质，第二个英文字母表示外包装的材质，右边的阿拉伯数字表示包装形式。

例如：6HA1 表示内包装为塑料容器，外包装为钢桶的复合包装。

（3）其他标记代号。

用下列英文字母表示：

S——表示拟装固体的包装标记；

L——表示拟装液体的包装标记；

R——表示修复后的包装标记；

(GB)——表示符合国家标准要求；

(u/n)——表示符合联合国规定的要求；

例 1：钢桶标记代号及修复后标记代号，新桶为：

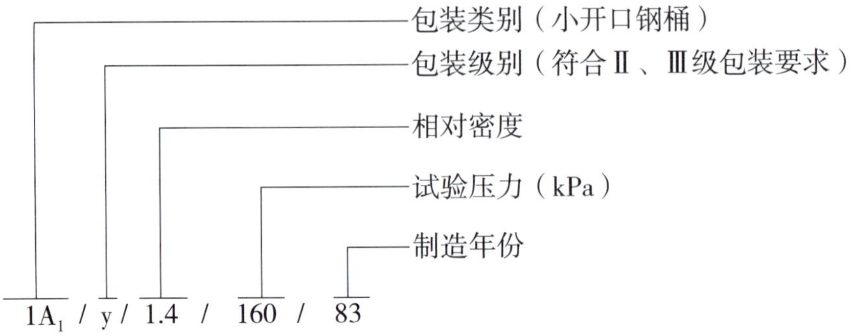

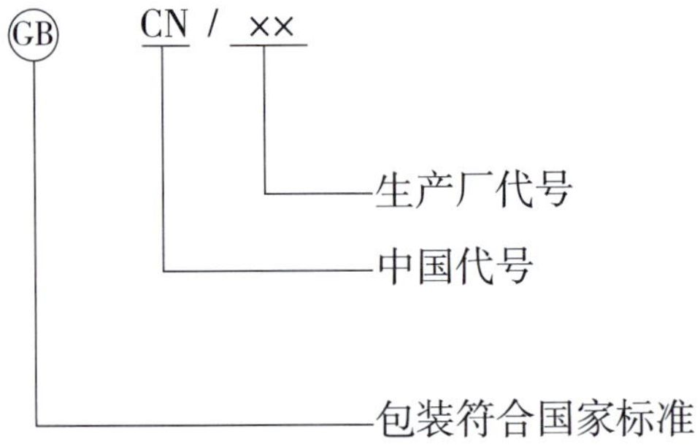

例 2：修复后的钢桶标记代号为：

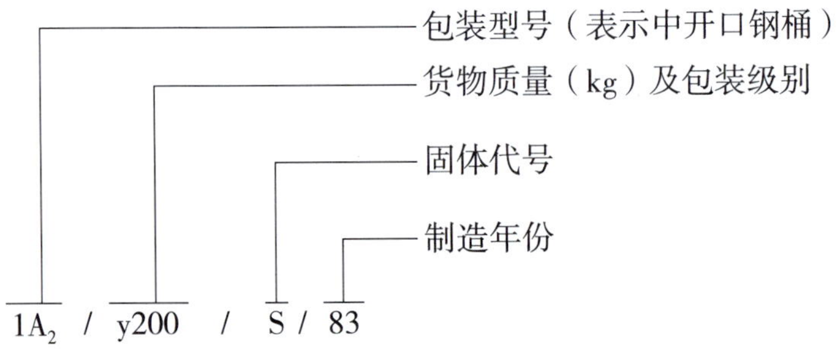

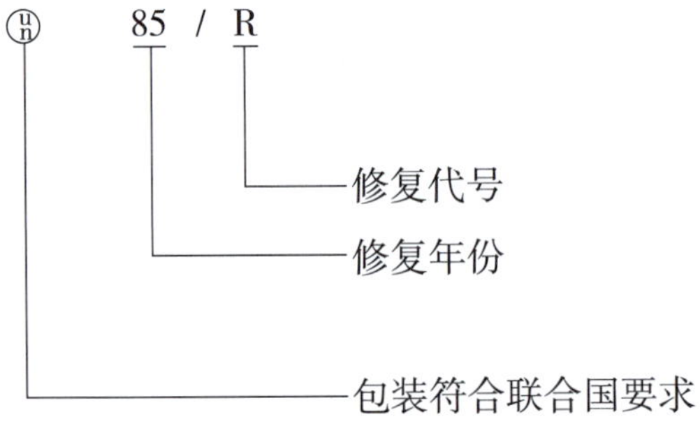

模块三　危险货物运输包装标志

一　运输包装标志的意义

货物运输包装标志的基本含义，是指用图形或文字（文字说明、字母标记或阿拉伯数字）在货物运输包装上制作的特定记号和说明事项。运输包装标志有三方面的内涵：一是运输包装标志是在收货、装卸、搬运、储存保管、送达直至交付的运输全过程中区别与辨认货物的重要基础；二是运输包装标志是一般贸易合同、发货单据和运输保险文件中记载有关事项的基本组成部分；三是运输包装标志还是包装货物正确交接、安全运输、完整交付的基本保证。

货物的品类繁杂、包装各异、到达地点不一、货主众多，要做到准确无误、安全迅速地将货物运到指定地点，与收货人完成交接任务，从而使运输任务顺利完成，货物运输包装标志对每个环节都起着决定性作用，主要表现在以下三个方面。

（1）正确使用运输包装标志，可以保护货物运输与各个环节的作业安全，防止发生货损、货差以及危险性事故。究其原因，是因为货物运输包装标志直接表明了货物的主要特性和发货人的要求与意图。

（2）在流通过程中，运输包装标志一般要在单证、货物上同时表现出来。它是核对单证、货物并使单货相符，以便正确、快速地辨认货物，高效率地进行装卸搬运作业，安全顺利完成流通全过程，准确无误地交付货物等环节的关键。

（3）运输包装标志还可以节省制作大量单据的手续与时间，而且易于称呼，使运输人员一见标志即对有关事项一目了然，避免造成误解，浪费人力和时间。

二　运输包装标志分类和内容

目前，运输包装标志可以分为识别标志、储运指示标志和危险货物包装标志 3 类。

1 识别标志

识别标志是识别不同运输批次之间的标志。

（1）主要标志。在贸易合同和文件上一般简称“唛（唛）头”，是以简明的几何图形（如三角形、四边形、六边形、圆形等图形）配以代用简缩字或字母，作为发货人向收货人表示该批货物的特定记号标志。所用的特定记号，以公司或商号的代号表示。有的则直接写明托运人和收货人的单位、姓名与地址的全称。

（2）目的地标志，亦称到达地或卸货地标志。目的地标志用来表示货物运往到达地的地名。国内即为到达站站名，国外为到达国国名和地名。

（3）批数、件数号码标志。该标志表示同一批货物的总件数及本件的顺序编号，其主要用途是便于清点货物。

（4）输出地标志，亦称为生产地或发货地标志。它是用来表示货物生产地或发货地的地名。国内即为始发站站名，国外为原产国国名、产地地名或发货站的国名、地名以及站名。

值得注意的是：目的地和输出地标志不能使用简称、代号或缩写文字，必须以文字直接写出全名称。如果是国际货物运输，还必须用中、外两种文字同时对照标明。

（5）货物的品名、质量和体积标志。它表明货物包装内的实际货物，每一单件包装的实际尺寸（长 × 宽 × 高）和重量（总重、净重、自重）。体积与重量标志是供承运部门计算运费、选择装卸运输方式和货物在运输工具内的堆码方法时参考。危险货物品名应包括该货物的含量以及所处的抑制条件，如含水百分比、加钝感剂 ××× 等。

（6）运输号码标志，即货物运单号码。它是该批货物进站、核对、清点、装运及到站卸取货物的依据。

（7）附加标志，亦称为副标志。它是在主要标志上附加某种记号，用以区分同一批货物中若干小批或不同的品质等级的辅助标志。

2 包装储运图示标志

包装储运图示标志是根据货物对易碎、易残损、易变质、怕热、怕冻等有特殊要求所提出的搬运、储存、保管以及运输安全等的注意事项。我国国家标准《包装储运图示标志》分为以下几种。

（1）易碎物品。表示运输包装件内装易碎物品，搬运时应小心轻放。

（2）禁用手钩。表示搬运运输包装件时禁用手钩。

（3）向上。表明该运输包装件在运输时应竖直向上。

（4）怕晒。表明该运输包装件不能直接照晒。

（5）怕辐射。表明该物品一旦受辐射会变质或损坏。

（6）怕雨。表明该运输包装件怕雨淋。

（7）重心。表明该包装件的重心位置，便于起吊。

（8）禁止翻滚。表明搬运时不能翻滚该运输包装件。

（9）此面禁用手推车。表明搬运货物时此面禁止放在手推车上。

（10）禁用叉车。表明不能用升降叉车搬运的包装件。

（11）由此夹起。表明搬运货物时可用夹持的面。

（12）此处不能卡夹。表明搬运货物时不能用夹持的面。

（13）堆码重量极限。表明该运输包装件所能承受的最大重量极限。

（14）堆码层数极限。表明可堆码相同运输包装件的最大层数。

（15）禁止堆码。表明该包装件只能单层放置。

（16）由此吊起。表明起吊货物时挂绳索的位置。

（17）温度极限。表明该运输包装件应该保持的温度范围。

易碎物品

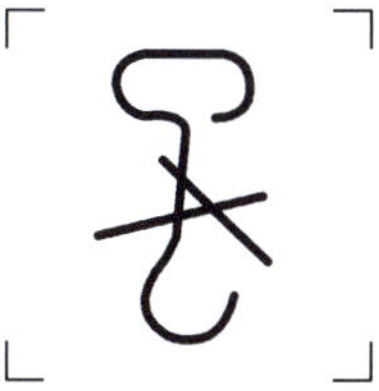
禁用手钩

向上

怕晒

怕辐射

怕雨

重心

禁止翻滚

此面禁用手推车

禁用叉车

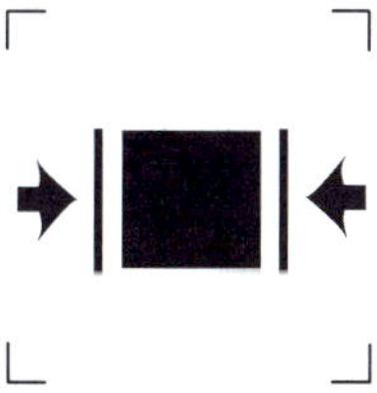
由此夹起

此处不能卡夹

堆码重量极限

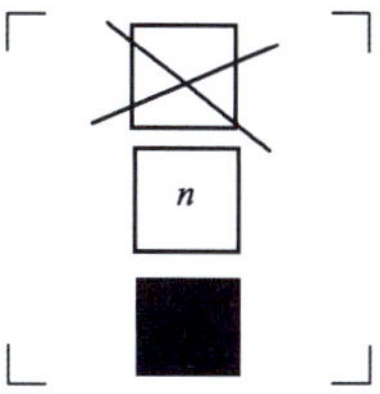

堆码层数极限

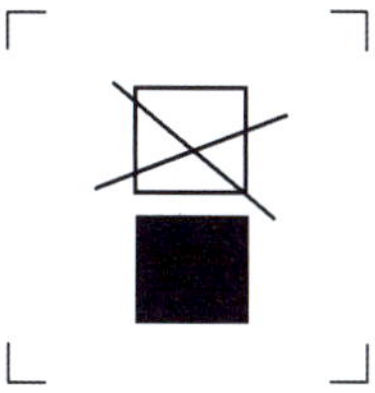
禁止堆码

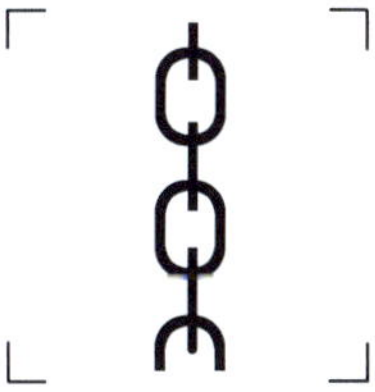
由此吊起

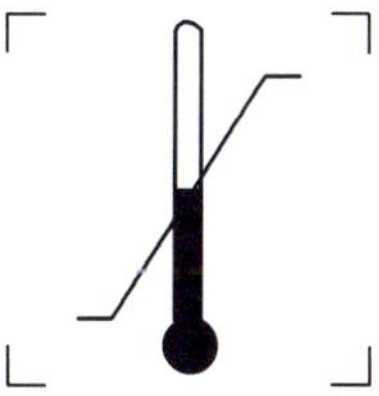
温度极限

3 危险货物包装标志

为了明确和显著地识别危险货物的性质，保证装卸、搬运、储存、保管、送达过程的安全，应根据各种危险货物的特性，在危险货物包装表面加上特别的图示标志，必要时再加以文字说明，以便于有关人员采取相应的防护措施，防止事故的发生。

危险货物包装标志的制定，是以危险货物的分类为基础，以便于根据货物或包件所贴的标志的一般形式（标志图案、颜色、形状等），识别出危险货物及其特性，并为装卸、搬运、储存提供基本指南。一般来说，标志的颜色或图案不同时，贴有这些标志的货物不能堆放在一起，在某些特殊情况下，即使是贴有同种标志的货物也应慎重复核，不能将其随意堆放在一起。

国家标准《危险货物包装标志》(GB 190)规定危险货物包装标志分为标记和标签两类，其中标记 4 个，标签 26 个，其图形分别标示了 9 类危险货物的主要特性。标签的图案有：炸弹开花（表示爆炸）、火焰（表示易燃）、骷髅和交叉的大腿骨（表示毒害）、三圈形（表示传染）、三叶形（表示放射性）、从两个玻璃器皿中溢出的酸碱腐蚀着一只手和一块金属（表示腐蚀）、一个圆圈上面有一团火焰（表示氧化性）和一个气瓶等。

4 爆炸品包装标志

爆炸品的包装标志，应执行《危险货物包装标志》（GB190）的规定。爆炸品的包装标志包括四个标签，其中 1.1~1.3 项对应同一个标签，1.4~1.6 项分别对应一个标签，见下表。

爆炸品包装标签

标签名称	标 签 图 形	对应的爆炸品项别
爆炸品	 （符号：黑色，底色：橙红色）	1.1~1.3
	 （符号：黑色，底色：橙红色）	1.4

续上表

标签名称	标 签 图 形	对应的爆炸品项别
爆炸品	（符号：黑色，底色：橙红色）	1.5
	（符号：黑色，底色：橙红色）	1.6

标签分为上下两部分。1.1~1.3 项标签的上半部分为图形符号，下半部分为类别或项号和适当的配装组字母。1.4~1.6 项的标签在上半部分标明项号，在下半部分标明配装组字母，1.4 项 S 配装组一般不需要标签，但认为这类货物需要标签的，则依照 1.4 项式样。图形中 ** 为填写爆炸品项别的位置，* 为填写爆炸品配装组字母的位置。下图为硝化丙三醇（UN0143、CN11033）包装标签的样式。

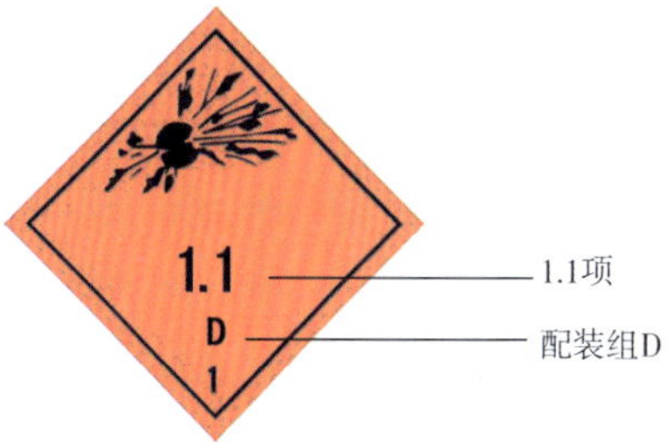

硝化丙三醇（UN0143、CN11033）包装标签的样式

若《危险货物品名表》（GB12268）第 5 栏标明爆炸品还具有次要危险性的，还应当按照《危险货物包装标志》（GB190）的规定标注其他标签图形。例如 UN 编号为 0224 的叠氮化钡，其次要危险性为 6.1，即毒性物质，那么在标注爆炸品 1.1 项别的图形时，还需要增加 6.1 项毒性物质的标签图形。此外，对于标签的大小、尺寸也应当严格按照《危险货物包装标志》（GB190）的规定执行。

危险货物可能具有一种以上的危险特性，若在《危险货物品名表》的第 5 栏中标示了该物质或物品所具有的次要危险性，除需按照第 4 栏所示的危险性类别粘贴货物的主要危险性标签外，还须加贴次要危险性标签。主要和次要危险性标签应与《危险货物包装标志》（GB 190）表 2 中所示的序号 1 至序号 9 所示式样相符。“爆炸品”次要危险性标签则应使用序号 1 中带有爆炸式样标签图形。通常是彼此紧挨着贴。

三 运输包装标志使用要求

运输包装标志的使用要求有以下几点。

（1）每件货物包装的表面都必须有识别标志和相应的储运图示标志和包装标志。

（2）标志的文字书写应与底边平行。带棱角的包装，其棱角不得将标志图形或文字说明分开。书写、粘贴标志都应标在显著的位置，以利识别。如箱形包装，箱的相对两侧都必须有各种标志；袋形包装袋的两大面，桶形包装的桶盖和桶身的对应侧面都必须有必备的标志。总之，每一包装必须有两组以上相同的标志，其位置应在相对的两侧。“由此吊起”和“重心”两种标志，使用时应根据要求粘贴、涂打或钉附在货物外包装的实际准确位置。

（3）如一个集合货物包件内有两种以上不同性质的危险货物，从包件外不能一目了然地看清包件内各包装标志的话，集合包件外除识别标志外，还必须具有包装件内各种货物的包装标签。包件内的各包装必须有齐备的各种标志或标识。

（4）如一种危险货物除主要危险性外，还具有比较重要的次要危险性，应分别贴有相应的主要危险性和次要危险性标签。

（5）货物的运输包装上，禁止有广告性、宣传性的文字或图案，以免与包装标志混杂，影响标志的正常使用。包装在重复使用时，应把原有的（废弃的）包装标志痕迹清除干净，以免与新标志混淆不清而造成事故。同时，不准在包装外表乱写乱涂任何与标志无关的文字或图案。

单元四 道路危险货物运输车辆基本要求

学习要点

了解道路危险货物运输车辆类型、基本要求及安全设施。

模块一 道路危险货物运输车辆基本要求

危险货物运输车辆和设备的要求，除了按对普通货物运输的要求以外，还有一些特殊要求。

一 车辆设备的技术要求

1 车辆技术要求

（1）危险货物运输车辆技术性能符合《机动车运行安全技术条件》（GB 7258）、《营运车辆综合性能要求和检验方法》（GB 18565）和《营运车辆技术等级划分和评定要求》（JT/T 198）规定的一级技术等级；并应按照《道路运输危险货物车辆标志》（GB 13392）的要求，悬挂危险品运输标志，喷涂警示标志和安全告示。

（2）专用车辆外廓尺寸、轴荷和质量符合《道路车辆外廓尺寸、轴荷和质量限值》（GB 1589）的要求；燃料消耗量符合《营运货车燃料消耗量限值及测量方法》（JT 719—2008）的要求。

（3）道路运输爆炸品和剧毒化学品的专用车辆应符合《道路运输爆炸品和剧毒化学品车辆安全技术条件》（GB 20300）的技术要求。

2 专用车辆其他要求

（1）专用车辆为企业自有，且数量（挂车除外）为5辆以上；运输剧毒化学品、爆炸品的，自有专用车辆（挂车除外）10辆以上。若为非经营性危险货物道路运输企业，自有专用车辆（挂车除外）的数量可以小于5辆。

（2）罐式专用车辆的罐体应当经质量检验部门检验合格，且罐体载货后总质量与

专用车辆核定载质量相匹配。运输爆炸品、强腐蚀性危险货物的罐式专用车辆的罐体容积不得超过20m^3，运输剧毒化学品的罐式专用车辆的罐体容积不得超过10m^3，但符合国家有关标准的罐式集装箱除外。

（3）运输剧毒化学品、爆炸品、强腐蚀性危险货物的非罐式专用车辆，核定载质量不得超过10t，但符合国家有关标准的集装箱运输专用车辆除外。

（4）车辆配备满足在线监控要求，且具有行驶记录功能的卫星定位系统。

（5）车辆电路系统应有切断总电源和隔离电火花装置，切断总电源装置应安装在驾驶室内，以便于开关。

（6）配备有效的通信工具。

二 车辆适装要求

1 道路危险货物运输车型选择

由于各类危险货物形态、性质不同、包装形式不一，因此所选用的车型也不同，如液化石油气是成吨批量运输的，多使用受压的液化气罐车运输，而居民日常生活所需的瓶装液化石油气，就可以选择栏板货车或者厢式货车运送。为此，根据危险货物不同形态、性质，不同包装，选择合适车型也十分重要。

（1）钢瓶装气体、小包装的易燃液体、易燃固体、自燃物品、无机氧化剂、毒害品（低毒）、固体腐蚀品可选用栏板货车运输。

（2）爆炸物品、遇湿易燃物品、固体剧毒品、感染性物品、有机过氧化物应选用厢式货车。

（3）压缩气体和液化气体（含受压、低温）应选用压力容器专用罐车。钢瓶装气体应按气瓶直立道路运输的要求，使用集装格、集装篮、散装等方式直立运输；集装格、集装篮运输可采用厢式车辆、栏板式车辆、平板车辆或专用车辆等运输；散装气瓶应采用厢式车辆、栏板式车辆或专用车辆运输。

（4）易燃液体、液体剧毒品应选用化工物品罐式专用车辆或罐式集装箱运输。

（5）液体腐蚀品货物，应选用化工物品专用罐车、可移动罐体车或罐式集装箱运输。

（6）有机过氧化物、感染性物品应选用控温车型。

2 车辆工属具及安全设施配备要求

危险货物运输车辆除不同车型根据车辆技术状况配备的工、属具有区别外，对车辆安全设施也有特殊要求。

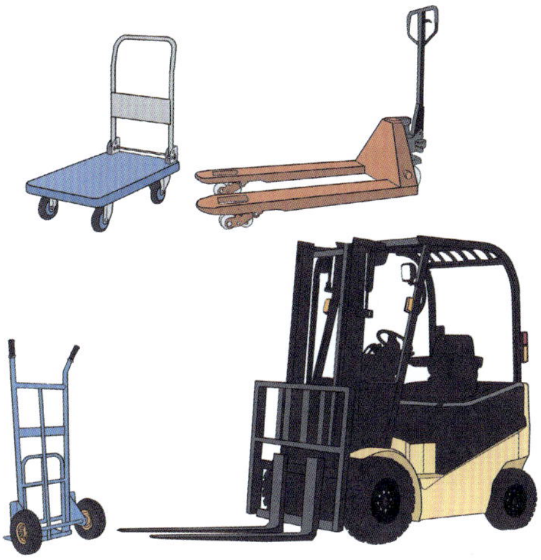

（1）根据所装危险货物的性质，配备相应的消防器材、安全防护设备，其功能、数量应与危险货物性质相匹配、能满足应急需要。

（2）对装运危险货物的专用车辆、设备、搬运工具、防护用品等，应定期进行污染程度的检查，被污染的不得继续使用。

（3）危险货物运输车辆，应根据所装运的危险货物性质，采取相应的遮阳、控温、防爆、防火、防震、防水、防冻、防粉尘飞扬、防静电、防撒漏等措施。

（4）报废的、擅自改装的、检测不合格的或者其他不符合国家规定要求的车辆、设备禁止从事危险货物道路运输活动。

（5）装运大型运输容器、集装箱、集装罐等车辆，必须设置牢固、安全且有效的紧固装置。

（6）装运大型气瓶的车辆必须配置活络插桩、三角垫木、紧绳器等工具，以保证车辆装载平衡，防止气瓶在行驶中滚动，以保证运输安全。钢瓶装气体使用平板车辆直立运输时，应在地板上设置带锁止的固定装置。

（7）根据所运危险货物的性质和包装形式的需要，车辆还须配备相应的捆扎用大绳、防散失用的网罩、防水用的苫布等工、属具。

（8）运输易燃易爆危险货物车辆的发动机排气管应安装在车身前部，并安装隔热和熄灭火星装置，配装符合 JT230 规定的导静电橡胶拖地带装置。

（9）运输危险货物车辆的前轮应按《机动车安全运行技术条件》（GB 7258—2012）的规定，安装盘式制动器。

（10）危险货物运输车应按《机动车安

全运行技术条件》(GB 7258—2012)的规定，安装符合GB/T 13594规定的防抱死制动装置。

（11）危险货物运输车应按《机动车安全运行技术条件》（GB 7258—2012）的规定，装备缓速器或其他辅助制动装置。

3 栏板货车

车厢底板必须平整完好，周围栏板必须牢固，周围没有栏板的车辆，不得装运危险货物。

4 专用罐车

专用罐车按其罐体壳承受工作压力大小，分为压力专用罐车和常压专用罐车。罐车的种类有：不可移动罐体车，罐体永久性固定在车辆底盘上，与车辆不可分离的固定罐式货车；拖挂罐式货车，罐体永久性固定在挂车底盘上，与挂车不可分离，牵引车与挂车可分离的罐体运输车。

固定罐式货车

拖挂罐式货车

罐式集装箱

集装束

（1）压力专用罐车（又称液化气体罐车）。

压力专用罐车的罐体必须符合《压力容器安全技术监察规程》的要求。压力罐体的最高工作压力大于或等于0.1MPa（10kgf/cm^2），设计温度不大于50℃，罐体材质为钢质。根据不同气体的物理性质（临界温度和临界压力），罐体可分为裸式、有保温层、绝热层等形式。

压力罐体须经质检部门检测、检验合格，由质检部门核发《压力容器使用证》，在《压力容器使用证》有效期内使用。在用受压专用罐车的罐体必须进行定期检验，每年一次，全面检验每六年进行一次。受压罐体发生重大事故或停用时间超过一年的，使用前须进行全面检验。

压力专用罐车适用于运输液化石油气、液化天然气、丙烯、丙烷、液氨及低温的液氧、液氮等。

（2）常压专用罐车。

常压专用罐车的罐体必须符合国家标准《道路运输液体危险货物罐式车辆 第1部分 金属常压罐体技术要求》（GB 18564.1）、《道路运输液体危险货物罐式车辆 第2部分：非金属常压罐体技术要求的要求》（GB 18564.2）。常压罐体最高工作压力不大于72kPa，罐体材质可为金属或非金属，金属罐体工作温度不大于50℃，非金属罐体工作温度不大于40℃。

常压专用罐车适用于运输液体危险货物，如轻质燃油、硫酸、盐酸、硝酸、烧碱、甲醇、甲苯等。

常压罐体可用碳素钢、耐酸不锈钢、铝或铝合金板材、玻璃纤维增强塑料制作。

①根据所装介质，确定罐体材质。

罐体材质不能与装运介质有性能抵触，也不能让介质把罐体腐蚀、穿孔而泄露，所以选择罐体材质是个关键问题。如：装运硝酸的罐体应用铝板制作；装运硫酸的罐体应用碳钢板制作；装运盐酸的罐体则应用非金属的玻璃钢制作；装运离子膜液碱的罐体则用不锈钢板制作等，即罐体材质应与装运介质相符合。

②根据所装介质，确定罐体结构。

液体危险货物由于化学性质不同，其危险性也不一样，因此要根据各种危险货物的理化特性，确定其罐体结构和需要配备的相应设备、设施。

a. 钢质罐车。这种罐体采用厚度均匀的碳钢或不锈钢板制造，其结构为椭圆形横断面，短轴为长轴的二分之一；罐体最小壁厚应符合规定（见下表）；内置防波隔板，隔板之间容积不应大于3m^3；罐体固定在车辆底盘上，顶部有通气阀，底部有沉淀槽，并配备火花熄灭器、导除静电装置、灭火器材；罐体后封头没有安装卸料阀门的，适宜装运原油、异丁醇、白煤油等危险货物；罐体后封头安装卸料阀门的，适宜装运硫酸等危险货物；罐体后封头安装卸料阀门，而不配备火花熄灭器，导除静电装置的，适宜装运液碱等危险货物；罐体后封头无卸料阀门，卸料应在进料口以泵吸方式完成卸料的，罐底应有锅底形凹坑，便于将卸料管插接，可将罐内物品卸净，不易燃的，可不配备导静电装置，适宜装运剧毒物品的液氰、丙酮氰醇等危险货物。选用不锈钢板的罐体，后封头无卸料阀，配备导静电装置、灭火器材的，适宜装运食用乙醇、精细化工等危险货物。

碳素钢和不锈钢罐体最小壁厚

罐体设计容量 (m^3)	额定容量 (m^3)	最小壁厚 (mm)	其中腐蚀附加量[1](mm)
<11	<9.6	4	1
11 ~ 24	9.6 ~ 22	5	1
24 ~ 30	22 ~ 28	6	1

注：1.腐蚀附加量：由三部分组成，即钢板（管）负偏差、腐蚀裕度[2]、加工减薄量。
2.腐蚀裕度：根据工作液体对部件材料的腐蚀速度和设备的设计使用寿命而定。

b. 铝质罐车。这种罐体采用厚度均匀的优质铝板制造，厚度不应小于 6mm，其结构也应椭圆形横断面，短轴为长轴的二分之一。内置防波隔板，隔板之间容积不应大于 $3m^3$。罐体固定在车辆底盘上或固定在货车栏板车厢内。它适宜装运硝酸、冰醋酸、甲醛等危险货物。

c. 玻璃纤维增强塑料（玻璃钢）罐车。这种罐体采用树脂、玻璃纤维材质，手工糊制而成，并将金属骨架埋在材质中，罐内无金属裸露，增强抗拉硬度，但不能与装运介质发生化学反应。罐体最小壁厚应符合规定，见下表。由于树脂、玻璃纤维材质容易老化、脱落，应定期加强检查，及时修复或更换。

玻璃纤维增强塑料罐体最小壁厚

容积（m^3）	≤ 2	2 ~ 4	4 ~ 6	6 ~ 8	8 ~ 10	10 ~ 15
壁厚（mm）	10	12	13	15	18	20

③轻质燃油罐车。

轻质燃油罐车为常压专用罐车的一种，因其所装货物就是单一的燃料油，其质地较轻、闪点低，极为易燃，所以有专门设计。

轻质燃油罐车又分为运油车和加油车两种（以下简称油罐车）。油罐车应符合国家标准 GB 9419—1988《轻质燃油油罐汽车通用技术条件》的规定。运油车装有罐体、导静电装置、通气阀、灭火器材和输油胶管等附属设施；加油车除有运油车的基本装置外，还设有泵油系统、工作仪表、操作装置和计量器，方便加油，并能对其他运输车辆和大型机械设备加注油料。

a. 油罐车应能在环境温度 -40℃ ~ 40℃条件下正常工作，罐体总成应能承受 36kPa 空气压力，不得有渗漏和永久性变形。

b. 油罐车的分类及性能参数应符合规定，见下表。

油罐车的分类及性能

加油软管公称通境（mm）	加油软管单管流量（L/min）	吸油深度（m）	吸油性能		
			油罐额定容量（L）	自吸时间（min）	吸油流量（L/min）
< 8000	25	≤ 150	≥ 4	≤ 4	≥ 500
	38	≤ 350			
8000 ~ 12000	51	≤ 750			
	63	≤ 1200			
> 12000	51	≤ 750			
	63	≤ 1200			

注：表中参数是指环境温度在 20℃ ±5℃条件下的性能。

c. 罐体一般为椭圆形横断面或带圆弧短形横断面，罐内设置横向防波挡板，必要时可设置纵向或水平的防波挡板。

d. 通气阀应能调节油罐内外压差。当油罐内压力高于外界压力 6kPa 时，出气阀应关闭，但高于 8kPa 时出气阀应打开；当油罐内压力低于外界压力 2kPa 时，进气阀应关闭，但低于 3kPa 时，进气阀应打开，使油罐内、外气体相通。

e. 油罐车应具有防止和消除静电起火的安全装置。发动机排气管应位于驾驶室前方，与油罐及泵油系统距离不得小于 1.5m。油罐两侧要有明显的“严禁烟火”字样。

f. 金属管路中任意两点间或任意一点到地线插末端，油罐内部导电部件上及导除静电橡胶拖地带末端的导电通路电阻值不应大于 5Ω。加油软管两端的电阻值不大于 5Ω。电器元件和导线连接必须可靠，屏蔽良好，以保证不产生火花。油罐车必须备有有效适当的灭火器材。

5 厢式货车

（1）厢式货车。

厢式货车分为两种，一种是驾驶室与车厢分离，各成一室的厢式货车；另一种是驾驶室与车厢同为一室的客货两用的厢式车。后一种不得装运危险货物，因为，一旦危险货物发生泄漏，车厢内充满有害气体，会使驾驶员失去驾驶能力，造成车辆无人驾驶，后果将不堪设想。所以，这种客货两用厢式车不得运输危险货物。

厢式货车的厢体，大多数是木质、钢板或钢木结合的厢体，可以固定在栏板货车的底板上。其紧固装置必须牢固，不能使厢体滑落。厢式货车装运的危险货物大多数应是单一品种的货物，不得装入性质相抵触的危险货物。

厢式货车适宜运输爆炸物品、遇湿易燃物品、氧化剂及毒害品等危险货物，在运输中能防止危险货物货损、货差和丢失；能起到防雨、防雷等保护作用。在装运易燃、易爆危险货物时，应使用木质底板车厢，如是铁质底板，应采取衬垫措施，如铺垫木板、胶合板、橡皮板等，但不能使用谷草、草片等松软易燃材料；货厢内蒙皮应用有色金属或采用不易发火的非金属材料，货厢面板内外蒙皮之间应采用阻燃隔热材料填充，厢体侧壁或前后壁板应根据需要设置具有防雨功能的通风窗。

（2）控温厢式货车。

控温厢式货车，其车厢内应有制冷或加温装置以及保温措施，驾驶室应有温度监控系统。根据所装危险货物的特殊要求，车辆还要有防振、防爆、隔热、防止产生火花、排除静电等装置，且厢体密封性能要好，确保危险货物在恒温或冷藏条件下完成运输。其恒温或制冷装置在一个厢体内，除正常工作使用外，还应有一套或一套以上备用控温装置，一旦正常工作的装置发生故障，备用控温装置能及时正常工作，保证运送任务的完成。这类厢式车多数从事有机过氧化物、疫苗、菌苗的运输。

6 集装箱运输车

集装箱运输是一种集零为整的成组运输。其集装箱临时固定在拖挂车上，经过运行到达目的地把集装箱卸下去，一次运输任务即告完成。集装箱有它的周转规定，按时清洗、交箱，运输任务就全部完成。

集装箱装运危险货物，应考虑的是危险货物化学性质的抵触性、敏感性，在同一箱体内不得装入性质相抵触的危险货物；更要注意危险货物的配载规定，如果小箱体达不到隔离间距，不应强行配装，避免发生不该发生的事故。

还有一种罐式集装箱，它是由箱体框架和罐体两部分组成的集装箱，有单罐式和多罐式两种。罐式集装箱运输车主要运输液体化工物品、压缩气体和液化气体等危险货物。

三 车辆的限制

由于危险货物所特有的理化性质，具有一定的潜在危险性，在运输装卸过程中，对于环境、温度、湿度、振动、摩擦、冲击等因素的防范，要求非常严格。为此，《道路危险货物运输管理规定》和《汽车运输危险货物规则》（JT 617—2004）、《汽车运输、装卸危险货物作业规程》（JT 618—2004）、《道路运输爆炸品和剧毒化学品车辆安全技术条件》（GB 20300）中对道路运输危险货物工具作了限制。

1 车型的限制

（1）报废的、擅自改装的、检测不合格的、车辆技术等级达不到一级的和其他不符合国家规定的车辆从事道路危险货物运输。《道路危险货物运输管理规定》规定："专用车辆技术性能符合国家标准《营运车辆综合性能要求和检验方法》（GB 18565）的要求；技术等级达到行业标准《营运车辆技术等级划分和评定要求》（JT/T 198）规定一级等级"，"禁止使用报废的、擅自改装的、检测不合格的、车辆技术等级达不到一级的和其他不符合国家规定的车辆从事道路危险货物运输"，上述车辆因技术性能不符合国家、行业标准要求，存在极大的安全隐患，因此禁止这些车辆从事道路危险货物运输。

（2）客车、客货两用车禁止运输危险货物。各种客车、客货两用车由于危险货物与人直接接触，一旦装运的危险货物泄露，易造成人身伤亡事故。因此，这些车辆不得运输危险货物。

（3）自卸汽车一般不得装运危险货物。由于自卸汽车在运输中，其自卸装置有可能造成误操作而发生事故。因此自卸汽车不得装运危险货物。为了便于装卸和生产作业的实际需要，允许自卸汽车只能运输散装硫磺、萘饼、粗蒽、煤焦沥青等危险货物。

（4）货车列车（经特许的车辆除外）禁止装运危险货物。根据《汽车和挂车类型的术语和定义》（GB/T 3730—2001）货车列车是指一辆货车与一辆或多辆挂车的组合。货车列车可分为牵引杆挂车列车、双挂列车和双半挂列车。货车列车的拖挂车在行驶中颠簸、摆动很大，货物易造成丢失，且挂车与主车连接部位易产生火花等，造成火灾事故，因此禁止货车列车运输危险货物。但铰接列车、具有特殊装置的大型物件运输专用车辆除外。

（5）移动罐体（罐式集装箱除外）禁止从事危险货物运输。移动罐体是指临时固定在车辆底盘上或者放在栏板货车货箱里的常压罐体。由于利用移动罐体运输危险货物事故频发，且危害极大，交通部于2005年5月24日下发《关于继续进行道路危险货物运输专项整治的通知》（交公路发〔2004〕226号）文件，"禁止使用活动罐体车辆运输剧毒、易燃易爆液体、气体货物"。

2 车辆技术状况的限制

根据《道路危险货物运输管理规定》要求，从事危险货物运输专用车辆的技术性能符合国家标准《道路运输车辆综合性能要求和检验方法》（GB 18565—2012）和《机动车运行安全技术条件》（GB 7258—2012）的要求，技术等级达到行业标准《营运车辆技术等级划分和评定要求》（JT/T 198—2004）规定的一级技术等级。凡技术性能不达标、不符合一级技术等级标准的专用车辆，不得运输危险货物。

3 车辆使用的限制

（1）不得使用罐式专用车辆运输有毒、感染性或者腐蚀性危险货物的专用车辆运输普通货物，但集装箱运输车（包括牵引车、挂车）、甩挂运输的牵引车除外。有毒物质、感染性物质和腐蚀性物质具有较高的危险性，出于安全的考虑，《道路危险货物运输管理规定》禁止运输上述危险货物的专用车辆运输普通货物。集装箱运输车（包括牵引车、挂车）、甩挂运输的牵引车，在卸载危险货物后，无任何污染，与普通货车无异，为提高车辆利用率，降低企业运输成本，允许其从事普通货物运输。

（2）其他专用车辆可以从事食品、生活用品、药品、医疗器具以外的普通货物运输，但应当由运输企业对专用车辆进行消除危害处理，确保不对普通货物造成污染和损害。

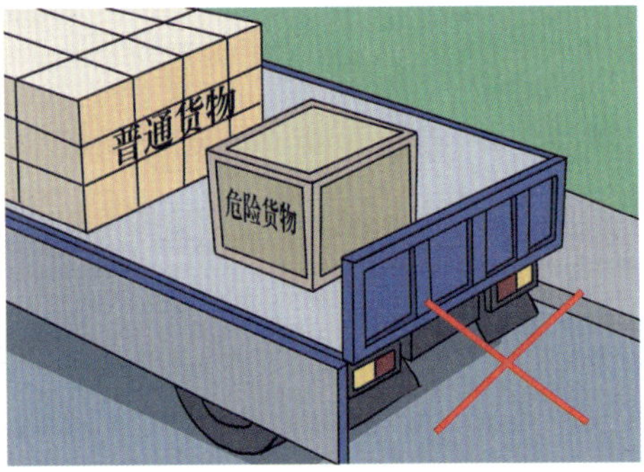

（3）不得将危险货物与普通货物混装运输。危险货物与普通货物混装，若危险货物包装出现破损，易造成对普通货物的污染，产生安全隐患。在现实运输活动中，有的托运人、承运人，为了降低运输成本，在普通货物中夹带危险货物，发生了很多危险货物运输事故，给生命、财产造成很大损失，留下了惨痛的教训。因此，《道路危险货物运输管理规定》禁止将危险货物与普通货物混装运输。

（4）不得运输法律、行政法规禁止运输的货物。法律、行政法规规定的限运、凭证运输货物，道路危险货物运输企业或者单位应当按照有关规定办理相关运输手续。危险货物运输企业

（单位）取得道路危险货物运输资质，可从事危险货物道路运输，但必须遵守相关法律、行政法规禁运、限运的规定。根据我国有关法律、行政法规的规定，禁止运输的有毒品、假劣药品以及伪造、变造、非法印刷的人民币等；必须向有关部门办理准运（通行）手续后方可运输的货物有：枪支、烟草、剧毒品、爆炸品、麻醉药品、木材、野生动物等。有些手续需要托运人办理，但承运人必须查验所有手续齐全有效后方可运输。如，运输剧毒品、爆炸物品，需由托运人向运输目的地的公安部门申请《剧毒化学品公路运输通行证》、《爆炸物品准运证》，在托运货物时，应提交给承运人。承运人应审查相应的准运手续，手续齐全的可以受理；手续不齐全的，应向托运人说明情况，要求出具相应的手续，或者要求托运人在重新办理手续后再受理。如果承运人为了经济利益，擅自运输限制运输的货物；或因不了解情况，运输了禁止运输的货物，或者在未审查托运人手续的情况下，运输了限制运输的货物，都要承担相应的法律责任。

4 车辆装载的限制

（1）爆炸品、剧毒化学品、强腐蚀性危险货物的装载限制。

《道路危险货物运输管理规定》规定，运输爆炸品、强腐蚀性危险货物的罐式专用车辆的罐体容积不得超过 $20m^3$，运输剧毒化学品的罐式专用车辆的罐体容积不得超过 $10m^3$，但符合国家有关标准的罐式集装箱除外；运输剧毒化学品、爆炸品、强腐蚀性危险货物的非罐式专用车辆，核定载质量不得超过 10t，但符合国家有关标准的集装箱运输专用车辆除外。

为尽可能减小危险货物运输事故的危害，参照一些发达国家、地区的做法，在危险货物运输中引入“车辆损害管制”的理念，对剧毒、爆炸、强腐蚀性危险货物车辆的最大装载质量进行了明确限制。这样，万一发生运输安全事故，也可以将危害控制在一定程度之内。

（2）一般专用车辆的装载限制。

国家有关法律、行政法规和部门规章严格禁止危险货物专用车辆违反国家有关规定超限超载运输。《中华人民共和国道路交通安全法》第四十八条规定：“机动车载物应当符合核定的载质量，严禁超载；载物的长、宽、高不得违反装载要求，不得遗洒、飘散载运物”；《中华人民共和国道路交通安全法实施条例》第五十六条第（三）款规定：“载货汽车所牵引挂车的载质量不得超过载货汽车本身的载质量”；《中华人民共和国道路运输条例》第十九条规定：“旅客和货物运输业务经营者应当按照车辆核定的载客、载货限额运送旅客或装载货物，禁止超载、超限运输”；《道路危险货物运输管理规定》第四十四条第一款规定：“严禁专用车辆违反国家有关规定超载、超限运输”。专用车辆装载危险货物应符合交通部、公安部、国家发展和改革委员会 2004 年 8 月 20 日印发的《关于进一步加强车辆超限超载集中治理工作的通知》中规定的认定标准，不得超载超限运输。超限超载车辆认定标准见下图。

附件

车辆超限超载认定标准

轴数	车辆形式及相关要求	车、货总重量（t）
2		20
3		30

4		40
	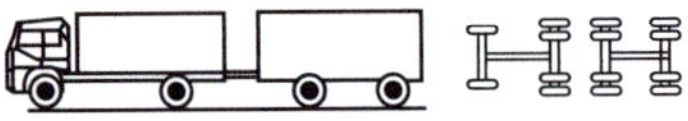	

5		50

≥6		55

注：1. 由汽车和全挂车组合的汽车列车，被牵引的全挂列车的总重不得超过主车的总重。
2. 除驱动轴外，上述图示中的并装双轴、并装三轴以及多轴汽车，每减少两轮胎，其总重限值减少 4t。

（3）罐式专用车辆的装载限制。

由于各种原因，一部分“大吨小标”、“小车大罐”专用车辆进入道路危险货物运输市场，导致超载超限运输，存在着很大的安全隐患，成为历次安全整治的重点。为防止新的“大吨小标”、“小车大罐”车辆从事危险货物运输，2013 年修订的《道路危险货物运输管理规定》规定，道路危险货物运输企业或者单位使用罐式专用车辆运输货物时，罐体载货后的总质量应当和专用车辆核定载质量相匹配；使用牵引车运输货物时，挂车载货后的总质量应当与牵引车的准牵引总质量相匹配。

①压力罐式专用车辆的装载限制。

《移动式压力容器安全技术监察规程》（TSG R0005）规定，压力罐式专用车辆应规定所允许充装的介质（即某种危险货物）、允许的最大充装量或者额定充满率。

a. 液化气体介质。

一般情况下，罐车允许的最大充装质量为：

$$W = \Phi \times V$$

式中：W——罐车允许的最大充装质量（t）；

Φ——质量充装系数（t/m^3），符合下表规定；

V——罐体的实测容积（m^3）。

特定条件下，如果罐车在一次充装、运输和卸液的全过程中，确能严格控制最大温差不超过 30℃，则允许按罐体容积的 85% 进行充装。

常见无保温或者保冷结构充装液化气体介质单位容积充装量

联合国编号	名　称		单位容积充装量（t/m^3）[1]
1005	无水氨		≤ 0.53
1017	氯		≤ 1.25
1079	二氧化硫		≤ 1.23
1077	丙烯		≤ 0.43
1978	丙烷		≤ 0.42
1075	混合液化石油气	$P_b > 1.60MPa$[2]	≤ 0.43
		$0.58MPa < P_b \leq 1.60MPa$	≤ 0.42
		$P_b \leq 0.58MPa$	≤ 0.49
1011	丁烷		≤ 0.51
1969	异丁烷		≤ 0.49
1055	异丁烯		≤ 0.52
1012	丁烯		≤ 0.53
1010	丁二烯，稳定的		≤ 0.55

注：1. 所列单位容积充装量数值，是按照介质在设计温度下罐体内留有 5% 的气相空间及该温度下的介质密度确定的。

2. P_b 为混合液化石油气在 50℃时的饱和蒸汽压。

b. 冷冻液化气体介质。

冷冻液化气体的额定充满率按下列要求确定：充装易燃、易爆介质的真空绝热罐体，额定充满率不得大于 90%；充装其他介质的真空绝热罐体，额定充满率不得大于 95%。

②常压罐车罐式专用车辆的装载限制。

常压罐体载货后的总质量应当和专用车辆核定载质量相匹配。根据《道路运输液体危险货物罐式车辆》（GB 18564）规定，一般情况下，罐车最大充装质量为：

$$W = \Phi_v V$$

式中：W——罐体允许最大充装质量（t）；

Φ_v——单位容积充装量（t/m^3）；

V——罐体设计容积（m^3）。

单位容积充装量按下列原则确定：轻质燃油类介质按 QC/T 653 确定；其他类介质应按罐体设计温度下，其罐内至少留有 5%，且不大于 10% 的气相空间及该温度下的介质密度来确定。

罐车的最大充装质量不得大于车辆核定载质量。即，车辆装载的某种液体危险货物的体积占罐体容积的 90%～95% 时的质量，不得大于车辆核定载质量。

模块二　道路危险货物运输车辆的安全设施

道路危险货物运输专用车辆与普通货物运输车辆的运输对象不同，除对车辆车型、技术状况、配备的工、属具等要求不同外，对车辆安全设施亦有特殊的要求。针对选用的车型、所装运的危险货物的不同，还必须配备相应的安全设施。

一　卫星定位系统

交通运输部《道路危险货物运输管理规定》第八条第（一）款第 6 目规定：“专用车辆应当安装具有行驶记录功能的卫星定位装置”，第四十六条规定：“道路危险货物运输企业或者单位应当通过卫星定位监控平台或者监控终端及时纠正和处理超速行驶、疲劳驾驶、不按规定线路行驶等违法违规驾驶行为。监控数据应当至少保存 3 个月，违法驾驶信息及处理情况应当至少保存 3 年”。《道路运输车辆动态监督管理办法》（交通运输部、公安部、国家安全生产监督管理总局令 2014 年第 5 号），要求危险货物运输车应安装具有行驶记录功能的卫星定位装置。

根据上述关于危险货物运输过程实行在线监控的要求，危险货物运输专用车辆必须配备符合国家标准规定的卫星定位系统，安装道路运输车辆卫星定位系统车载终端（下称“车载终端”）。车载终端是车辆卫星定位系统的前端设备，是一种能对车辆行驶速度、时间、里程以及有关车辆行驶的其他状态信息进行记录、存储并可通过接口实现数据输出的数字式电子记录装置。车载终端必须符合《道路运输车辆卫星定位系统车载终端技术要求》（JT/T 794—2011）标准要求。

车载终端由主机和外部设备两部分组成。主机包括微处理器（通常是单片机）、数据存储器、卫星定位模块、车辆状态信息采集模块、无线通信传输模块、数据通信接口等组成，见下图。

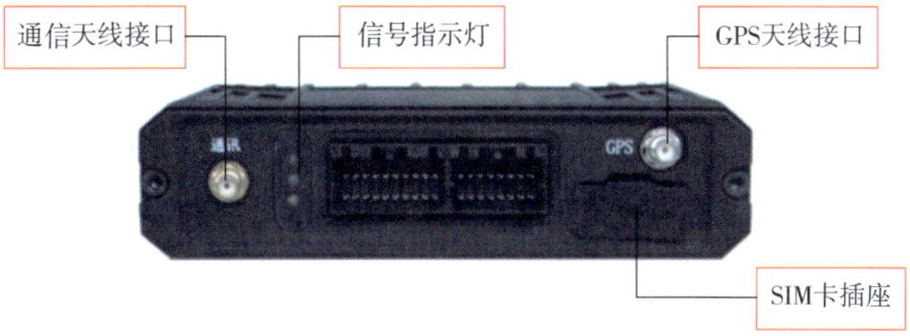

车载终端主机

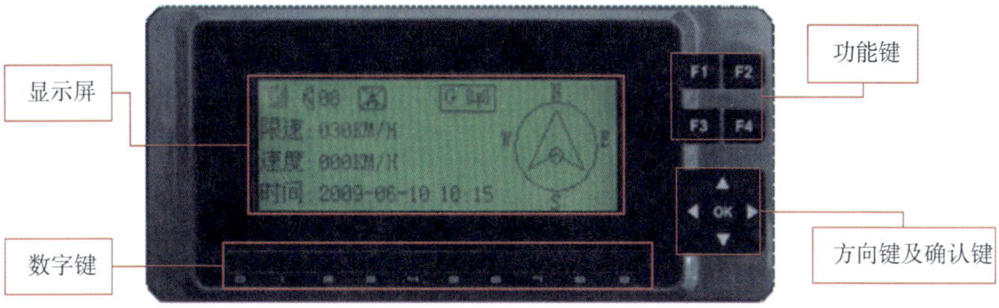

车载终端主机操作面

而外部设备则主要包括卫星定位天线、无线通信天线、应急报警按钮、语音报读装置等组成。其中，主机模块和天线是构成车载终端的基础部分，可实现定时定位，探测经纬度、时间、行进方向和速度等基本功能。此外，车载终端还可以通过主机上的各种数据接口实现与车辆本身的油路、电路、门磁、货物温度等传感器，以及车上防盗器和摄像头等外接设备相连，以满足各种不同的实际需求，进而实现对车辆的全方位监控。

二 汽车制动防抱死系统（ABS）

国家标准《机动车运行安全技术条件》（GB 7258—2012）对汽车制动系的要求：车长大于 9m 的公路客车、旅游客车、所有校车、危险货物运输车和半挂牵引车，总质量大于等于 12000kg 的货车及总质量大于 10000kg 的挂车应安装符合规定的防抱死装置。

三 汽车制动辅助装置——缓速器

国家标准《机动车运行安全技术条件》（GB 7258—2012）对汽车辅助制动要求：车长大于 9m 的客车、总质量大于等于 12000kg 的货车和专项作业车、所有危险货物运输车应装备缓速器或其他辅助制动装置。

四 电源总开关

欧洲经济委员会《国际公路运输危险货物协议》（ADR）、交通运输部《汽车运输危险货物规则》（JT 617）中有“车辆应有切断总电源和隔离电火花装置，切断总电源装置应安装在驾驶室内”的规定。

电路系统应有切断总电源装置，这是因为车辆电路系统的电线使用时间过久，塑胶层容易老化，导致胶层脱落，极易搭铁，形成短路，引起火花而造成火灾事故的发生。因此，要求车辆必须在驾驶室安装便于驾驶员随时切断电源的总开关。

有的车辆电源总开关在驾驶室外的后方，距蓄电池较近，而且是旋钮式的，一旦途中停车就餐或休息，很有可能被其他无关人员或儿童旋动而造成电路系统通电，若遇电线老化，容易产生电火花，会造成意想不到的事故，所以电源总开关应安装在驾驶室内，停车时应切断车辆总电源。驾驶人员应认真检查车辆电源总开关装置的安装，不符合规定的，应及时整改。

为确保安全，除下列部件外，所有的电路都应有熔断丝或电路自动跳闸：

（1）从蓄电池到发动机的冷起动和停止系统。

（2）从蓄电池到交流发电机。

（3）从交流发电机到熔断丝或闸箱电路。

（4）从蓄电池到起动机。

（5）如果此系统是电子或电磁的，从蓄电池到持久性闸系统的电源控制箱。

（6）从蓄电池到转向支架的提升机构。

为防止电路配线在车辆正常作业时碰撞、磨损和擦破，以引起电路起火或者短路，电路配线应作如下保护，见下图。

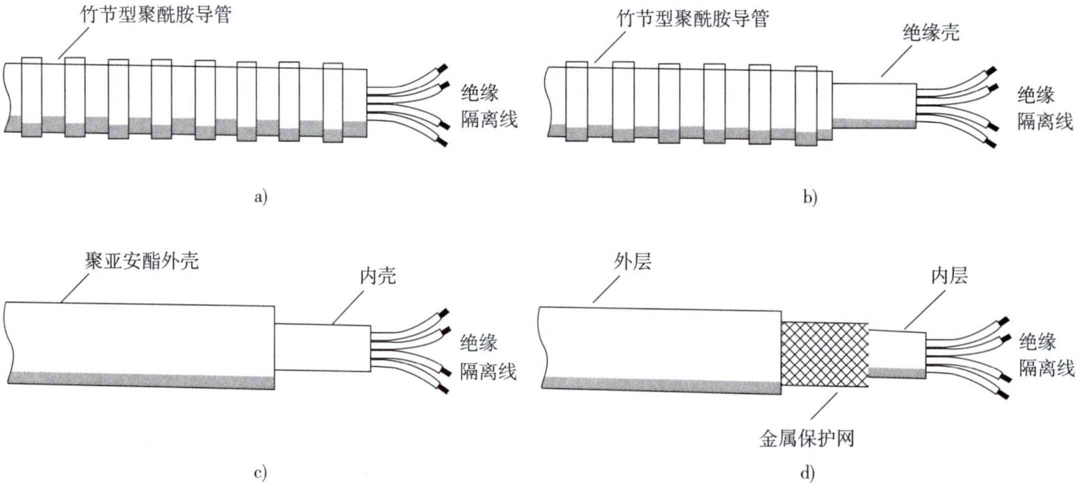

汽车电路配线保护

五 排气管火花熄灭器

危险货物运输车辆的排气管，必须符合国家标准《机动车排气火花熄灭器性能要求和实验方法》（GB 13365）规定。因为车辆在运行中，排气管的排气温度很高，有时可使排气管烧红，由于高温、高热引起的热传导或热辐射有可能使汽油、苯、溶剂油等易燃物质引起燃烧、甚至爆炸。易燃液体的挥发性极强，一旦挥发出气体遇明火、高温就会燃烧、爆炸。所以，要求排气管上面要加装隔热装置，同时，排气管排出的废气中，难免有火星排出，这将对运输危险货物车辆进入化工生产单位、储存库场带来火灾事故的隐患。所以，从事运输危险货物车辆，必须安装火花熄灭器、以确保安全运输。

六 导静电拖地带

装运易燃、易爆危险货物的车辆，必须配备导除静电装置，这是《汽车运输危险货物规则》（JT 617）中所要求的。《汽车导静电橡胶拖地带》（JT 230）对车辆导除静电装置做了具体要求。因为大部分易燃、易爆液体的电阻率大，容易聚集静电，尤其是罐车，罐体容积大，车辆运行时，液体在罐内漂动、与罐体内壁接触面积增大，极易产生静电，且急需排除。因此，必须安装导除静电橡胶拖地带，通过拖地带橡胶层中的金属导体与地面接触及时排除静电，从而减少静电的聚集，达到安全运输的目的。同时要求无论重车还是空车，必须将拖地带的一端接地，避免需要排除静电时而没有接地造成意外。

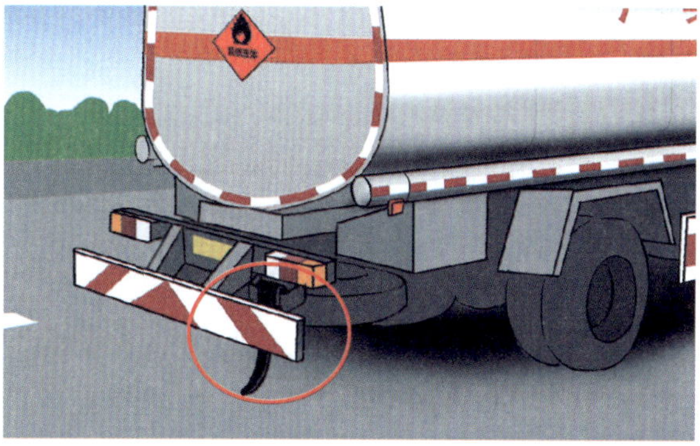

七 消防器材

从事道路运输危险货物的车辆，必须配备与所运的危险货物性能相适应、有效的消防器材。一是危险货物品种繁多，性质各异，有的易燃易爆，如汽油、酒精、液化石油气等；有的遇水反应会分解出大量易燃气体，如金属钠、电石等；有的遇酸会分解释放出大量的剧毒气体，如氯化物等；大多数易燃液体具有不溶于水，且密度小于水的理化特性。二是消防器材种类、规格多样，性能不同，灭火效果各异，如酸碱灭火器，泡沫灭火器、1211 灭火器、二氧化碳灭火器、干粉灭火器等，水、砂土也是重要的灭火手段。不管哪种灭火方式，都要慎重选择。不同的灭火器，所喷出的灭火药剂性质也不同，所产生的效果也不同。

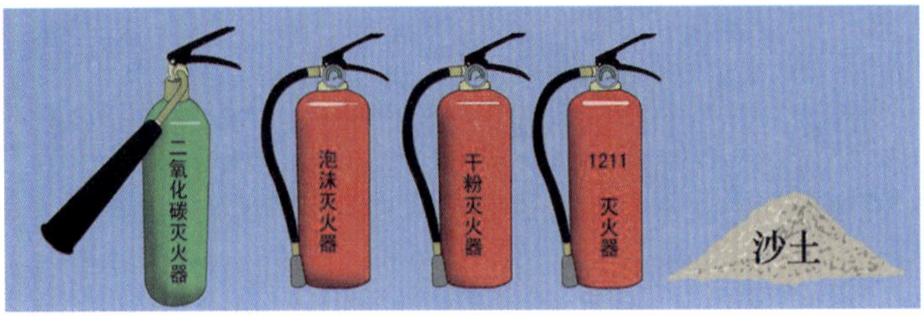

八 标志灯和标牌

危险货物道路运输专用车辆应按照国家标准《道路运输危险货物车辆标志》（GB 13392）、《道路运输爆炸品和剧毒化学品车辆安全技术条件》（GB 20300）的要求，设置危险品标志灯和标牌。

1 标志灯

标志灯的主要功用是，在行车时，特别是夜间行车时对迎面驶来的会车车辆起警示作用。根据这一功用要求，一是通过加入荧光材料或贴覆荧光膜的制作工艺，使灯体部分可以在夜间车辆正常行驶时发出一定强度的可见光；二是标志灯上的线条和汉字与基色成对比色，且使用反光材料印刷或贴覆，有效保证标志灯在夜间的正常工作。

（1）标志灯的分类。

标志灯按照安装方法分为三种类型：A 型为磁吸式、B 型为顶檐支撑式、C 型为金属托架式。其中 B 型、C 型标志灯又按车辆载质量各分为三种型号：即 BI、BII、BIII 和 CI、CIII、CIII，分别适用于轻、中、重型载货汽车。如，一辆载质量为 8t 的运输危险货物专用车辆，应该选择安装 BII 型号标志灯；又如，一辆载质量为 20t 的带导流罩危险货物运输专用车辆，应该选择安装 CIII 型号标志灯。

标志灯类型

类型	安装方式	代　号	适用车辆
A	磁吸式	A	载质量 1t（含）以下，用于城市配送车辆
B	顶檐支撑式	BI	载质量 2t（含）以下
		BII	载质量 2t ~ 15t（含）
		BIII	载质量 15t 以上
C	金属托架式	CI[a]	带导流罩，载质量 2t（含）以下
		CII[a]	带导流罩，载质量 2t ~ 15t（含）
		CIII[a]	带导流罩，载质量 15t 以上

注：a 金属托架为可选件，金属托架按底平面与标志灯基准面的夹角 γ 分为三种，γ 分别为 30°，45°，60°。

（2）标志灯的尺寸和规格。

①A 型标志灯。

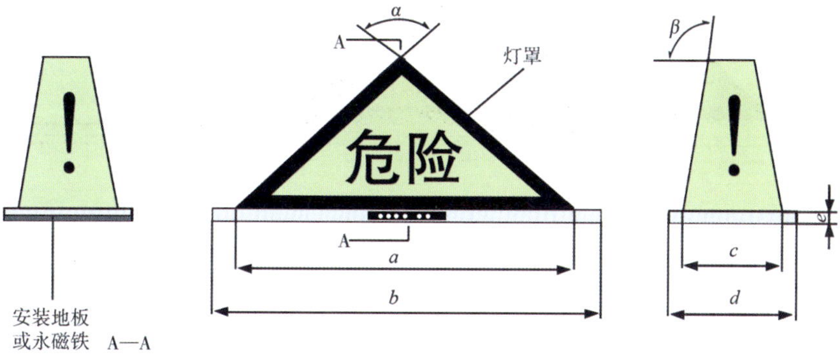

A 型标志灯

A 型标志灯尺寸

类 型	尺 寸						
	a（mm）	b（mm）	c（mm）	d（mm）	e（mm）	α（°）	β（°）
A	400	440	100	140	22	100	100

②B 型标志灯。标志灯灯体与金属杆用螺栓连接，以弹簧垫圈方式锁紧。

B 型标志灯

B 型标志灯尺寸

类 型	尺 寸						
	a（mm）	b（mm）	c（mm）	d（mm）	e（mm）	α（°）	β（°）
B Ⅰ	400	440	100	140	22	100	100
B Ⅱ	460	500	120	160	22	100	100
B Ⅲ	520	560	140	180	22	100	100

③C 型标志灯。C 型标志灯灯体尺寸与 B 型相同。标志灯灯体与金属托架、金属托架与汽车导流罩用螺栓连接，以弹簧垫圈方式锁紧。

C 型标志灯

（3）标志灯编号牌。

每个标志灯应有一个确定编号。编号规则如下。

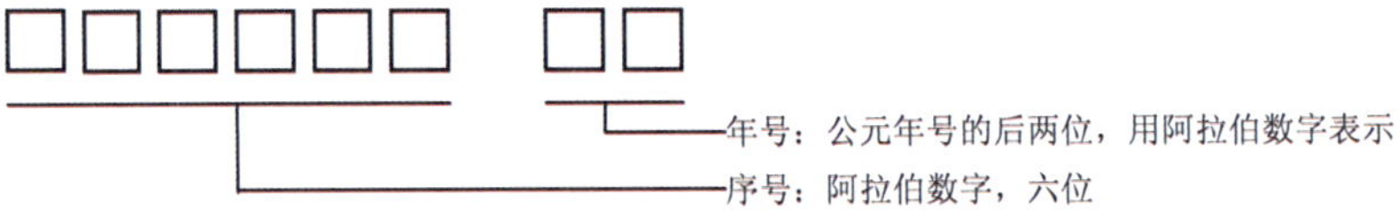

标志灯编号规则

编号牌为长 100mm 宽 20mm 铝质金属牌，编号字体为黑体，用腐蚀工艺制作使边框与编号适量凸出，凹陷部分涂黑色。

标志灯编号牌

编号牌用螺栓或粘贴方式固定于标志灯正面下方、中部，编号牌下沿距灯罩底沿 1mm。

（4）标志灯安装。

除载质量为 1t（含）以下用于城市配送的危险货物运输专用车辆可使用磁吸式标志灯外，其他危险货物运输专用车辆一律将标志灯以顶檐支撑或金属托架方式固定安装在汽车驾驶室顶部。需要指出的是，对于载质量为 1t（含）以下的危险品运输专用车辆，用途不限于城市配送时，规定仍需要将标志灯以顶檐支撑或金属托架方式固定安装在汽车驾驶室顶部。磁吸式标志灯的安放位置也应符合《道路运输危险货物车辆标志》（GB 13392）的规定，既必须将有标志文字“危险”字样和标志灯编号的标志灯正面朝向车辆行驶方向，不得为减小风阻而在安放时将标志灯正面朝向车辆的侧面。

《道路运输危险货物车辆标志》（GB 13392）的附录 B“标志灯安装位置”（资料性附录），以图示形式对 A、B、C 三种类型标志灯的安装位置进行了形象描述。

A 型标志灯安装位置

B 型标志灯安装位置

C 型标志灯安装位置

2 标志牌

标志牌的主要功用是在行车时对后面驶近的超车车辆起警示作用，在驻车和车辆遇险时对周围人群起警示作用、对专业救援人员起指示作用。根据这一功用要求：一是标志牌图形采用了与国际接轨的危险货物指示图案、类项代号，以及易于被中国人识别的中文危险货物类别或类项名称；二是基板贴覆定向反光膜，图案、线条、字体均使用反光材料印刷，有效保证了标志牌的正常工作。

标志牌的分类、安装具体参见本篇单元三模块三“危险货物运输包装标志”的相关内容。

3 安全标示牌

爆炸品和剧毒品运输车辆应安装《道路运输爆炸品和剧毒化学品车辆安全技术条件》（GB 20300）的要求，在车辆后部安装安全标示牌。安全标示牌为白底黑字，字迹要求清晰完整。安全标示牌为矩形，尺寸为350mm×175mm。安全标示牌的悬挂位置应符合规定。

350mm

175mm

品名		种类	
罐体容积		核载质量	
施救方法			
联系电话			

罐式专用车辆安全标示牌

350mm

175mm

品名		种类	
厢体容积		核载质量	
施救方法			
联系电话			

厢式专用车辆安全标示牌

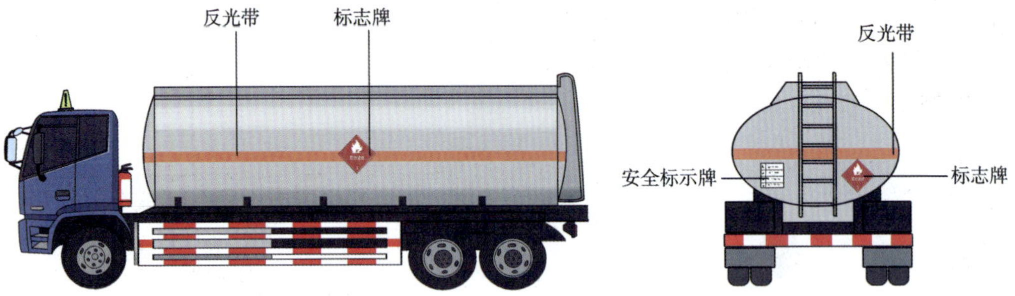

罐式专用车辆反光带、安全标示牌悬挂位置

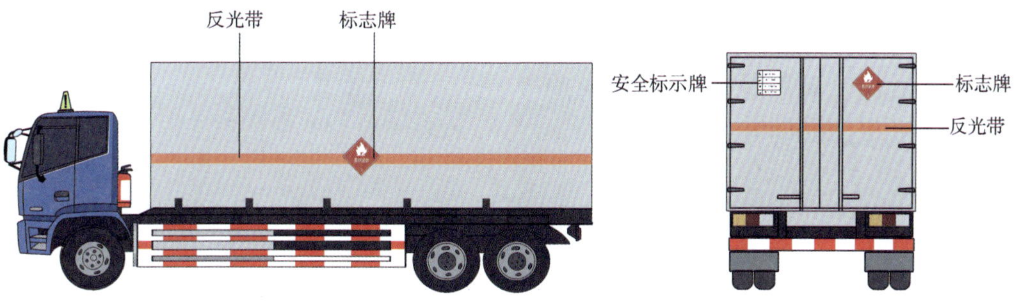

厢式专用车辆反光带、安全标示牌悬挂位置

4 反光带

在车辆后部及两侧应粘贴橙色反光带，以标示车辆的轮廓，橙色反光带的宽度为150mm±20mm。其粘贴位置应符合规定。

5 罐式专用车辆的安全附件

罐式专用车辆必须有安全泄放装置、紧急切断装置、液位测量装置（液面计、液位计）、压力测量装置（压力表）、温度测量装置（温度计）等安全装置。其排气管熄灭火星装置、电源总开关和导除静电装置与栏板货车的要求相同。

（1）安全泄放装置。

安全泄放装置应设置在罐体顶部。安全泄放装置至少包括排放系统、安全阀、爆破片装置、安全阀与爆破片串联组合装置等。安全泄放装置的车辆应与装运介质相容，装置的设置与装运介质相匹配，真空绝热低温罐体至少应当设置两个相互独立的安全泄放装置；装运毒性程度为剧毒、高度危害类介质或者强腐蚀性介质的罐体应当设置安全阀与爆破片串联组合装置，爆破片在爆破时不得产生碎片、脱落或者火花，并且安全阀与爆破片之间的腔体应当设置排气阀、压力表或者其他合适的报警指示器，同时还应当满足在非泄放状态下首先与介质接触的应当是爆破片；装运腐蚀性介质或者液化石油气类有硫化氢应力腐蚀倾向介质的罐体用弹簧安全阀的弹性元件应当与罐体内介质隔离；真空绝热低温罐体真空绝热夹层的外壳应当设置外壳爆破装置。

安全泄放装置在设计上应能防止任何药物的进入，且能承受罐体内的压力、可能出现的危险超压及包括液体流动在内的动态载荷。安全泄放装置的排放能力应符合下列规定：安全泄放装置的排放能力应保证在发生火灾或罐内压力出现异常等情况时，能迅速排放；

当罐体完成处于火灾环境时，各个安全泄放装置的组合排放能力足以将罐体内的压力（包括积累的压力）限制在不大于罐体的试验压力；多个安全泄放装置的排放能力可认为是各个安全泄放装置排放能力之和。

（2）紧急切断装置。

在罐体的液相管和气相管等主要接管口处，均必须分别装设一套内置式紧急切断装置，以便在管道发生大量泄露时进行紧急止漏。紧急切断装置包括紧急切断阀、远控系统，以及易熔塞自动切断装置，要求动作灵活、性能可靠、便于检修。远控系统的关闭操作应装在人员易于到达的位置；易熔塞自动切断装置应设在当环境温度升高时，能自动关闭紧急切断阀的位置；紧急切断阀自始闭起，应在10s内闭止。车辆行驶时，紧急切断阀应处于闭止状态。

（3）液位测量装置（液面计）。

罐体必须装设至少一套液面测量装置。液面测量装置必须灵敏准确、可靠，并具有足够的精度和牢固的结构。露出罐体外部分应加以保护。罐车不准使用玻璃版式的液面计。

（4）压力测量装置（压力表）。

压力罐体上必须装设至少一套压力测量装置。其精度等级应不低于1.6级。压力表盘刻度极限值应当为最大工作压力的1.5～3.0倍，表盘直径不得小于100mm，并在对应于介质温度50℃时饱和蒸汽压处涂以红色标记。

（5）温度测量装置（温度计）。

罐体必须设有一套温度测量装置，以测量介质的液相温度。测量范围应为-40℃～60℃，并应在40℃和50℃处涂以红色标记。

（6）卸料口的设置及要求。

卸料口应设置三道相互独立，且串联的关闭装置，第一道阀门为紧急切断装置，第二道为外部卸料阀，第三道在卸料口处设置的盲法兰或类似的装置，且应有能防止意外打开的功能。装卸口应设置阀门箱或防撞护栏等保护装置，且设置有密封盖或密封集漏器。

（7）罐式专用车辆涂色与标志。

①压力罐式专用车辆。罐体外表面应涂银灰色。沿罐体水平中心线四周，涂刷一道宽度不小于150mm的红色色带。罐体两侧中央部位

（此处色带不涂色）应用红色喷写“严禁烟火”字样，字高不小于 200mm。

罐车的其余裸露部分涂色规定：

安全阀——大红色（R03）；

气相管（阀）——大红色（R03）；

液相管（阀）——淡黄色（Y06）；

阀门——银灰色（B04）；

其他——不限。

罐体一侧后端色带下方的适当部位，喷写“罐体下次检验日期：×××× 年 ×× 月”字样，字高 100mm 左右，以提示到期进行强制性检测。

②常压罐式专用车辆。罐体（车）的标志除应符合 GB 13392 的规定外，还应满足如下要求：罐体应有一条通过罐体中心线的水平面与罐体外表面的交线对称均匀粘贴的环形橙色反光带，反光带宽度不小于 150mm；罐体（车）标志的其余要求应符合 GB 18564 的规定。罐体两侧后部色带的上方喷涂装运介质的名称，字高不小于 200mm，字体为仿宋体，字体颜色按如下要求：

易燃、易爆类介质——红色；

有毒、剧毒类介质——黄色；

腐蚀、强腐蚀介质——黑色；

其余介质——蓝色。

单元五 道路危险货物运输托运及承运

学习要点

熟悉道路危险货物运输托运人责任，掌握道路危险货物运输承运人责任，熟悉道路危险货物运输受理和运输相关文件。

模块一 道路危险货物运输受理

道路危险货物运输作业过程一般包括托运、受托、验货、派车、配货、派装、运送、卸车、保管和交付等环节。按照货物运输阶段的不同，可将作业划分为发送作业、途中作业和达到作业。一般危险货物运输受理属于发送作业阶段，由受理托运、组织装车和核算制票3部分组成，道路危险货物运输作业见图所示。

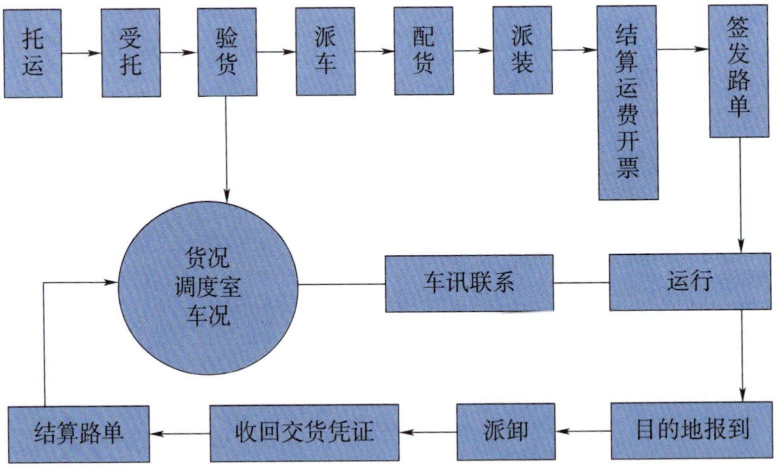

一 受理托运

1 托运

无论是将货物交给危险货物运输企业运输，还是企业主动承揽货物，都必须由货主办理托运手续。托运手续是从托运人递交“危险货物托运证明书”开始的。

危险货物的托运必须符合《汽车运输危险货物规则》（JT617）的相关规定，具体内容可见本单元模块三“道路危险货物运输托运人责任”。

2 受托

承运人审查托运人递交的托运证明书，根据企业的经营范围和运输能力，决定是否接受委托。若接受，让货主认真填写托运单，办理承运手续。承运人要认真审核运单上所填写货物的收发货地点、时间以及所提供的单证是否符合《汽车运输危险货物规则》（JT617）的相关规定，并核实货物的编号、品名、规格、数量、件重和货物包装标志、标签以及应急措施和运输要求，检查单证附录是否齐全。

3 验货

理货员凭托运单验货、堪察现场、落实货物分批数量、起运时间、可用车型，向调度室汇报并作记录。

根据托运单填写的内容，一一核实货物的编号、品名、规格、数量、件重、净重、总重和货物包装标志、标签是否与托运单上一致，货物包装是否破损以及是否符合国家相关规定，具体要求如下。

（1）危险货物一般应单独包装。同一件包装内的货物必须是同一项或同一配装号（除爆炸品外），而且消防方法不相抵触的物品。

（2）包装的种类、材质、封口等应适应所装货物的性质。

（3）包装规格、形式及单位包装质量应便于装卸、搬运和保证运输过程中的安全。

（4）包装必须有规定的标志。

二 组织装车

调度室根据业务员送交的托运单及反馈的信息，编制作业计划，选配合适的车辆，签发派车单派装，选派技能熟练的从业人员组织装货。

危险货物装车前应认真检查包装的完好情况，当发现破损、撒漏时，托运人应调换包装或修理加固。货物交接时，双方应做到点收、点交，并由双方在运单上签章确认。

承运人有权拒绝运输不符合国家有关规定、标准要求的危险货物。

三 核算制票

货物一经派车装运，开票员根据发货单位的发货通知单或磅码单上的货名、数量、质量、卸货地点、收货单位等计算运费，填开货票，核收运费；货票一式五联，即：存查、缴款、发票、随货同行、单车结算。根据派车单、货票及有关单证，由调度室签发行车路单代行车命令，交驾驶人员或押运人员凭此发车。

模块二 道路危险货物运输相关文件

就承运人而言，危险货物道路运输可由运输企业和自备运输单位完成。运输企业是专门从事汽车运输货物、以营利为目的、以提供运输劳务为手段的经济组织。运输企业从事的是营业性运输，又称商业运输。商业运输是一种契约行为，是一种合同运输，运输当事人各方之间会发生一系列的法律关系，即权利、义务关系。自备运输单位是附属于工农业生产企业或商业企业的运输单位，它们是仅为本企业生产、经营服务的，其运输称为自备车运输。由于危险货物道路运输的特殊性，不论是营业性运输还是自备车运输，均须提供相关运输文件，方可进行运输。

一 危险货物运单和托运书

商业运输的合同形式之一是运单。《汽车货物运输规则》第二十四条规定：“汽车货物运输合同采用书面形式、口头形式和其他形式。书面形式合同种类分为定期运输合同、一次性运输合同、道路货物运单（以下简称运单）。”道路危险货物运输，承运人必须填写运单，并经承托双方签章认可后生效。从事危险货物多式联运，承运人应填写《危险货物多式联运表》。

危险货物多式联运表

<table>
<tr><td colspan="2" rowspan="3">1.托运人/收货人/发货人</td><td colspan="2">2.运输票据号码</td></tr>
<tr><td>3.
第1页，共　　页</td><td>4.托运人参考号</td></tr>
<tr><td></td><td>5.货运代理人参考号</td></tr>
<tr><td colspan="2">6.收货人</td><td colspan="2">7.承运人（由承运人填写）</td></tr>
<tr><td></td><td></td><td colspan="2">托运人V声明
特此声明：本托运货物的内容在下面用正式运输名称充分准确地作说明，并按照适用的国际和国家政府规章进行分类、包装、作标记和贴标签/揭示牌，并且所有方面都状态良好适宜运输</td></tr>
</table>

续上表

<table>
<tr><td colspan="2">8.本货物符合以下规定的限度：（划去不使用者）
客货机　　　　　　　　　　　　货机</td><td rowspan="3">9.关于装卸的附加说明</td></tr>
<tr><td>10.船舶/飞机航班号和日期</td><td>11.装货港/地点</td></tr>
<tr><td>12.卸货港口/地点</td><td>13.目的地</td></tr>
<tr><td colspan="3">14.运输标记　　*包件数目和种类：货物说明　　毛重（千克）　净重　　体积（立方米）</td></tr>
<tr><td colspan="3"></td></tr>
</table>

<table>
<tr><td>15.集装箱识别号/车辆登记号</td><td>16.封印号码</td><td>17.集装箱/车辆尺寸和型号</td><td>18.皮重（千克）</td><td>19.合计毛重（包括皮重）（千克）</td></tr>
</table>

<table>
<tr><td>集装箱/车辆包装证书
特此声明：上述货物系按照适用的规定包装/装入上述集装箱/车辆
所有集装箱/车辆货载必须由负责包装/装货的人填写并签字</td><td colspan="2">21.接收单位收据
收到上述数目的包件/集装箱/拖车，外观妥善，但备注写明者除外。
接收单位：</td></tr>
<tr><td>20.公司名称</td><td rowspan="3">托运人姓名
车辆登记号
签字和日期</td><td>22.公司（填报本说明的托运人）名称</td></tr>
<tr><td>申报人姓名/身份</td><td>申报人姓名/身份</td></tr>
<tr><td>地点、日期</td><td>地点、日期</td></tr>
<tr><td>申报人签字</td><td>驾驶人员签字</td><td>申报人签字</td></tr>
</table>

<table>
<tr><td rowspan="3">1. 托运人 / 收货人 / 发运人</td><td colspan="2">2. 运输票据号码</td></tr>
<tr><td>3.
第 1 页，共　　页</td><td>4. 托运人参考号</td></tr>
<tr><td></td><td>5. 货运代理人参考号</td></tr>
<tr><td colspan="3">14. 运输标记　* 包件数目和种类：货物说明　　毛重（千克）净重　体积（立方米）</td></tr>
<tr><td colspan="3"></td></tr>
</table>

注：* 危险货物必须写明正式运输名称、危险性类别、联合国编号、包装类别（划定的）以及适用的国家和国际规章要求的任何其他资料。

运单由承运人制作，在收齐单据上所列的所有货物后，由承运人签发给托运人。托运人在托运货物时，要向承运人递交托运书。托运书是托运人托运货物的正式文件，是承运人制作运单的依据。托运人填写托运书时要字迹清楚，内容齐全，并对所填关于货物的各项说明和声明的正确性负责。如果由于托运人在托运书中所填的内容不正规、不正确或不完备而使承运人或任何其他人遭受到任何损失，托运人应负全部责任。在托运书中托运人还应承诺遵守承运人的运输规章。托运书中必须包含以下必不可少的材料：危险货物运输名称、联合国编号和国内编号、货物类别和项别、包装类别、包件的编号和种类、该货名所包含的危险货物总量（根据适当情况，按体积、总重量或净含量计）、发货人的名称和地址、收件人的名称和地址、任何特殊协议项目所要求申报的材料等。托运危险货物必须符合《汽车运输危险货物规则》（JT 617）有关危险货物托运的相关规定及下述附加规定。

1 托运第 1 类爆炸品的附加规定

①对于每个注有说明的物质或物品，其中有爆炸成分总的净重，用 kg 表示。

②对于两种及以上货物的混合包装，在运单上必须注明货物的名称和危险品编号，以及配装组。

③托运人提交爆炸品的准运证明文件。

2 托运第 2 类气体的附加规定

对于罐体中装有混合物的运输，应该给出混合物组分的体积或质量百分率。成分低于 1% 的不必标明。

3 托运第 4.1 项易燃固体和第 5.2 项有机过氧化物的附加规定

对于第 4.1 项易燃固体和第 5.2 项有机过氧化物，在运输过程中要对温度进行控制的，在托运书和运单上要标明控制温度和应急温度，如："控制温度……℃，应急温度……℃"，并向承运人说明控温方法。

4 托运第 6.2 类感染性物质的附加规定

对于托运医疗废物，医疗废物专用包装物、容器，应当有明显的警示标识和警示说明，在运单上要加注说明。

5 托运食用、药用危险货物的附加规定

托运食用、药用的危险货物，应在运单上注明"食用"、"药用"字样。

二 托运证明文件

托运须凭证运输的危险货物，除填写托运书外，还需提供相应证明文件。证明文件作为托运书的附录，在托运时一并交付给承运人。

（1）托运未列入《危险货物品名表》或《剧毒化学品目录》的危险货物，必须附有《危

险货物鉴定表》。

（2）托运危险货物的包装如果与国家有关规定的包装不同时，必须附有“包装检查证明书”和“包装适用证明书”，“包装检查证明书”经主管部门确认后才能有效。

（3）使用集装箱托运危险货物，要附有现场检查员签字的“集装箱装运危险货物装箱证明书”，详细说明箱内危险货物的包件装在何装置上或装于何装置内、集装箱/车辆/装置的识别号以及证明操作是按以下条件进行的：

①货运装置干净、干燥、看起来适合容纳该货物；

②如果托运物包含1.4项以外的第1类物质，货运装置应该是结构耐用的；

③应该分装的货物，没有装在同一货运装置上或装置内；

④所有包件都进行了外部损伤、泄漏或过滤检查，只有完好的包件被装载；

⑤鼓形圆桶是竖直放置的（除了主管部门批准的其他方式）；

⑥所有包件都适当地装在货物运输装置上或装于货物装置内并且安全可靠；

⑦当危险货物用散装容器运输时，货物内部应是均匀分布的；

⑧危险货物装置和包件都加了适当的标记、标签和标牌；

⑨处于熏蒸的集装箱，必须标贴有熏蒸警告符号。当采用固体二氧化碳（干冰）用作冷却目的时，集装箱外部门端明显处贴显示标记或标志，并标明“内有危险的二氧化碳（干冰），进入之前务必彻底通风”字样。

（4）托运危险化学品，必须将“危险化学品标签”粘贴、挂栓（或印刷）在容器或包装的明显位置，其格式及样例见表。

化学品安全标签格式

化学品英文名字 化学品中文名字 （或危险组分名称、含量） 分子式	UN No CN No
提示词 （重要危险性）	表示危险性的图形符号
危险性 急救 灭火方法	泄漏处置 处理和储运
防护措施或图形符号 其他说明 净重量	
生产厂（公司）名称、地址、邮编、电话	

（5）托运爆炸物品和剧毒化学品，应提供公安部门签发的《爆炸物品准运证》和《剧毒化学品公路运输通行证》。

（6）其他承运人认为必要的证明文件。

危险化学品标签样例

爆炸品

2,4,6–Trinitrotoluene

三 硝 基 甲 苯

$C_6H_2(NO_2)_3CH_3$

UN No 0209

UN No 11035

危险

爆炸、毒害，避免接触明火高热，摩擦撞击

危险性

· 有爆炸危险
· 高度危害毒物
· 对血液、肝脏、眼睛造成损害

急救

· 彻底冲洗接触部位
· 输氧或进行人工呼吸
· 漱口、饮水、洗胃、导泻

灭火方法

· 雾状水
· 禁止用砂土盖压

泄漏处置

· 切断火源
· 隔离，设警示牌
· 戴防毒面具，穿化学防护服
· 扫起泄漏物
· 用水冲洗或用水润湿后收集

储运

· 库房应隔热、阴凉通风
· 远离火种热源
· 禁止与起爆器材、氧化剂、还原剂、酸碱类混放
· 禁止震动、撞击、摩擦

防护措施

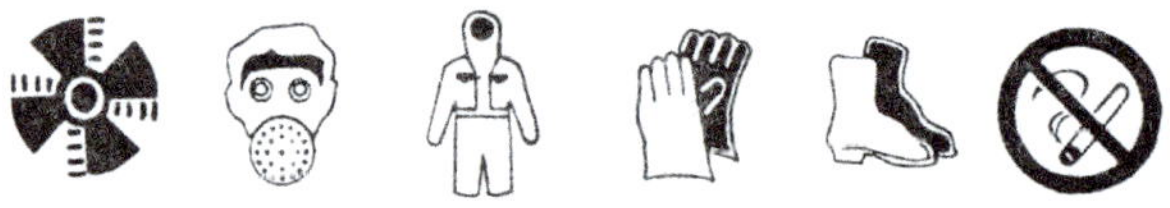

净重量

生产厂家

三 承运证明文件

承运人承运危险货物除须携带由托运人交付的相关证明文件外，还应携带有关法规、

规章、标准规定的证明文件。

（1）执行运输任务的车辆须携带“道路运输证”。

（2）驾驶人员、押运人员须携带上岗资格证。

（3）本次运输任务的运单。

（4）《汽车运输危险货物规则》（JT617）规定应携带的“道路运输危险货物安全卡”。

道路运输危险货物安全卡（正面）

<table>
<tr><td rowspan="2">I
表示危险性的图形符号</td><td rowspan="2" colspan="2">Ⅱ
化学品中文名称
化学品英文名称
(或危险组分名称、含量)
分子式</td><td>III
UN No.</td></tr>
<tr><td>IV
CN No.</td></tr>
<tr><td colspan="2">V 危险性
(主要危险性)

VI 储运要求</td><td colspan="2">VII 泄漏处理

VIII 急救

IX 灭火方法</td></tr>
<tr><td colspan="4">X
防护措施：</td></tr>
</table>

模块三　道路危险货物运输托运人责任

在运输过程中与危险货物运输有关的当事人包括货物制造商、包装制造商、仓储商、经销商、货主、发货人、托运人、代理打包托运者、代理承运受理者、承运人、收货人等。一个当事人可以兼任多个角色，如果制造商直接向运输公司托运，则货物的制适商、货主、发货人和托运人将合为一方。如果某人从经销商处购得货物，到仓库提货后，再委托他人代理办理托运手续，则就有多个当事人参与。而在合同运输的法律关系中，只规定两个相互承担义务、享有权利的当事人，即托运人和承运人。在危险货物运输中，托运和承运各方，都有明确的责任。一个当事人如果兼任了托运和承运，就应该同时承担托运和承运的责任。分清了危险货物运输托运人和承运任的责任，其他当事人的责任就容易明确。

一 托运人的定义和范围

货物运输合同中，委托运输、交给货物并支付运费的当事人，称为货物运输托运人。

我国《海商法》强调托运人是“与承运人订立货物运输合同的人”。也就是说，实际交付货物的人依法可成为运输合同中的托运人。但也不排除在特殊情况下，按法律的规定，把发货人、收贷人、运输代理人作为托运方的连带责任人。

二 危险货物托运人责任

1999 年 10 月 1 日实施的《中华人民共和国合同法》第三百零七条规定：“托运人托运易燃易爆、有毒、有腐蚀性、有放射性等危险物品的，应当按照国家有关危险物品运输的规定对危险物品妥善包装，作出危险物标志和标签，并将有关危险物品的名称、性质和防范措施的书面材料提交承运人。托运人违反前款规定的，承运人可以拒绝运输，也可以采取相应措施以避免损失的发生，因此产生的费用由托运人承担。”这一条款在法律上概括了托运人的责任。

1 托运人关于货物的责任

托运人必须按《汽车危险货物运输规则》（JT617）的规定对其托运的货物负责。

（1）托运人应向具有汽车运输危险货物经营资质的企业办理托运，且托运的危险货物应与承运企业的经营范围相符合。托运人不能托运国家禁止运输的货物。

（2）托运人应如实详细填写运单上规定的内容，提交与托运的危险货物完全一致的安全技术说明书和安全标签。

（3）托运人只能托运《危险货物品名表》上列名的货物。当托运未列入该品名表的危险货物时，应提交与托运的危险货物完全一致的安全技术说明书、安全标签和危险货物鉴定表。

（4）危险货物性质或消防方法相抵触的货物应分别托运。

（5）盛装过危险货物的空容器，未经消除危险处理、有残留物的，仍按原装危险货物办理托运。如果是未装过危险货物的新空包装，或虽装过危险货物但已经过彻底清洗并确认是消除危险状态的空包装可以不作危险货物托运。

（6）使用集装箱运输危险货物的，托运人应提交危险货物装箱清单。如果集装箱或集合包装内部有不同品名的货物，托运人要确认这些货物的性质不会相互抵触发生化学反应，相抵触的，要分别托运。

（7）托运需控温运输的危险货物，托运人应向承运人说明控制温度、危险温度和控温方法，并在运单上注明。

（8）托运食用、药用的危险货物，应在运单上注明“食用”、“药用”字样。

（9）托运放射性物品，按《放射性物质安全运输规程》办理。

（10）托运需要添加抑制剂或者稳定剂的危险化学品，托运人交付托运时应当添加抑制剂或者稳定剂，并在运单上注明。

（11）托运凭证运输的危险货物，托运人应提交相关证明文件，并在运单上注明。

（12）托运危险废物、医疗废物，托运人应提供相应识别标识。

（13）托运人如果瞒报、错报货物的性质，托错了危险货物的分类分级，或把危险货物托成普通货物，或在普通货物里夹带危险货物，则由托运人负全部法律责任。

2 托运人关于包装的责任

包装是安全的保障。对货物进行包装并确保其符合国家安全运输的要求，是托运人的责任。

（1）托运人必须依据各种运输方式，按国家法律、标准的规定对货物进行包装。

（2）托运人必须对提交货物的包装负全部责任。

包装容器可能是由专门的包装生产厂家制造，并由其进行规定的包装试验过的；也可能是化工物品的生产厂商在其产品出厂时即已具备的；也可能是货主在提交运输以前先委托他人另行包装过的；或者是某托运者通过转移后从一次运输转为另一次运输的等。无论是什么情况，对于合同运输的双方而言，托运人应对其托运货物的包装质量负全部责任。托运人当然可以就包装不合格向有关各方交涉，但这与承运人无关。总之，不是由包装制造商、货物生产商、代为包装商、托运人等共同对承运人员负连带责任，而是由托运人单独对承运人负全部责任。

（3）货物交付运输后，在启运前发现包装破损撒漏的，如不能证明是承托人的过错造成的，托运人有责任改换或修理包装；如果有证明是承运人的过错造成的，也应由托运人负责改换或修理包装，而由承运人赔偿托运人由此而造成的直接损失。改换或修理后的包装必须符合国家规定的要求。包装泄漏污染了车厢、货舱，托运人应提供清洗材料和方法。

（4）托运人托运货物的包装与国家的具体规定不一致时，托运人有责任向承运人提供包装试验和适用的情况及证明文件。

（5）集装箱或集合包装内部的所有单件包装都必须保证不采用集装箱或集合包装时，亦能达到国家规定的质量标准。

3 托运人关于包装标志和标签的责任

（1）托运人交运的货物包装外表必须有国家规定的各种包装标志。

（2）识别标志必须由托运人自己制作、打印、粘贴，托运人要对其正确性负责。

（3）储运指示标志和危险性能标志可以由承运人提供，但必须由托运人自己粘贴在托运人所交付的货物包装的外表上，托运人要对这些标志使用的正确性负责。

（4）集装箱和集合包装的外表必须有箱内所有危险货物的性能标志。同时，箱内所有事件包装的外表都必须有本单件包装所装危险货物的性能标志。

（5）每件货物包装的外表、集装箱外表、罐体外表都必须标有所装危险货物的《危险货物安全标签》。

（6）托运人交运的货物包装外表不得有可能引起歧义的文字、图案和无关的标志。

4 托运人关于运输证单的责任

货物在运输业务流转活动中，每项业务活动都有相应的证明文件，记录业务活动的发生经过和结果。这些证明文件又称为运输证单或单据。运输证单的种类很多，制作者也不相同：有属于承运者内部管理为明确各储运环节岗位责任的各种单据，有属于托运人与有关各方发生业务往来如委托运输代理、委托包装检验等的各种单据。

在货物合同运输中，对合同双方都有法律约束力的文件是运单。在危险货物运输中，各种危险货物运输管理规定都规定了托运人必须向承运人提交“危险货物托运证明书”作为货运单的补充和承运人制作货运单的依据。托运人要对经其本人签署的“危险货物托运证明书”的正确性负法律责任。上述托运人在货物、包装、标记上的各种责任，都应在“危险货物托运证明书”中得到体现，向承运人提交“危险货物托运证明书”及附属于证明书的各种证明文件是托运人的责任和义务。托运人如有特殊要求经承运人同意，特殊要求应在托运书上载明。

托运剧毒化学品，托运人需提供《剧毒化学品公路运输通行证》。

托运人必须在托运证明书上承诺对自己制作的托运证明书内容的正确性负法律责任。

5 托运人关于收货的责任

收货人往往是运输合同缔约当事人以外的第三人，其虽未参与合同的订立，但享有向承运人领取货物、提出赔偿请求的权利，同时必须承担接收货物的义务。所以相对于承运人来说，收货人是托运方的连带责任人。

《公路货物运输合同实施细则》第十八条第三款规定：“货物包装完整无损而货物短损、变质，收货人拒收，或货物运抵到达地找不到收货人，以及由托运方负责装卸的货物，超过合同规定装卸时间所造成的损失，均应由托运方负责赔偿。”

上述实施细则对托运人关于收货的责任已很清楚。《汽车运输危险货物规则》（JT 617）从汽车运输的特点出发，特别强调“承运人自受货起至送达交付前，应负保管责任”，并进一步规定：“危险货物运达卸货地点后，因故不能及时卸货的，应及时与托运人联系妥善处理。不能及时处理的，承运人应立即报告当地公安部门。”而由此引起的承运人的经济损失或危险货物发生变化而造成的其他损失，托运人应负相应的责任。

6 道路运输爆炸品托运人责任

（1）选择具有资质的承运人。

承运人不具有危险货物运输资质违规运输，已经成为危险货物运输事故的主要原因之一。而要避免此类事故，托运人对承运人的选择是关键。根据现行法律规定，危险货物托运人必须委托具有道路危险货物运输资质的企业承运，并且选择的危险货物承运人的经营范围必须包含第1类爆炸品。

（2）办理运输通行证。

根据相关法律、行政法规，托运人必须办理爆炸品运输有关手续后方可运输。每次运输爆炸品之前，托运人必须向运输爆炸品的起点或终点的县级以上公安管理部门申请运输线路审批许可。

（3）妥善包装。

爆炸品妥善包装，可减少在运输过程中所受到的碰撞、震动、摩擦和挤压，使其在包装的保护下保持相对稳定状态。因此，爆炸品包装是否妥当，是影响其道路运输安全的重要因素。根据交通运输部《道路危险货物运输管理规定》的要求，“危险货物托运人应当严格按照国家有关规定妥善包装并在外包装设置标志”，可以看出，爆炸品的包装义务必须由托运人负责。托运人应当根据《危险货物运输包装通用技术条件》（GB12463）、《公路运输危险货物包装检验安全规范 》（GB 19269）等标准规定，选择合适的包装容器和包装结构；并根据《化学品安全标签编写规定》（GB15258）、《化学品分类和标签规范 第2部分爆炸物》（GB 30000.2）粘贴爆炸品的安全标签。

（4）确保货物合理运输。

在运输之前，托运人需要根据所托运的爆炸品特性添加抑制剂或者稳定剂，控制爆炸品的敏感度。例如，有些较敏感的炸药（如黑索金、泰安等），在运输过程中为确保安全，可加入适量石蜡（这些附加物称为钝感剂）使其钝化。硝化甘油炸药在冷天要做防冻工作，运输过程中温度不得低于 15℃，以防止冻结。

（5）信息告知。

在爆炸品运输之前，托运人应当向承运人提交相关的运输材料，具体包括：

①运输说明书，包括爆炸品的品名、数量、物理化学形态、危害风险等内容；

②装卸、运输作业注意事项和沿途应检查的事项；

③应急处置注意事项。

（6）运输信息记录保存。

为了确保事故源头可追溯，以及督促托运人切实履行义务的考虑，根据目前法律规定，托运人应当对托运的爆炸品种类、数量和承运人等相关信息予以记录，记录的保存期限不得少于 1 年。

（7）协助事故救援。

爆炸品运输中发生事故时，托运人应当发挥其对爆炸品熟悉的专业优势，结合应急预案有关内容，配合承运人或应急处置管理部门等做好事故应急工作。

（8）其他。

如果承托双方合同约定由托运人对爆炸品进行装卸作业的，托运人应当按照合同约定指派装卸管理人员，确保爆炸品的装卸作业应当遵守安全作业标准和规程，并在装卸管理人员的现场指挥或者监控下进行。

以上是从商业运输的角度，为保证危险货物的运输安全，托运人应负的责任。非营业性运输实质上是托运人与承运人合一，除了经济赔偿责任的划分与商业运输不同以外，从危险货物运输安全的要求出发，则是同样的。非营业性运输危险货物，运输者必须承担起上述几个方面运输危险货物的责任。

模块四　道路危险货物运输承运人责任

在我国危险货物道路运输实行许可制度，从事危险货物道路运输承运人，要取得交通运输部门的许可。

承运人是合同运输中提供运输工具并负责进行运输，而收取运输劳务费用的当事人；也是与托运人订立货物运输合同的人。托运人把危险货物交付给承运人，并从承运人处得到货运单后，危险货物的保管责任即同时移交给承运人。直到收货人从承运人手中提取货物为止，在整个承运期间，承运人要对所运危险货物的安全负全部责任。也就是说，在货运合同中，承运人的责任主要是保证所运输的货物按时、安全地送达目的地。因此，承运人应对货物在运输过程中发生的货物灭失、短少、污染、损坏等负责。一旦发生此种情况，应按实际损失给予赔偿。这种损失必须发生在承运人的责任期间内。承运人的责任期间一般是从货物由托运人交付承运人时起，至货物由承运人交付收货人为止。在这段责任期间内，承运人应承担货物损失的责任。只有在损失是由于不可抗力、货物本身的自然性质或合理损耗、托运人或收货人的过错等原因造成的情况下，承运人才可以免责。

货物运输要经过托运受理、装卸货物、运送、交付等环节。在危险货物运输中，承运人各方都必须严格遵守《汽车运输危险货物规则》（JT 617）和其他有关危险货物的规定，明确中转交接手续，划清各环节的职责范围和责任，共同完成运输。

在整个承运期间，承运人要对所运危险货物的安全负责。完成一项完整的运输业务，有可能由一个运输企业承担，也有可能由几个运输企业共同承担，共同承担的企业应负连带责任。无论是哪种情况，运输过程的各个环节都有其各自的职责范围和相应的责任。需要强调的是，分清各个环节的责任，并不是推卸责任。承运人连带责任的含义是，一旦发生运输事故，一般先由事故发生地的承运人全权与托运人（或收货人）解决事故纠纷，然后再在负连带责任的承运人各方内部分清责任的归属，按过错和损失的大小来确定各承运人之间的债权、债务关系，由有过错方赔偿无过错方的损失，由过错大损失小的一方补偿过错小损失大的一方。

一 危险货物托运受理时承运人责任

承运人中的发货站承诺托运人委托运输的要求，并接受委托人交给货物的过程是托运的受理。受理完毕，发货站签署货运单，运输合同即告成立，各承运当事人都有按约定完成合同的义务。

受理是整个运输过程的开始。受理工作质量是危险货物运输全过程质量管理的基础。受理危险货物，除受理普通货物的一般规定必须遵守外，发货站还必须按危险货物的运输要求对托运人提交的运输证单和货物，对照《汽车运输危险货物规则》（JT 617）的各项规定进行全面、详尽、严格的审核。

1 对托运单的审核

托运人制作托运单的各项要求和规定是托运人的责任，托运人要对其递交的托运单准确性负责。发货站也有责任审核其所接受的托运单准确性，并就其准确性对承运人的其他各方负责。《汽车运输危险货物规则》（JT 617）第 7.2 条指出："承运人应核实所装运危险货物的收发货地点、时间以及托运人提供的相关单证是否符合规定，并核实货物的品名、编号、规格、数量、件重、包装、标志、安全技术说明书、安全标签和应急措施以及运输要求。"

2 对所托货物的审核

托运人必须确保其所托运递交货物的性能、包装、标志等各种情况与托运书的说明完全一致，托运人要对此负法律责任。汽车运输批量相对小，受理人员可以对所托货物逐件检查。

（1）零担运输。

货物的交付和运送是时间和空间分离的两个环节。承运人必须对所受理的危险货物的包装和标志逐件审核，审核的具体内容和要求即是托运人的责任。

（2）“门到门”的整车运输。

这种运输形式，货物的交付不是与托运手续的办理同时进行，而是与运送连续进行，即没有仓储环节，货物在运送前交付，货物交付后即装车运送。《汽车运输危险货物规则》（JT 617）第7.3条规定“危险货物装运前应认真检查包装的完好情况，当发现破损、撒漏，托运人应重新包装或修理加固，否则承运人应拒绝运输”，实质上提出了对危险货物包装进行逐件审核的要求。

至于包装内容物受理人员不可能也不必对其性能、成分作审核。在包装完好无损、火漆封志或铅封丸完整的情况下，承运方不对包装的内容物负责。托运方要对其所交付货物的理化特性负全部责任。但受理方保留必要的审核权，在受理人员认为必要时，可以要求托运方启封开箱检查。但这不能理解成如果受理人员不行使保留审核权即是对包装内容物的默认，而应理解为相信托运人的陈述，由托运人对自己陈述的诚实性、准确性负责，这在法律上称为诚信法则。某些大批量的汽车运输不对货物的包装和标志作逐步审核，奉行的仍是诚信法则。

二 危险货物装卸时承运人的责任

在危险货物的储存前后和运送前后，都会发生货物的装卸和堆桩。把货物搬上运输工具称为装货；把货物搬下运输工具称为卸货；货物在仓库里或运输工具的车厢平台、货舱里堆放时称堆桩或堆垛。装卸、堆桩的安全操作对危险货物的安全尤为重要。《危险化学品安全管理条例》、《汽车运输、装卸危险货物作业规程》（JT 618）都对危险货物的装卸安全操作提出严格而又详尽的规定；《汽车货物运输规则》对承、托双方的责任进行了明确。

从装卸对象来分，装卸工作分为托运人装卸、承运人装卸和站场装卸及经营人装卸，即货物装卸有的是由货主来完成的，有的是由承运人负责装卸的，或者承运人、托运人，委托站场、装卸经营人进行装卸作业的。装卸完毕

后，货物需要绑扎苫盖篷布的，装卸人员必须将篷布苫盖严密并绑扎牢固；由承、托运人或委托站场编制有关清单，做好交接记录；并按有关规定施加封志和外贴有关标志。承、托双方应履行交接手续，包装货物采取件收；集装箱重箱及其他施封的货物凭封志交接；散装货物原则上要磅交磅收或采取承托双方协商的交接方式交接。货物在装卸中，承运人应当认真核对装车的危险货物名称、重量、件数是否与运单上记载相符，包装是否完好。当发现破损、撒漏，要通知托运人，托运人调换包装或修理加固，征得承运人同意，承托双方需做好记录并签章后，方可运输，由此产生的损失由托运人负责。交接后双方应在有关单证上签字。至此，危险货物的保管责任即移交给承运人，承运人就正式接受了危险货物的保管责任。

三 危险货物运送和送达交付时承运人的责任

货物由运输工具从甲地运到乙地，称运送。货物运送到目的地，交付给收货人称送达或交付。在《危险化学品安全管理条例》、《汽车运输危险货物规则》（JT 617）、《汽车运输、装卸危险货物作业规程》（JT 618）对汽车运送和交付危险货物作了一系列的规定。

（1）危险货物运输过程中，应随车配备押运人员，货物应随时处在押运人员的监管之下。车辆中途临时停靠，应安排人员看管；需要停车住宿或者遇有无法正常运输的情况时，应当向当地公安部门报告。随车人员严禁吸烟。行车作业人员不得擅自变更运行作业计划、严禁擅自拼装、超载。

（2）运输危险货物的车辆严禁搭乘无关人员。运输爆炸品和需要特别防护的烈性危险货物，应要求托运人派熟悉货物性质的人员指导操作、交接和随车押运。

（3）运输途中，押运人员应密切注意车辆所装载的危险货物动态，根据危险货物性质，定时停车检查，发现问题及时会同

驾驶人员采取措施妥善处理。不得擅自离岗、脱岗。

（4）运输途中不得进入危险货物运输车辆禁止通行的区域，如繁华街区、居民住宅区、名胜古迹和风景名胜区等；确需进入上述区域的，应当事先向当地公安部门申报，并遵守公安部门规定的行车时间和路线。

（5）运输途中，发生危险货物被盗、丢失、流散、泄漏等情况时，承运人及押运人员必须立即向当地公安部门报告，并采取一切可能的警示措施。

（6）货物抵达承运、托运双方约定的地点后，收货人应凭有效单证提（收）货物，无故拒提（收）货物的话，承运人可以索取因此造成的损失。

（7）货物交付时，承运人应当与收货人做好交接工作，发现货损货差，由承运人与收货人共同编制货运事故记录，交接双方在货运事故记录单上签字确认。

货运事故记录单

运单号码	
记录编号	

托运人		地址			电话		邮编	
收货人		地址			电话		邮编	
承运人		地址			电话		邮编	
车号		驾驶人员		起运日期	年 月 日 时	达到日期	年 月 日 时	
出事地点		出事时间				记录时间		
原运单记载	编号	货物名称及规格型号	包装形式	件数	新旧程度	体积长×宽×高（cm）	重量（kg）	保险保价价格
事故发生详细情况及原因分析								
承运人签章		年 月 日		托运人或收货人签章		年 月 日		
注意事项	本记录应一式三份，承运人、托运人、责任方各一份，每增加一个责任方增加一份记录							

注：货运事故记录单的规格应为长 × 宽= 220×170（mm）。

（8）货物到达目的地后，承运人知道收货人的，应及时通知收货人，收货人应当及时提（收）货物，收货人逾期不提（收）货物的，承运人也不能因此免除保管责任，但收货人应当向承运人支付保管费等费用。收货人不明或者收货人无正当理由拒绝受领货物的，依照《中华人民共和国合同法》第一百零一条的规定，承运人可以提存货物。

（9）货物待领期间，如果货物发生变化，危及安全，承运人有临机处置之权责，但最好是会同当地公安部门共同进行以备赔偿纠纷的解决。

就货物运输一般流程而言的危险货物的运达和交付。在“门到门”的流程中，往往有这种情况：危险货物运达卸货地点后，或者是下班时间已过，找不到收货人，或者是找到收货人但因为收货人与托运人的供销纠纷而拒绝收货等。总之，因各种原因而不能及时卸货，发生此种情况时，不管能不能及时卸货的责任在哪一方，为确保货物和环境的安全，在待卸期间行车和随车人员应负责看管车辆和所装危险货物，同时承运人（运送人）应及时与托运人联系妥善处理。危及安全时，承运人应立即报请当地公安部门处理。

以上是从合同运输的角度，介绍危险货物承运人的责任。保证危险货物运输的安全不仅是托运和承运的合约行为，而且关系到社会和公众的安全。非营业性运输，虽然没有所谓的托运与承运之间的纠纷，但因为关系到社会公众的安全，除受理和支付两点以外，本节所阐述的危险货物运输者的责任对非营业性运输危险货物同样适用。

四 道路运输爆炸品承运人责任

在运输过程中，承运人的责任主要体现在以下几个方面。

1 查验

承运人在承托环节，查验托运人是否具有公安部门出具的爆炸品线路许可文件。此外，承运人还需要查验和收存托运人提交的材料，包括运输说明书，以及其他装卸、运输作业等注意事项文件。同时，承运人还应当检查爆炸品的包装标签是否符合相关标准要求。如果托运人提交材料不齐全的，或者托运的物品不符合包装标签要求的，承运人不得启运爆炸品。

2 人员配备

（1）爆炸品道路运输从业人员应当经所在地设区的市级人民政府交通运输主管部门考试合格，取得“爆炸品道路运输”的道路运输从业资格证。

（2）加强对从业人员有关安全生产法规、安全知识和技能培训，提高从业人员对爆炸品性质、危害特征、包装容器使用特性的认识和操作技能，提高从业人员职业道德水平。

（3）从事爆炸品运输的驾驶人员要身体健康，无妨碍驾驶工作的心血管系统疾病、神经系统疾病、精神障碍、生理缺陷等疾病，同时，综合心理素质要合格。

3 车辆及设备

在运输过程中，承运人必须要保证车辆及设备的适宜性。承运人配备的车辆在技术性能、技术等级、外廓尺寸、轴荷和质量、燃料消耗量等方面必须满足相应国家标准的要求；对车辆配备满足在线监控要求，且具有行驶记录功能的卫星定位装置。同时在专用车辆上必须悬挂符合《道路危险货物运输车辆标志》（GB13392）要求的警示标志，并且符合国家有关超载、超限运输的规定。

4 运输要求

按公安部门核发道路通行证所指定的时间、路线、速度行驶。值得注意的是，在实际运输工作中，还要考虑自然灾害等特殊情况，做好预选路线的方案。

5 协助事故救援

应急处置得当是减少或避免爆炸品道路运输事故的重要举措。作为承运人，应当根据日常运输爆炸品在实际运输中已经出现过或预计可能出现的突发事件，制定应急预案，并根据应急预案的要求，组织从业人员进行应急演练，使从业人员在突发事件发生时可以迅速采取相应的应急处置措施，与此同时，承运人还应当配置相应的应急救援器材和设备，并确保从业人员可以熟悉掌握应急器材和设备的使用。

五 道路运输剧毒化学品承运人责任

道路运输剧毒化学品的承运人，应注意以下几点。

（1）依据《剧毒化学品购买和公路运输许可证件管理办法》，通过公路运输剧毒化学品的，应当遵守《中华人民共和国道路交通安全法》《危险化学品安全管理条例》等法律、法规对剧毒化学品运输安全的管理规定，悬挂警示标志，采取必要的安全措施，并按照《剧毒化学品公路运输通行证》载明的运输车辆、驾驶人员、押运人员、装载数量、有效期限、指定的路线、时间和速度运输，禁止超载、超速行驶；押运人员应当随车携带《剧毒化学品公路运输通行证》，以备查验。

（2）剧毒化学品运达目的地后，收货单位应当在《剧毒化学品公路运输通行证》上签注接收情况，并在收到货物后的七日内将《剧毒化学品公路运输通行证》送目的地县级人民政府公安机关治安管理部门备案存查。

（3）在《公安部关于贯彻执行〈剧毒化学品购买和公路运输许可证件管理办法〉有关问题的通知》（公通字〔2005〕38 号）中要求，各县级公安机关交通管理部门要监督运输企业按照《道路运输危险货物车辆标志》（GB 13392）和本通知发布的样式，为剧毒化学品车辆安装专用标识和安全标示牌，否则不予办理公路运输许可证件。所以，运输剧毒化学品的车辆必须安装剧毒化学品道路运输专用标识和安全标示牌。且在安全标示牌上应当标明剧毒化学品的品名、种类、罐体容积、载质量、施救方法以及运输企业联系电话等。

单元六 道路危险货物运输常见事故应急知识

学习要点

掌握常见着火防范措施、医疗急救常识和气体运输事故应急处置。

模块一 常见火灾事故及其防范措施

道路运输危险货物容易发生燃烧、爆炸事故，且危险货物本身及其燃烧产物大多具有较强的毒害性和腐蚀性，极易造成人员灼伤、中毒等事故。从事危险货物运输从业的人员应熟悉危险货物发生以外的常识，有针对性地采取相应的防范措施，阻断事故隐患源头，从而有效地降低燃烧、爆炸事故的发生和损失。

一 常见火灾事故类型

一般可将火灾事故分为以下六类。

（1）气体火灾。它是从管道或其他设备或装置中泄漏出来的可燃气体（如煤气、天然气、液化石油气、乙炔气等）被火点燃而发生的火灾。在很多情况下，泄放出来的可燃气体与空气混合后形成燃爆性混合物，遇到点火源就发生燃烧爆炸，危害很大。

（2）油品火灾。原油、煤油、汽油、苯、酒精等易燃、可燃液体所发生的火灾都属于此类火灾。这种火灾大多是由于容器的泄漏引起的，或者是废弃的油品等着火而致。

（3）可燃物火灾。如木材、纸张、纤维、纺织品、涂漆物件、固体燃料等固体可燃物的火灾都属于可燃物火灾。

（4）电气火灾。电缆线、电动机等电气设备使用的绝缘材料发生的火灾都属于电气火灾。

（5）金属火灾。镁、铝、铬等金属粉在空气中具有燃烧性质，遇到点火源可能发生火灾。

（6）其他火灾。如敞开的散装火药燃烧引起的火灾等。

二 着火源

道路运输的危险货物着火源可以分为以下五种。

1 明火

火焰、火星、电弧和灼热的物体等敞开的明火有很高的温度和很大的热量，是引起火灾最主要的着火源。

2 摩擦和冲击

装卸或车辆行驶过程中，因摩擦和冲击往往成为爆炸物质、氧化性物质、易燃气体、蒸气及粉尘着火爆炸根源之一。

3 电气设备引起的着火或爆炸

电火花是引起易燃气体、蒸气和粉尘着火、爆炸的一个主要着火源。配电盘、开关等电气设备接触不良以及电线短路时，均能产生电火花。此外，负荷过大的电气线路，亦均能发热引起火灾。

4 静电放电

静电电荷产生的火花，常为危险货物储运火灾爆炸的一个根源，产生静电荷的原因是电介质相互摩擦或电介质与金属摩擦而生成的。注意以下几种静电放电：

（1）传动带转动时；

（2）粉尘、液体和气体电介质沿导管流动或以容器抽出或注入时；

（3）喷出的可燃气体由于带有粉尘、雾滴或铁锈粉末，因与容器壁摩擦而带电，喷出的氢气已有多次着火、爆炸事故；

（4）固体电介质被粉碎或液体喷成雾状时；

（5）两种材料紧压，其中之一为电介质时。

大部分易燃和可燃液体是电气绝缘性高的液体。严寒的冬季和炎热的夏天，天气干燥，最容易产生静电，静电电压达 300V 时，放电的火花即可引燃汽油蒸气。如加油站使用聚氯乙烯管子，注入汽油时起火；汽油罐车的爆炸事故，多数也是由于产生静电放电时的火花所引起的。

5 自然发热

化学反应时放出的能量，也是引起物质着火、爆炸的原因之一。

三 火灾事故防止措施

防止火灾事故的发生和扩大，有预防、限制、灭火和疏散等措施。

1 预防措施

预防火灾发生的措施较简单，就是要把可燃物、氧或氧化性物质、点火源三者分隔开来，并恰当地管理好，使它们没有结合的机会，这样就不会引起发火和造成火灾。因此，对可燃和助燃的危险货物及其发火的条件要具备足够的知识，应把重心放在以防为主上。

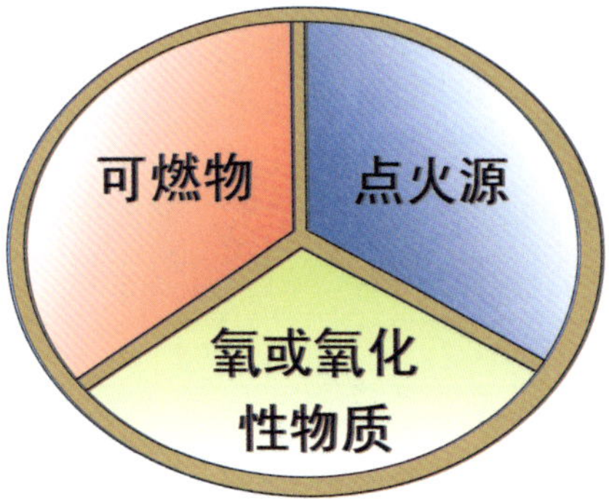

（1）明火。

①具有火灾和爆炸危险性的处所禁止吸烟和携入火柴，打火机等火种，不得使用明火作照明；

②盛易燃液体或气体的容器等进行明火修理工作（如气焊、电焊、喷灯、熔炉等），应严格按照操作规程进行。

（2）摩擦和冲击。

铁器和机件撞击、钢铁工具和带铁钉的鞋与混凝土地坪摩擦、撞击，铁桶容器爆裂时，均能产生火花。容易分解的易燃、易爆物质，一经摩擦、冲击，即能发生爆炸。如雷汞、乙炔、叠氮铅以及氯酸盐和赤磷等。

（3）电气设备引起的火灾和爆炸。

具有爆炸、易燃危险的仓库内的所有电气动力设备和照明装置，必须遵守电气安全规程，并应该符合防火、防爆的要求。

（4）静电放电。

①防止易燃液体、气体和粉尘产生静电放电而起火，基本措施是将设备、导管和容器安装可靠的接地设备以及增高库房内或设备内空气的湿度，当相对湿度在75%以上时，即有可能防止静电的积聚。

②液体在管道内流动的速度不应过大，一般不超过3～5m/s。灌注液体时，应防止产生液体飞溅和剧烈搅拌的现象；向储罐输送易燃液体的导管，应放在液面之下或将液

体沿容器的内壁缓慢流下，以免产生静电。

③进入危险货物储存、装卸场地，人员不应穿化纤工作服，避免化学纤维工作服的摩擦，使人体或工作服带电而产生火花。

（5）自燃发热。

①浸透干性植物油的纤维或金属锯屑能在空气中进行氧化反应，应按时清除。

②黄磷以及石油贮罐清除后的活性硫化铁等能在空气中氧化而自燃；遇水燃烧物质（如钾、电石）与水作用能生成可燃气体而着火，贮存此类物质应该避免与水接触，如钾、钠应浸在石油中储存。

③某些可燃物受氧化性物质或酸的剧烈氧化作用，能自行发热燃烧（如浓硝酸与乙醇，高锰酸钾与甘油等），凡相互作用的物质，应该隔离储存。

2 灭火措施

万一不慎起火，要尽快组织人员及时扑灭。灭火措施分初期灭火和正规灭火。初期灭火是在刚刚起火之时采取的应急措施，按照不同危险货物的特性采取相应灭火方法。如使用手提式干粉灭火器、二氧化碳灭火器等扑灭初起的火焰，同时拨打电话报火警。如果初期灭火做得好，可以避免发生大火灾，减少许多经济损失，从业人员一定要有良好的应对素质和灭火训练。正规灭火即为专业消防人员的灭火。

扑救危险化学物品火灾，是一项比较科学、复杂的灭火战斗，如果灭火方法不恰当，有可能使火灾扩大，有的还可能导致爆炸、中毒等事故，造成不必要的伤亡和财产损失。这一点必须引起注意。

（1）禁止使用砂土覆盖的物品。

爆炸物品一般堆积、码放都不太高，也不是装在封闭的容器中，一旦发生着火，散装的不一定会形成爆炸，但是禁止使用砂土压盖灭火，因砂土可阻碍气体扩散，加速爆炸反应，增大爆炸威力。因此，可用密集的水流或喷雾状水扑救。

（2）禁止用水（包括含水的泡沫）灭火的物品。

①遇水燃烧物品，不能用水和含水的泡沫灭火，因为有的遇水燃烧的物品，性质活泼能置换水中的氢，产生可燃气体，同时放出热量。如金属钾，金属钠遇水后，能置换水中的氢，产生的热量达到氢的燃点。三乙基铝、三异丁基铝、铝粉、镁粉、闪光粉等都有类似的情况。

有的物品遇水后产生可燃的碳氢化合物（气体），同时放出热量引起燃烧、爆炸，如碳化钙（电石）遇水产生乙炔气，三丁基硼遇水产生丁醇。这些物品发生着火，主要用砂土扑救。

②氧化剂中的金属过氧化物与水反应，能放出氧，加速燃烧，如过氧化钠、过氧化钾、过氧化钙等。这些物品发生着火，不能用水扑救，要用砂土或干粉灭火器扑救。

③硫酸、硝酸等酸类腐蚀品遇加压密集水流，会立即沸腾起来，使酸液四处飞溅，所以发烟硫酸、氯磺酸、浓硝酸等发生着火，宜用雾状水、干砂土、二氧化碳扑救。

④有些危险货物遇水能产生有毒或腐蚀性气体，如甲基二氯硅烷、硒化镉、磷化锌、磷化铝、三氧化磷、氯化硫等遇水后能和水中的氢生成有毒或有腐蚀性的气体。这些物品发生着火，宜用砂土或二氧化碳扑救。

⑤粉状物品如硫磺粉、有机颜料、粉剂农药等着火，不能用加压水冲击，防止尘末飞扬，扩大事故，可用雾状水扑救。

⑥相对密度小于1、且不溶于水的易燃液体及液体有机氧化剂发生着火，如用水扑救，因水密度大会沉积在液体下面，并能形成喷溅、漂流而扩大火灾，这些物品发生着火时主要用泡沫、干粉、二氧化碳、1211灭火器等扑救。

⑦遇热升华的易燃固体发生着火，如精萘等，用水很难扑灭，宜用泡沫扑救。

（3）禁用泡沫灭火的物品。

除上述禁止用水和含水泡沫灭火的物品外，还有一部分毒害品中的氰化物，如氰化钠、氰化钾等，遇泡沫中酸性物质即能生成氢化氰，所以不能用化学泡沫扑救，应用水或砂土扑救。用水扑救应防止氰化物随水流失，造成环境污染。

（4）禁止使用二氧化碳灭火的物品。

遇湿易燃物品中的锂、钠、钾、铷、铯、锶、钠汞齐、钾汞齐、铝镁粉等，因其金属性质十分活泼，能夺取二氧化碳中的氧，并起化学反应而燃烧，这类物品发生着火，不能用二氧化碳、1211 灭火器扑救，只能砂土扑救。

（5）扑救火灾注意事项。

扑救无机毒害品中的氰化物及磷、砷、硒的化合物，以及大部分有机毒害品的火灾，扑救人员应尽量站在上风处，并戴氧气呼吸器或空气呼吸器等防毒面具。

扑救液体、气体危险化学品火灾时，扑救人员应先关闭管道或容器阀门，阻止液体、气体继续外溢，扩大灾情。

当危险货物的运输、装卸、贮存过程中发生火灾时，应及时向 119 报警求救，同时尽力组织扑救，把火灾消灭在萌芽阶段，减少损失。

3 疏散措施

如果发生较大火灾，应设法把现场人员从危险区撤到安全区。为此，平时就要充分估计到事故发生的可能性，加强应急演练并注意相关要求。尤其注意在公路隧道内的火灾发生时，一定要采取有效措施使得人员迅速撤离。

模块二 气体运输事故处置措施

一 气体运输事故发生后应采取的处理措施

应急救援的优先原则是在处理重大事故应急救援时，任何人均必须遵守“生命第一的原则”。

1 气体泄漏的处理

泄漏通常是由于容器破裂、阀门失效、操作超压、设备锈蚀、管路连接松动等原因引起。泄漏量视其设备的漏点程度、工作压力等条件而不同。泄漏时又可因季节、风向等因素，波及范围也不一样。

对于一般泄漏事故，可由从业人员巡检等方式及早发现，采取相应措施，予以处理。重大泄漏事故，可因操作事故、设备、罐体的大量泄漏而发生，报警系统或从业人员虽能及时发现，但一时难以控制。发生重大泄漏后，可能造成人员伤亡或伤害，波及周边范围。当发生重大泄漏事故时，应采取以下应急救援措施。

（1）从业人员应立即按规定要求根据现场的实际情况，向消防部门报警和通知相应的单位，按照操作程序紧急应对。如可能应切断相关阀门以防止更多的泄漏和产生事故连锁扩大反应。注意进入泄漏区域切断泄漏源时，必须按照规定要求佩戴好相应的个人防护设施，如自给式空气呼吸器等。

（2）对于企业应下达按应急救援预案处置的指令，成立应急救援指挥部，通知指挥部成员迅速赶往事故现场，进行事故应急救援的处理工作。

（3）指挥部成员根据所负责职责迅速向主管上级公安、劳动、环保、安监等领导机关报告事故情况。

（4）应迅速组织人员查明事故发生源点、泄漏部位和原因，凡能经切断物料或倒槽（转移）等处理措施而消除事故的，则以自救为主，如是氧泄露应采取措施移走泄漏点附近的可燃物质，停止设备运行，防止更严重的事故发生，如燃烧、爆炸。如泄漏部位自己不能控制的，立即向指挥部报告，包括最大泄漏量、风向、覆盖区域内的设施情况。

（5）重大泄漏发生后，政府应急人员未到达前，现场负责人应指定人员担负治安和交通指挥，在事故现场周围设岗，划分禁区并加强警戒和巡逻检查。

（6）指挥部成员到达事故现场后，根据事故状态及危害程度作出相应的应急决定。如必须等待完成泄漏，应立即根据最大泄漏量、风向进行危害程度评估，如事故危害扩大到周围区域时，应请求支援组织波及范围内的疏散和启动紧急撤离程序。

（7）泄漏事故发生时必须防止泄漏物质进入地下管道，如下水道等，泄漏物质可能会通过这些途径进行扩散。在泄漏被制止后，这些管道都必须逐一检查氧气含量，正常后才可宣布结束。

2 气体燃烧、爆炸的处理

燃烧通常是由于泄漏导致局部氧气或氢气浓度过高，与氧气接触部件带油脂、氧气接触到易氧化物质发生化学反应或者氢气遇火源等原因引起。剧烈、较大的燃烧如果处理不及时、方法不正确、安全装置失效等通常会导致更严重的爆炸事故发生。对于早期或较小的燃烧可由从业人员巡检等方式及早发现，采取相应措施，使用正确的消防器材予以处理。

重大的燃烧事故，控制报警系统或操作人员虽能及时发现，但一时难以控制，发生重大燃烧、爆炸后，可能造成人员伤亡或伤害，波及周边区域。当发生重大燃烧、爆炸事故时，应采取以下应急救援措施。

（1）从业人员应立即向其主管和消防部门报警，如可能应切断相关阀门以关闭可燃物的供应，以控制火势和事故扩大。进入事故区域切断可燃气体源时，必须按照规定要求佩戴好相应的个人防护设施，如自给式空气呼吸器等。

（2）企业下达按应急救援预案处置的指令，成立应急救援指挥部，通知指挥部成员迅速赶往事故现场，进行事故应急救援的处理工作。

（3）指挥部成员根据所负责职责迅速向公安、环保等部门报告事故情况。

（4）迅速组织人员转移事故周围的可燃物，设置隔离装置，派人员操作消防水栓，组织人员在消防人员未赶到前进行灭火和控制工作，同时应采取措施防止更严重的事故发生，如爆炸。如事故已无法控制，应向指挥部报告，请求紧急撤离。

（5）指挥部成员到达事故现场后，根据事故状态及危害程度作出相应的应急决定。如事故危害扩大到周围区域时，应请求支援和协调波及范围内的人员疏散。

（6）在发生重大事故政府应急人员未到前，现场指挥应指定人员担负治安和交通指挥，在事故现场周围设岗，划分禁区并加强警戒和巡逻检查。

（7）在事故发生时必须同时防止产生的泄漏物质进入地下管道，如下水道等，泄漏物质可能会通过这些途径进行扩散。

（8）在事故被消除后，必须仔细检查事故现场，消除残余的火源、可燃物和未扩散的产品，对事故现场进行充分的通风，地下管道都必须逐一检查氢、氧气含量，以上一切正常后才可宣布结束；人员进入事故发生区域进行检查必须按照规定要求佩戴好相应的个人防护设施，如便携氢、氧分析仪、自给式空气呼吸器等。

3 人员疏散方案

在事故已无法控制的情况下，应急救援指挥部总指挥发布紧急撤离指令，以最大限度地降低事故对事故现场人员和周围单位人员的伤害。在指挥部发出紧急撤离指令后，所有人员都必须按照紧急撤离程序规定的路线撤离。紧急撤离时注意事项如下。

（1）在听到紧急疏散通知后，要立即携带重要物质，通过最近的安全出口疏散。如果烟雾很大，应设法用水浸透手帕等纺织品并用其捂住鼻，迅速离开烟雾区。

（2）疏散时要保持镇静，有秩序互相提醒、切忌拥挤。

模块三　医疗急救常识

一 医疗急救一般要求

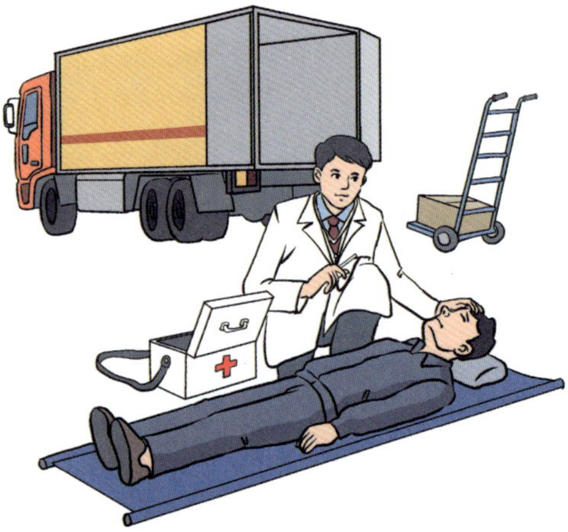

发生危险货物事故，现场作业人员，应向有关部门及时汇报事故情况，根据事故造成的人员伤亡情况报当地医疗急救中心，在专家和专业医生到达之前，应根据伤员的实际情况，积极开展救治活动，争取宝贵的急救时间。

二 危险化学品烧伤的现场抢救

出于热力作用，化学刺激或腐蚀造成皮肤、眼的烧伤；有的化学物质还可从创面吸收甚至引起全身中毒。所以，对化学烧伤比开水烫伤或火焰烧伤更要重视。

1 化学性皮肤烧伤

化学性皮肤烧伤的现场处理方法是，立即移离现场，迅速脱去被化学物沾污的衣裤和鞋袜等。

（1）无论酸、碱或其他化学物烧伤，立即用大量流动自来水或清水冲洗创面15 ~ 30min。

（2）新鲜创面上不要任意涂上油膏或红药水，不用脏布包裹。

（3）黄磷烧伤时应用大量水冲洗、浸泡或用多层湿布覆盖创面。

（4）烧伤病人应及时送医院。

（5）烧伤的同时，往往合并骨折、出血等外伤，在现场也应及时处理。

2 化学性眼烧伤

（1）迅速在现场用流动清水冲洗，千万不要未经冲洗处理而急于送医院。

（2）冲洗时眼皮一定要掰开。

（3）如无冲洗设备，也可把头部埋入清洁盆水中，把眼皮掰开，眼球来回转动洗涤。

（4）电石，生石灰（氧化钙）颗粒溅入眼内，应先用蘸石蜡油或植物油的棉签，去除颗粒后，再用水冲洗。

三 发生人身中毒事故的急救处理

1 人身中毒的途径

在危险货物的运输、装卸等操作过程中，毒物主要经呼吸道和皮肤进入人体，经消化道者较少。

（1）呼吸道：整个呼吸道都能吸收毒物，尤以肺泡的吸收量最大。肺泡的总面积达 55 ~ 120m^2，而且肺泡壁很薄，表面为含碳酸的液体所湿润，又有丰富的微血管，所以毒物吸收后可直接进入大循环而不经肝脏解毒。

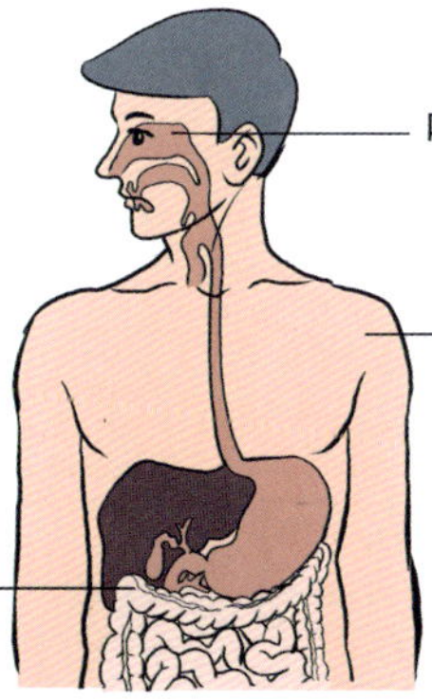

（2）皮肤：在装卸危险货物等操作过程中，毒物能通过皮肤吸收，毒物经皮肤吸收的数量和速度，除与其脂溶性、水溶性、浓度等有关外，皮肤温度升高，出汗增多，也能促使粘附于皮肤上的毒物易于吸收。

（3）消化道：操作中，毒物经消化道进入体内的机会较少，主要由于手被毒物污染未彻底清洗而取食食物，或将食物、餐具放在车间内被污染，或误服等。

2 人身中毒的主要临床表现

（1）神经系统。

慢性中毒早期常见神经衰弱综合症和精神症状，多属功能性改变，脱离毒物接触后可逐渐恢复。常见于肺部的铅等中毒，锰中毒和一氧化碳中毒后可出现震颤。重症中毒时可发生中毒性脑病及脑水肿。

（2）呼吸系统。

一次大量吸入某些气体可突然引起窒息。长期吸入刺激性气体能引起慢性呼吸道炎症，出现鼻炎、鼻中隔穿孔、咽炎、喉炎、气管炎等。吸入大量刺激性气体可引起严重的化学性肺水肿和化学性肺炎。某些毒物可导致哮喘发作，如二异氰酸甲苯醋。

（3）血液系统。

许多毒物能对血液系统造成损害，表现为贫血、出血、溶血等。如铅可造成低色素性贫血；苯可造成白细胞和血小板减少，甚至全血减少，成为再生障碍性贫血，苯还可导致白血病；砷化氢可引起急性溶血；亚硝酸盐类及苯的氨基、硝基化合物可引起高铁血红蛋白症；一氧化碳可导致组织缺氧。

（4）消化系统。

毒物所致消化系统症状有多种多样。汞盐、三氧化二砷经急性中毒可出现急性胃肠炎；铅及铊中毒出现腹绞痛；四氯化碳、三硝基甲苯可引起急性或慢性肝病。

（5）中毒性肾病。

铀、铅、四氯化碳、砷化氢等可能引起肾损害。此外，生产性毒物还可引起皮肤、眼损害、骨髓病变及烟尘热等。

3 急性中毒的现场急救处理

发生急性中毒事故，应立即将中毒者送医院急救。护送者要向院方提供引起中毒的原因、毒物名称等，如化学物不明，则需带该物料及呕吐物的样品，以供医院及时检测。如不能立即到达医院时，可采取急性中毒的现场急救处理。

（1）吸入中毒者，应迅速脱离中毒现场，向上风向转移，至空气新鲜处；松开患者衣领和裤带，并注意保暖。

（2）化学毒物沾染皮肤时，应迅速脱去污染的衣服、鞋袜等，用大量流动清水冲洗 15 ~ 30min；头面部受污染时，首先注意眼睛的冲洗。

（3）口服中毒者，如为非腐蚀性物质，应立即用催吐方法，使毒物吐出。现场可用自己的中指、食指刺激咽部、压舌根的方法催吐，也可由旁人用羽毛或筷子一端扎上棉花刺激咽部催吐。催吐时尽量低头、身体向前弯曲，呕吐物不会呛人肺部。误服强酸、强碱，催吐后反而使食道、咽喉再次受到严重损伤，可服牛奶、蛋清等。

另外，对失去知觉者，呕吐物会误吸入肺；误喝了石油类物质，易流入肺部引起肺炎。有抽搐、呼吸困难，神态不清或吸气时有吼声者均不能催吐。

（4）对呼吸停止、心跳骤停者，应进行心肺复苏术，主要的方法有口对口人工呼吸和心脏胸外挤压术。

参加救护者，必须做好个人防护，进入中毒现场必须戴防毒面具或供氧式防毒面具。如时间短，对于水溶性毒物，如常见的氯、氨、硫化氢等，可暂用浸湿的毛巾捂住口鼻等。在抢救病人的同时，应想方设法阻断毒物泄漏处，阻止蔓延扩散。

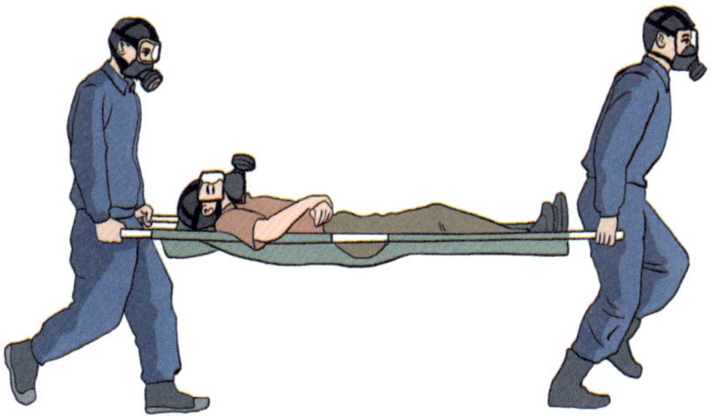

第二篇
驾驶人员篇

单元一 道路危险货物运输驾驶人员基本要求

学习要点

熟悉道路危险货物运输驾驶人员职业基本要求与岗位职责。

模块一 道路危险货物运输驾驶人员基本要求

一 基本要求

危险货物运输驾驶员基本要求

驾驶年龄	年龄不超过60周岁；取得经营性道路旅客运输或者货物运输驾驶员从业资格2年以上，有3年内无重大以上交通责任事故的经历
身体条件	身体健康，生理和心理方面无妨碍安全驾驶的疾病和缺陷，无酒驾、药驾、毒驾等不良习惯
资格要求	从业资格证
专业技能	除具备机动车通用驾驶技能外，还应接受相关法律法规、安全知识、专业技术、职业卫生防护和应急救援知识的培训，了解危险货物性质、危害特征、包装容器的使用特性和发生事故时的应急措施

1 文化程度

由于危险货物道路运输特殊性，若在运输、装卸、贮藏作业中操作不当，就极易发生爆炸、燃烧、中毒、腐蚀等严重事故，造成大量人员伤亡、财产损失、环境破坏，因此，要求从事危险货物运输的驾驶人员，不仅要掌握驾驶车辆的技能，还应该较好了解所装运危险货物的相关知识。

2 驾驶年龄

为保证危险货物道路运输安全，减少事故发生，要求从事危险货物道路运输的驾驶人员，取得相应机动车驾驶证，年龄不超过60周岁；取得经营性道路旅客运输或者货物运输输驾驶员从业资格2年以上，有3年内无重大以上交通责任事故的经历。

3 身体条件

由于危险货物具有危险特性，容易因为操作不当或其他因素引发道路运输事故，要求驾驶人员必须身体健康，无妨碍安全驾驶的生理、心理疾病或缺陷，例如：器质性心脏病、精神病以及影响肢体活动的神经系统疾病等。

4 资格要求

危险货物运输驾驶人员需经所在地设区的市级人民政府交通运输主管部门考试合格，取得危险货物道路运输从业资格证，方可上岗从业。从事剧毒化学品、爆炸品道路运输的驾驶人员，应当经考试合格，取得注明为“剧毒化学品运输”或者“爆炸品运输”类别的从业资格证。

5 专业技能

从事危险货物道路运输的驾驶人员必须接受其所属企业或单位安排的有关安全生产法规、安全知识、专业技术、职业卫生防护和应急救援知识等方面的培训，了解危险货物理化性质、危害特征、包装容器的使用特性和发生意外事件或运输事故时的应急措施，还需接受其所属企业或单位安排的有关运输安全生产和基本应急知识等方面的考核；考核不合格的，不得从事相关工作。

在运输过程中，驾驶人员应当按照《道路运输危险货物安全卡》，了解所运输的危险货物的性质、危害特性、包装物或容器的使用要求，以及发生突发事件时的处置措施，并严格执行相关技术标准，不得违章作业。

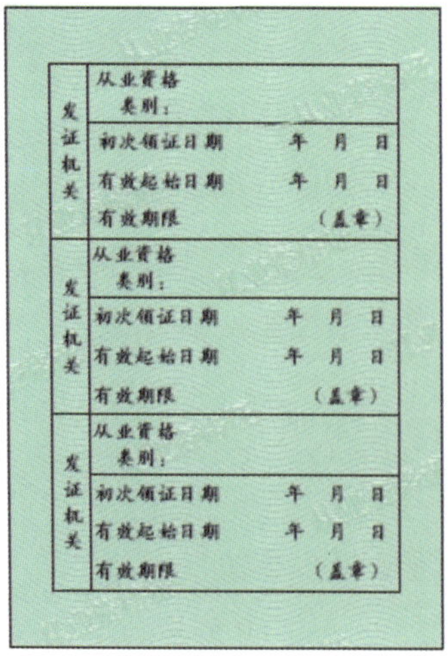

二 岗位职责

（1）按照《道路危险货物运输管理规定》等有关危险货物道路运输的法律和法规要求，严格执行《机动车运行安全技术条件》（GB 7258—2012）、《道路运输危险货物车辆标志》（GB 13392—2005）、《汽车危险货物运输规则》（JT 617—2004）、《汽车运输、装卸危险货物作业规程》（JT 618—2004）等国家和行业标准的规定；

（2）执行公司安全运输的各项规章制度和操作规程；

（3）检查随车携带相关证件、运输文件是否齐全有效，检查车辆安全防护设施、设备及消防、劳动防护、捆扎等器材是否良好有效；

（4）出车前、行车中、回场后，做好车辆（罐体）检查；

（5）做好车辆日常维护工作，及时发现、排除车辆安全隐患，保持车辆技术状况良好；

（6）观察交通状况安全驾驶，严格遵守道路交通安全法规；按照安全运输规定、行车路线、行车时间，行驶和停车，确保行车和运输安全，防止发生交通事故；除押运人员外，车辆不得搭载无关人员和其他物品；

（7）参加安全教育与培训活动，学习安全技术知识与技能，掌握道路危险货物运输安全知识、技能与应急处理方法，了解所运危险货物的物理、化学特性；

（8）妥善保管并能正确使用各种劳动防护用品和消防器材；

（9）发生运输事故时，及时报警、报告本单位，实施应急处置，维护好现场。

模块二　道路危险货物运输驾驶人员职业道德

一 职业道德

职业道德是人们从事正当的社会职业，并在履行其职责过程中思想和行为应遵循的道德准则和行为规范。它是依靠社会舆论、信心、习惯、传统和教育的力量来调整人与人之间及个人与社会之间关系的行为规范总和。各种不同的职业，表现为各种不同的社会行为。

各种不同的职业行为，均有各自的规范，它就是贯穿于人们各自职业活动之中的职业道德，或者说带有职业特点的道德。

道路危险货物运输驾驶人员行为规范和准则与社会关系非常密切，驾驶人员要以社会和道路运输危险货物行业所公认、所提倡、正确的标准来指导危险货物道路运输活动。驾驶人员在危险货物道路运输活动中，通常会单独执行运输危险货物的任务，具有操作独立性、活动自由度大的特点，若一时疏忽，便会造成人身伤亡、财产损毁和环境污染，形成无法估量的损失。因此，道路危险货物运输驾驶人员的职业道德观念尤为重要。

驾驶人员具有良好的职业道德，一方面，自身能够对社会利益和个人利益关系作出正确的评价，为危险货物道路运输业的发展起到一种稳定、持久的作用；另一方面，能够得到托运人的认可，创造良好的声誉，从而获得更多运输服务的机会，提高企业和个人的经济收益。

二 道路危险货物运输驾驶人员职业道德规范

由于道路危险货物运输驾驶人员岗位的特殊性，就要求驾驶人员在职业活动中，不仅要遵循社会道德，还要遵守职业道德。其职业道德规范主要体现在以下几个方面。

1 爱祖国，爱人民

爱祖国、爱人民，是社会主义道德的一个重要规范，也是驾驶人员行为的基本准则。作为驾驶现代交通运输工具的人员，必须时刻把人民生命和国家财产的安危放在第一位。每一个道路危险货物运输驾驶人员应牢固树立“安全第一、预防为主”的思想。

2 遵章守纪，安全行车

遵章守纪、安全行车，是道路危险货物运输驾驶人员职业道德的核心内容。遵章守纪，就是要遵守国家关于道路交通安全和道路货物运输及危险货物运输的法律法规，以及企业的规章制度。安全行车主要是指保障货物完好无损地运送到目的地，并确保自身和车辆的安全。与社会上其他职业相比，道路危险货物运输驾驶人员肩上的担子更重，它肩负着保障国家和人民生命财产安全的重任。若驾驶人员缺乏责任心，造成危险货物破损、泄露、燃烧、爆炸等事故，不仅会影响运输任务的完成，而且还会产生严重的生命财产损失、生态环境污染和负面社会影响。因此，作为一名道路危险货物运输驾驶人员更应认真学习并严格遵守国家关于安全生产的法律法规和作业规程，掌握符合岗位要求的道路危险货物运输专业知识及应急处置技能；加强自身道德修养，养成良好的遵章守纪的习惯和意识，确保行车安全，避免各类事故的发生。

3 文明驾驶，礼貌行车

文明是社会进步的象征，精神文明建设是社会主义现代化建设中不可缺少的重要组成部分。驾驶员的文明程度，是社会主义精神文明的反映。它不仅代表一个人的职业道德素质，而且对整个社会精神文明的发展影响极大。道路危险货物运输驾驶人员应具有良好的驾驶习惯和职业道德，在行驶中“礼让三先”，理解和尊重对方；不盲目开快车，不开“英雄车”，不开“斗气车”；做到有理也让人，对他人的不良驾驶行为能够宽容、大度、忍让，充分体现应有的道德风尚，主动维护公共秩序和交通秩序。

4 爱岗敬业，优质服务

一个人只有对本职岗位的热爱，才能树立“敬业”精神，优质服务的前提是爱岗敬业，不热爱自己职业的人谈不上“敬业”，更谈不上优质服务。道路危险货物运输驾驶人员应增强职业责任感和事业心，安全地完成每次运输任务。同时，要在工作中有所作为，就必须严格遵守作业规程，确保提供安全、优质的服务，维护道路危险货物运输各方当事人的合法权益。

爱岗敬业，优质服务的具体要求是：

（1）树立良好的职业观，克服世俗偏见，爱本职，钻业务；

（2）要有优质服务的本领，努力提高职业技术和服务质量，为货主着想，诚实守信；

（3）树立爱岗敬业的思想，扎扎实实做好本职工作，履行好岗位职责；

（4）树立信誉第一、质量至上的意识；

（5）树立刻苦勤劳的工作态度，学会自我心理调节，保持良好心态，掌握服务技巧。

5 文明经营，公平竞争

随着改革进程的不断加快，市场竞争日趋激烈，文明经营是服务业树立信誉的第一需要，即通过服务的方式，以平等、友好、热情的态度来对待客户，以倡导行业文明建立规范、有序的危险货物道路运输市场；公平竞争是要按照统一规则从事危险货物道路运输活动，提升自己的服务技能和水平，采用符合国家法律法规和社会主义道德要求的科学经营方式，公平、公正地参与市场竞争；不得使用违反法律法规的暴力、强迫等方式限制、干扰和影响其他合法经营者，确保危险货物道路运输市场的规范和健康发展。道路危险货物运输驾驶人员要有正确的价值观念，提倡“文明经营、优质服务”。

6 钻研技术，规范操作

运输危险货物驾驶人员要提高运输效率，确保行车安全，必须具备优秀的安全驾驶、文明驾驶的意识与技能，在严格遵守作业规程的前提下，勤奋学习，努力掌握危险货物运输的专业知识，全面了解危险货物的危害特性，不断增强应对危险货物道路运输风险及事故的能力。

单元二 道路危险货物运输安全及事故应急措施

学习要点

熟悉道路危险货物运输安全及事故应急措施，掌握常运危险货物安全及事故应急措施。

模块一 爆炸品

为了保证爆炸品的运输安全，在运输过程中应遵循相关法规及要求。

一 运输前的准备工作

（1）运输爆炸品的专用车辆应符合国家法律、法规以及技术标准的要求。

（2）装车前应检查运输爆炸品车辆，车厢或集装箱底板应平坦完好，铺设阻燃导静电胶板。将货厢或集装箱清扫干净，罐体清洗干净，排除异物，车厢、集装箱或罐体内不得有酸、碱、氧化剂、盐类等与所装爆炸品性质相抵触的残留物，或以前运输残留货物。确保车辆结构的耐用，内部底板和壁面没有凸出物。

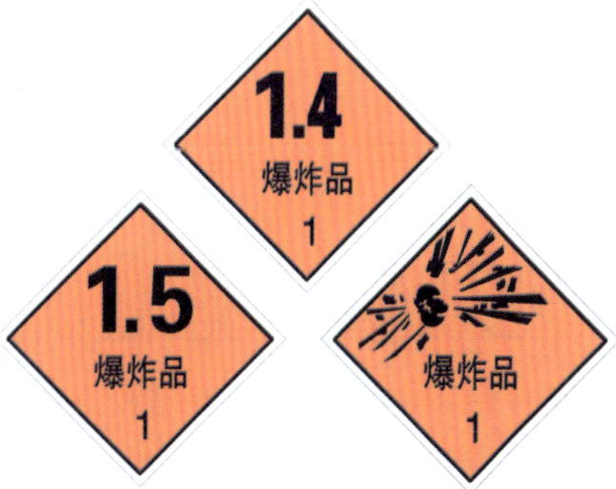

（3）检查运输爆炸品车辆配备的消防器材，发现问题应立即更换或修理。

（4）根据所装爆炸品及包装情况，备好防散失用具等应急处置器材。

（5）检查随车携带相关证件、运输文件是否齐全有效，特别是查验“爆炸物品准运证”是否携带及有效性。

（6）应根据所装爆炸品的性质，配备防护用品（如工作服、手套、防毒口罩、护目镜或者轻型防护服、防毒面具等）。

（7）进入装卸作业区，应禁止随身携带火种，关闭随身携带的手机等通信工具和电子设备，严禁吸烟，穿着不产生静电的工作服和不带铁钉的工作鞋。

（8）在装卸作业时应按照指定位置停车，熄灭发动机，实施驻车制动，装置好导静电拖地带。

（9）爆炸品运输若需与其他货物混装，应符合有关规定。

二 运输过程中的要求

（1）按规定装载，装载量不得超过额定负荷。密封式车厢装货总高度不得超过1.5m；没有外包装的金属桶（一般装的是硝化棉或发射药）只能单层摆放，以免压力过大或撞击摩擦引起爆炸；在任何情况下雷管和爆炸药都不得同车装运或两车同时在同一场地进行装卸。

（2）装卸完毕应将车厢门锁好后，方可运行车辆，不准敞开车门行驶。

（3）要按照公安机关指定的时间、路线、速度行驶，不得擅自改变行驶路线。车上无押运人员不得单独行驶，车上严禁搭乘无关人员和危及安全的其他物资。

（4）行车中驾驶人员必须集中精力，严格遵守交通法规和操作规程，同时注意观察，保持行车平稳。多部车辆列队行驶时，应保证安全的跟车距离，一般情况下不得超车和强行会车。

（5）行车途中应严控车速，尽量避免紧急制动，车辆转弯前应减速，保持平稳运行，以防止因紧急制动、急转弯等，造成货物摩擦、震动、坍塌、坠落，撞击、摩擦引发爆炸事故。

（6）运输途中不得随意停车，更不得在人口聚集地、交叉路口、火源附近停车。运输过程中需要停车住宿或遇有无法正常运输的情况时，应向当地公安部门报告将车辆停放在有利于安全防护的地方，停车时要始终有人看守。

（7）夏季高温季节，应按照作业地规定的时间运输，做好车内货物温度监控；当车内货物温度非正常升高时，应停车检查，采取必要的降温措施。

（8）中途确需临时停车时，停车点应远离热源、火种场所和人口密集区；临时停靠或途中住宿过夜，车辆应有专人看管；途中住宿过夜，应向当地公安部门报告。

（9）途中应每隔一定时间停车检查车上货物情况，发现包装破漏要及时处理，防止漏出物损坏其他包装，酿成重大事故。

（10）车辆重载若发生故障，在维修时应严格控制明火作业，驾驶人员不得离开车辆，要随时注意周围环境是否安全，发现问题应及时采取措施。

（11）运输途中发生燃烧、爆炸、污染、中毒或者被盗、丢失、流散、泄漏等事故，驾驶人员应会同押运人员立即向事故发生地公安部门、交通运输主管部门和本运输企业或者单位报告，并根据应急预案和《道路运输危险货物安全卡》的要求采取应急处置措施。

（12）对于不具备有效的避雷电、防潮湿条件时，雷雨天气应停止对爆炸品的运输作业。

三 爆炸品的灭火方法与撒漏处理

（1）爆炸品通常有效的灭火方法是用水冷却达到灭火的目的，但不能采取窒息法或隔离法。禁止使用砂土覆盖燃烧的爆炸品，否则，会导致由燃烧转化为爆炸。对有毒性的爆炸品，灭火人员应戴防毒面具。

（2）对爆炸物品撒漏物，应及时用水湿润，再撒以锯末或棉絮等松软物品收集后并保持相当湿度，报请公安部门或消防人员处理，绝对不允许将收集的撒漏物重新装入原包装内。

模块二　气　体

一 运输前的准备工作

（1）驾驶人员应根据所装气体的性质穿戴防护用品，必要时需要戴好防毒面具；运输大型气瓶或罐式集装箱，在起重机下操作时必须戴好安全帽。

（2）一般瓶装气体应尽可能直立运输，直立运输应符合《气瓶直立道路运输技术要求》（JT/T 773—2010）要求。钢瓶装气体采用集束装置、集装篮运输，可使用厢式车辆、栏板式车辆、平板车辆或专用车辆等运输；使用平板车辆运输时，应在地板上设置带锁止的固定装置。散装气瓶应使用厢式车辆、栏板式车辆或专用车辆运输。

（3）运输大型气瓶（如液氯、制冷剂等），车上必须配备防止钢瓶滚动的紧固装置，如插桩、垫木、紧绳器等。

（4）运输氧气、液氯等氧化性较强的气体，应认真检查货厢是否清洁，必须保证货厢内无油脂以及含油脂的残留物，如油棉纱团等。

（5）罐车装卸作业时应按照指定位置停车，熄灭发动机，实施驻车制动。

（6）运输各种易燃气体（如液化石油气等）的受压罐车，应检查管道接头、仪表、泄压阀等安全装置的情况良好，并接通导除静电装置。

二 运输气体的安全要求

（1）夏季运输除另有限运规定外，当罐内液温达到40℃时，还必须配有罐体遮阳或用冷水喷淋降温等设施，防止罐体暴晒。

（2）运输易燃、易爆气体应远离热源、火源，如锅炉房或明火场所。

（3）运输大型气瓶，行车途中应尽量避免紧急制动，防止气瓶因惯性力作用冲出车厢平台造成事故；车辆转弯前应减速，以防止急转弯或车速过快时所装载的气瓶因离心力作用而被抛出车厢外。

三 气体的灭火方法及撒漏处理

1 灭火方法

运输中遇有火情应迅速扑救：将未着火的气瓶迅速移至安全处；对已着火的气瓶应使用大量雾状水喷洒在气瓶上，使其降温冷却；火势尚未扩大时，可用二氧化碳、干粉、泡沫等灭火器进行扑救。

2 撒漏处理

运输中发现气瓶漏气时，特别是有毒气体，应迅速将气瓶移至安全处，并根据气体性质做好相应的人身防护，人站在上风处，将阀门旋紧。大部分有毒气体能溶解于水，紧急情况时，可用浸过清水的毛巾捂住口鼻进行操作，若不能制止时，可将气瓶推入水中，并及时通知相关管理部门处理。

模块三　易燃液体

一　运输前的准备工作

（1）大多数易燃液体的蒸气对人体健康具有危害性，因此，驾驶人员在作业前或作业中，应加强集装箱、封闭式车厢的排气通风，以使易燃蒸气能有效地扩散，特别是在夏季，高温诱发空气中有害蒸气浓度加大，更应加强通风。

（2）易燃液体蒸气与空气能形成爆炸性混合气体，遇明火会发生燃烧爆炸，因此，在运输作业现场必须严禁烟火，作业现场应划定警戒区，一般半径30m内不得有热源或明火，车辆应停靠稳妥，熄灭发动机，实施驻车制动，接好导除静电装置。

（3）驾驶人员不得随身携带火种（如火柴、打火机），应穿着不产生静电的工作服和不带铁钉的工作鞋。

（4）根据所装货物的包装情况（如化学试剂、油漆等小包装物品），备好防散失用具。

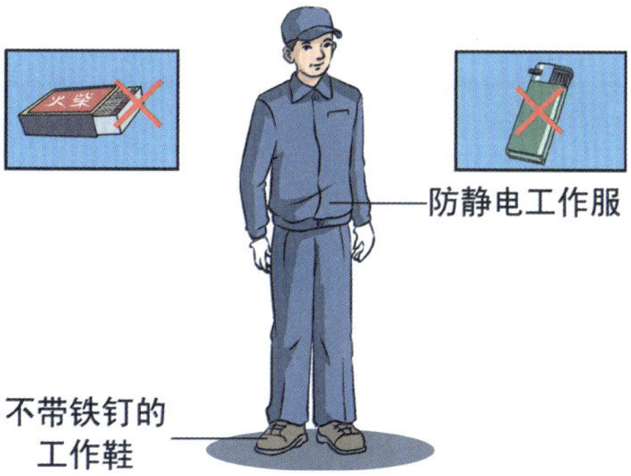

二　运输易燃液体的安全要求

（1）运输易燃液体，车上人员不准吸烟，车辆不得接近明火及高温场所。装运易燃液体的罐车行驶时，导除静电装置应保持接地良好。

（2）装运易燃液体的车辆，严禁搭乘无关人员，途中应经常检查车上货物的装载情况，如捆扎是否松动，包装件是否渗漏。发现异常情况时，应及时采取有效措施。

（3）夏季高温季节，当天气预报气温在30℃以上时，应按照规定的作业时间运输。若在其他时间必须运输时，车上应有有效的遮阳设施，封闭式货厢应保持车厢通风良好。

（4）应将车厢后门、侧门锁牢后车辆方可运行，不准敞开车门行驶，严禁超载运输。装有液体瓶的车辆在处于静止停车时，应将车厢顶部的天窗全部敞开并锁好窗销，不准将天窗关闭。

三 易燃液体灭火方法和撒漏处理

1 灭火方法

大部分易燃液体的密度小于水，且不溶于水，一旦发生火灾，用水扑救时因水会沉在燃烧的液体下面，并能形成喷溅、漂流状况而扩大火灾；另外，易燃液体燃烧时所产生的热量较大，而其燃点又较低，很难使温度降低到其燃点以下。因此，消灭易燃液体火灾的最有效方法，是采用泡沫、二氧化碳、干粉、1211 灭火器等扑救。

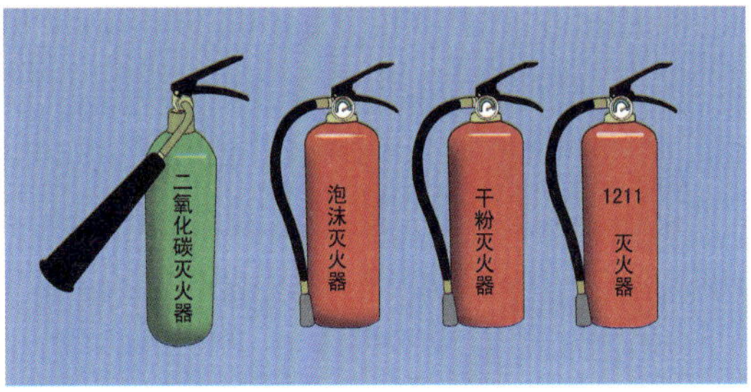

2 撒漏处理

易燃液体一旦发生撒漏时，应及时以砂土或松软材料覆盖吸附后，集中至空旷安全地方处理。覆盖时，特别要注意防止液体流入下水道、河道等地方，以防污染环境。更主要的是，如果易燃液体浮在下水道或河流的水面上，其火灾隐情也很严重。

在销毁收集物时，应充分注意燃烧时所产生的有毒气体对人体的危害，必要时应戴好防毒面具。

模块四　易燃固体、易于自燃的物质、遇水放出易燃气体的物质

一 运输前的准备工作

（1）运输作业现场要远离明火、高温场所，遇湿易燃物品车厢必须干燥、无积水。

（2）驾驶人员不得随身携带火种（如火柴、打火机），不得穿着易产生静电的工作服和工作鞋。

（3）对易升华（如精萘、樟脑等）或易挥发出易燃、有害及刺激性气体的货物，作业现场应保持良好通风，防止中毒和燃烧爆炸。

（4）雨雪天需运输遇湿易燃物品时，车辆必须具备有效的防水设备，不具备条件的车辆不得运输。

二 运输易燃固体、易于自燃的物质、遇水放出易燃气体的物质的安全要求

（1）行车时，要注意防止外来明火飞到货物中，要避开明火高温场所；

（2）行车中应定时停车检查所载货物的堆码、捆扎和包装情况，尤其是要注意防止包装渗漏等隐患。

三 易燃固体、易于自燃的物质、遇水放出易燃气体的物质灭火方法和撒漏处理

1 灭火方法

由于本类物品性质各异，因此，采取灭火的手段有所区别。

（1）易燃固体。

根据易燃固体的不同性质，可用水、砂土、泡沫、二氧化碳、干粉灭火剂来灭火，但必须注意以下方面。

①遇水反应的易燃固体不得用水扑救。如铝粉、钛粉等金属粉末能与水发生剧烈反应，产生可燃气体。因此，应用干燥的砂土、干粉灭火器进行扑救。

②有爆炸危险的易燃固体禁用砂土压盖，如具有爆炸危险性的硝基化合物。

③遇水或酸产生剧毒气体的易燃固体，严禁用硝碱、泡沫灭火剂。如磷的化合物和硝基化合物（包括硝化棉、赛璐珞）、氮化合物、硫磺等，燃烧时产生有毒和刺激性气体，扑救时必须注意带好防毒面具。

④火场中抢救出来的赤磷要谨慎处理。因为赤磷在高温下会转化为黄磷变成自燃物品，同时在扑救时，赤磷被水淋过受潮后，也会缓慢引起自燃。

（2）自燃物品。

①此类物品灭火时，一般可用干粉、砂土（干燥时有爆炸危险的自燃物品除外）和二氧化碳灭火剂灭火。与水能发生反应的物品如三乙基铝、铝铁溶剂等禁用水扑救。

②对黄磷火灾现场需谨慎处理，黄磷被水扑灭后只是暂时熄灭，残留黄磷待水分挥发后又会自燃，所以现场应有专人密切观察。同时要注意，黄磷燃烧时会产生剧毒的五氧化二磷等气体，扑救时应穿戴防护服和防毒面具。

（3）遇湿易燃物品。

①此类物品发生火灾时，应迅速将邻近未燃物品从火场撤离或与燃烧物进行有效隔离。用干砂、干粉进行扑救，并注意以下物品在灭火时绝不能用水扑救：活泼金属及其他与水接触放出氢气的；遇水产生碳氢化合物（气体）的；遇水产生有毒或腐蚀性气体的；相对密度（比重）小于水的。

②遇水反应产生易燃或有毒气体的，还不得使用泡沫灭火剂扑救。

③与酸或氧化剂等反应物质，还禁用酸碱灭火剂和泡沫灭火剂扑救。

④活泼金属还禁用二氧化碳灭火器进行扑救。因为钾、钠等具有极强的还原性，甚至能夺取二氧化碳中的氧，所以二氧化碳不但起不了灭火作用，反而助长火势，因此，应用苏打、食盐、氮或石墨粉来扑救。锂的火灾不能用食盐和氮扑救，而只能用石墨粉扑救。

⑤碳化物、磷化物遇水反应能产生剧毒、腐蚀性气体。灭火扑救时应穿戴防护用品和隔离式呼吸器。

2 撒漏处理

本类货物撒漏时，可以收集起来另行包装。收集的残留物不能任意排放、抛弃。对与水反应的撒漏物处理时不能用水，但清扫后的现场可以用大量水冲刷清洗。

还应注意，对注有稳定剂的物品，残留物收集后重新包装，也应注入相应的稳定剂。

模块五　氧化性物质和有机过氧化物

一 运输前的准备工作

（1）运输前应认真检查车厢，不得有任何酸类及煤屑、木屑、硫磺、磷等可燃物的残留物，车厢必须干净。

（2）运输需控温的有机过氧化物，应检查车辆控温和制冷系统的运行状态，保持运转正常。

二 氧化性物质和有机过氧化物的安全要求

（1）根据所装货物的特性和道路情况，严格控制车速，防止货物剧烈震动和摩擦。

（2）需控温的有机过氧化物在运输途中应定时检查制冷设备的运转情况，发现故障应及时排除。

（3）车辆在中途停车时，应远离热源和火种场所，临时停靠或途中住宿过夜，应有专人看管。

（4）如果车辆重载时发生故障，在维修过程应严格控制明火作业，驾驶人员不得离开车辆，要随时注意周围环境是否安全，发现问题应及时采取措施。

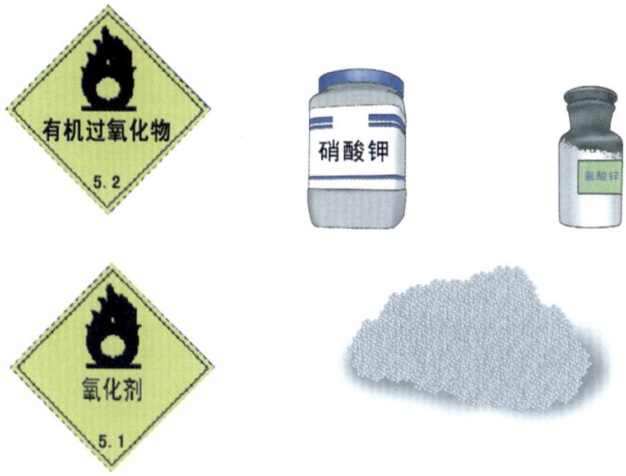

三 氧化性物质和有机过氧化物灭火方法和撒漏处理

1 灭火方法

（1）发生火灾时，对有机过氧化物、金属过氧化物不能用水扑救，因为这类物品与水反应能生成氧气而帮助燃烧，会扩大火势，只能用砂土、干粉、二氧化碳灭火剂进行扑救。泡沫灭火器中的药剂是水溶液，故禁止使用泡沫灭火器扑救有机过氧化物和金属过氧化物。

（2）绝大部分氧化剂都可以用水扑救，粉状物品应用雾状水扑救。

（3）在扑救时，要配备适当的防毒面具，以防中毒。在没有防毒面具的情况下，可将一般口罩用 5% 的碳酸氢钠溶液浸泡后使用，因其有效防毒时间短，必须随时更换。

2 撒漏处理

在装卸过程中，由于包装不良或操作不当，造成氧化剂撒漏时，应轻轻扫起，另行包装。这些从地上扫起重新包装的氧化剂，因接触过空气或混有可燃物等杂质，为防止发生化学变化，不得同车发运，须留在撒漏地适当地方，包括对撒漏的少量氧化剂或残留物均应清扫干净，另行处理。

模块六　毒性物质和感染性物质

一　运输前的准备工作

（1）运输剧毒化学品的专用车辆应选用符合国家要求的罐式或厢式车辆。

（2）装车前应检查车辆的车厢或集装箱，厢式车辆的车厢或集装箱底板应平坦完好，铺设阻燃导静电胶板，清扫干净；罐式车辆的罐体清洗干净，排除异物。运输液氯等氧化性较强的剧毒化学品，应认真检查货厢是否清洁，必须保证货厢内无油脂及含油脂的残留物。

（3）检查车辆配备的消防器材，发现问题应立即更换或修理。驾驶室内应配备一个干粉灭火器，在车辆两边应配备与所装载介质性能相适应的灭火器各一个。

（4）根据所装剧毒化学品及包装情况，备好防散失用具等应急处置器材。

（5）检查随车携带相关证件、文件是否齐全有效，特别是查验《剧毒化学品公路运输通行证》是否携带及有效性。

（6）应根据所装运剧毒化学品的毒性、状态、包装情况，检查配备防护用品，如工作服、手套、防毒口罩、护目镜或者轻型防护服、防毒面具等，以及防散失、防雨等工、属具。运输大型气瓶（如液氯等），车上必须配备防止钢瓶滚动的紧固装置，如插桩、垫木、紧绳器等。

（7）进入装卸作业区禁止随身携带火种、关闭随身携带的手机等通讯工具和电子设备，严禁吸烟，穿着不产生静电的工作服和不带铁钉的工作鞋，应根据不同剧毒化学品的危险特性，穿戴好相应的防护服装、手套、防毒口罩、防毒面具和护目镜等。

（8）在装卸作业时按照指定位置停车，熄灭发动机，实施驻车制动，装置好导静电拖地带。

（9）进入作业现场对刚开启的仓库、集装箱、封闭式车厢要先通风排气，驱除积聚的有毒气体。

（10）在运输作业现场，工作人员尽量站立在上风处，不能在低洼处久留，不能在货物上坐卧、休息，作业过程中不能进食、吸烟、饮水。在工作前和工作后严禁饮酒。

二　运输过程中的要求

为了保证剧毒化学品的运输安全，在运输过程中应注意以下要求。

（1）应将车厢门锁好后方可移动车辆，不准敞开车门行驶。

（2）运输剧毒化学品应事先报请当地公安部门批准，按公安部门指定的时间、路线限速行驶，不得擅自改变行驶路线，且车上严禁搭乘无关人员和危及安全的其他物资。

（3）行车中驾驶人员必须集中精力，严格遵守交通法规和操作规程，同时注意观察，应严控车速，尽量避免紧急制动，车辆转弯前应减速，保持平稳运行，以防因紧急制动、急转弯等造成装载货物摩擦、震动、坍塌、坠落，引发泄漏、火灾或车辆侧翻事故。

（4）在运输途中不得随意停车，更不得在人口聚集地、交叉路口、火源附近停车。运输过程中需要停车住宿或遇有无法正常运输的情况时，应向当地公安部门报告，将车停放在有利于安全防护的地方，停车时要始终有人看守。

（5）夏季高温季节，应按照作业地规定的作业时间运输。若必须运输时，车上应有有效的遮阳设施，封闭式货厢应保持车厢通风良好。

（6）运输途中每隔一定时间要停车检查车上货物情况，发现包装破漏要及时处理，防止漏出物损坏其他包装，酿成重大事故。

（7）车辆重载若发生故障，在维修时应严格控制明火作业，驾驶人员不得离开车辆，要随时注意周围环境是否安全，发现问题应及时采取措施。

（8）运输途中若发生燃烧、爆炸、污染、中毒或者被盗、丢失、流散、泄漏等事故，驾驶人员应会同押运人员立即根据应急预案和《道路运输危险货物安全卡》的要求采取应急处置措施，并向事故发生地公安部门、交通运输主管部门和本运输企业或者单位报告。

三 运输毒性物质和感染性物质的安全要求

（1）要平稳驾车，勤加瞭望，定时停车检查包装件的捆扎情况，谨防捆扎松动、货物丢失，装运有机毒害品，行车中应避开高温、明火场所。

（2）防止毒害品丢失是行车中要注意的最重要事项。如果丢失不能找回，落到不了解其性能的群众手里，或被犯罪分子利用，就可能酿成重大事故。因此，发生丢失而又无法找回时，必须立即向货物丢失的当地公安部门报案。

（3）装运过毒害品的车辆未清洗、消毒前，严禁装运食品或鲜活动物。

（4）感染性物品运输后，车辆应到指定的地点集中清洗消毒。

四 毒性物质和感染性物质灭火方法和撒漏处理

1 灭火方法

毒害品发生火灾情况	正确灭火方法	错误灭火方法
氮化镁遇水	用砂土、干粉扑救	用水扑救
氰化物遇酸性物质	用水及砂土扑救	用酸碱灭火器扑救

毒害品因其品类繁多，性质各异，一旦发生火灾必须注意以下几点。

（1）无机毒害品中的氮化镁，遇水后能和水中的氢生成有毒和有腐蚀性的氨。因此，此类物品着火时，不能用水扑救，应用砂土、干粉扑救。

（2）毒害品中的氰化物遇酸性物质能生成剧毒气体氢化氰，这类物品发生火灾时，不得用酸碱灭火器扑救，可用水及砂土扑救。

（3）大部分毒害品在着火、受热或与水、酸接触时，能产生有毒和刺激性气体及烟雾，灭火人员必须根据毒害品的性质采用相应的灭火方法。在扑救火灾时，尽可能站在上风方向，并戴好防毒面具。

2 撒漏处理

对毒害品的撒漏物应视其具体情况进行处理，如固体货物，通常扫集后装入其他容器中交付货主单位处理；液体货物应以砂土、锯末等松软物浸润，吸附后扫集，盛入容器中交付货主单位处理；对毒害品的撒漏物不能任意乱丢或排放，以免扩大污染甚至造成不可估量的危害。

被毒害品污染过的场地，车辆或防护用品，其洗刷消毒基本方法如下。

（1）氰化物污染物。氰化物如氰化钠、氰化钾污染，可将硫酸钠水溶液撒在污染处，因硫酸钠与氰化物可以生成低毒的硫氰酸盐，从而消除氰化物的毒性，然后用热水冲洗，最后用冷水冲洗。也可用硫酸亚铁、高锰酸钾或次氯酸钠等来处理。

（2）有机磷农药污染物。有机磷农药如1605、苯硫磷、敌死通、1059等撒漏时，首先用生石灰将撒漏物吸干，然后再用碱水浸湿污染处，再用热水洗刷，最后用冷水冲洗即可。但是，应注意敌百虫也是有机磷农药，不可用碱水洗刷。因为它在碱性溶液中分解很快，大部分变成毒性比它大数倍，且易挥发的敌敌畏，所以敌百虫撒漏后，只能用大量水洗刷。

（3）硫酸二甲酯污染物。硫酸二甲酯为酸性毒品，在冷水中缓慢分解，分解速度随温度上升而加快，撒漏后先将氨水洒在污染处起中和作用，也可用漂白粉加上5倍的水浸湿污染处；再用碱水浸湿；最后用热水和冷水各冲洗一次。

（4）芳香族氨基或硝基化合物污染物。对芳香族氨基或硝基化合物如苯氨、硝基苯等，可将稀盐酸溶液浸湿污染处，再用水冲洗。

（5）砷化物污染物。砷化物如砷、三氧化二砷等，因砷在空气中其表面很快被氧化成三氧化二砷而微溶于水，生成砷酸、亚砷酸，亚砷酸能溶于碱，生成亚砷酸盐，而亚砷酸盐溶于水，可用氢氧化铁解毒，最后用水冲洗。

（6）有机氯粉剂或乳剂农药污染物。有机氯农药在一般情况下不溶于水，而在碱溶液中极易分解放出氯化氢，生成三氧化苯，所以撒漏后，先将撒漏物收集起来，用清水冲洗，最后用热水冲洗，无热水时可以撒上碱后用水冲洗。

模块七　腐蚀性物质

一　运输前的准备工作

（1）运输前应认真检查货物包装和容器封口情况，严禁运输无外包装的任何易碎品容器。

（2）作业时应站立在上风处，防止有毒烟雾、气体对人身的伤害；罐装后，应将进料口紧密封严，防止行车中车辆晃动，造成腐蚀品从盖口溅出，伤及周围人员和车辆。

二　运输腐蚀性物质的安全要求

（1）装载有易碎容器包装的腐蚀品时，驾驶人员要平稳驾驶，密切注意路面情况，上下桥、穿隧道、过铁路道口等，对路面条件差、颠簸震动大而不能确保易碎容器完好时，应缓慢通行。

（2）运输途中应每隔一定时间停车检查车上货物情况，发现包装破漏要及时处理，防止漏出物损坏其他包装，酿成重大事故。

三　腐蚀性物质灭火方法与撒漏处理

1　灭火方法

腐蚀品着火时的灭火方法可概括为：大量用水、谨慎用水。无机腐蚀品发生着火或有机腐蚀品直接燃烧时，除具有与水反应特性的物品外，一般可用大量的水扑救。即使有些腐蚀品会与水反应，但这些物品量较少，而大量的水迅速扑上足以抑制热反应时，也应用大量的水扑救。但用水时应谨慎，宜用雾状水，不能用高压水柱直接喷射物品，尤其是酸液，以免飞溅的水珠带上腐蚀品灼伤灭火人员，同时，要控制水的流向，以免带腐蚀性的水流破坏环境。

不少腐蚀品燃烧时，会产生有毒气体和烟雾，用水扑救时，产生的蒸汽也可能有毒性和腐蚀性。因此，扑救时应穿防护服，戴防毒面具，且人应站在上风处。

与水会发生剧烈反应的大量腐蚀品发生着火时，用大量的水若不能抑制时，液体腐蚀品应用干砂或干土覆盖或用干粉灭火机扑救。

2　撒漏处理

（1）腐蚀品撒漏时，液体腐蚀品应用干砂、干土覆盖吸收；扫干净后，再用水洗刷。

大量溢出而用干砂、干土不足以吸收时，可视货物的酸碱性质，分别用稀碱或稀酸中和。中和时，要防止发生剧烈反应。用水洗刷撒漏现场时，不能用水直接喷射，只能缓慢的浇洗或用雾状水喷淋，以防水珠飞溅伤人。

（2）溴污染。溴为棕红色发烟液体。沸点为 55.8℃，遇水极易挥发，蒸汽有毒。污染时，污染处撒上硫代替硫酸钠溶液，使溴生成溴化钠，最后可用大量水冲洗。在污染处理作业时，要注意防火，因溴与有机物混合，可能引起燃烧。

模块八　杂项危险物质和物品

本类货物系指在运输过程中呈现的危险性质不包括在其他八类危险货物中的物品。其运输前的准备工作、运输的安全要求、灭火方法和撒漏处理等要求，应按照货物《安全标签》和《安全技术说明书》的要求进行。

值得注意的是，此类货物近几年增加较多，在运输过程中的安全问题驾驶人员一定要认真对待、科学处理。

第三篇
押运人员篇

单元一　道路危险货物运输押运人员基本要求

学习要点

了解道路危险货物运输押运人员基本要求、岗位职责和工作要求。

模块一　道路危险货物运输押运人员基本要求与岗位职责

一　基本要求

1 文化程度

由于危险货物运输的特殊性，且危险化学品危害性较大，因此，从事危险货物运输的押运人员，需具备基本的文化知识。押运人员要具备初中毕业以上的文化程度，能够接受道路危险货物运输和企业规范管理要求。

2 身体条件

从事道路危险货物运输的押运人员要身体健康，有良好的心理素质和正常的工作心态，能够承担押运员岗位工作强度，并能够正常履行岗位职责。按照国家有关规定，结合道路运输行业工作的特点，从业人员年龄不超过 60 周岁。

3 资格要求

押运人员需经所在地设区的市级人民政府交通运输主管部门考试合格，取得注明从业资格类别为“道路危险货物运输”的道路运输从业资格证（以下简称道路运输从业资格证），方能上岗作业。

4 职业素养

从事道路危险货物运输的押运人员应具有良好的思想素质和职业道德水平，不得有犯罪记录，具备良好的心理素质、工作责任心和社会责任感，有较强的自制能力，不计较个人得失，善于与他人协调和沟通，临危冷静，具有应急处置能力。运输途中发生安全事故时，应在第一时间进行施救，不得撒手而逃，或不及时采取任何避免危情扩大化的防护措施。

5 专业技能

押运人员必须接受其所属企业或单位安排的培训，了解危险货物理化性质、危害特征、包装容器的使用特性和发生意外事件或运输事故时的应急措施，还需接受其所属企业或单位安排的有关运输安全生产和基本应急知识等方面的考核；考核不合格的，不得从事相关工作。

二 押运人员岗位职责

1 必须掌握道路危险货物运输的基本知识

掌握关于危险货物道路运输的法律法规、规章和国家、行业标准。必须了解包括危险货物理化特性，危险货物危害性，储运要求，泄漏处置，灭火方法和应急处置措施等基础知识，了解危险货物包装的基本知识，以及熟悉道路危险货物运输的安全知识和安全运行要求等。

2 押运人员岗位职责

押运人员岗位肩负着道路危险货物运输全过程的监管，以及在紧急情况或发生危险货物运输事故时主动参与应急处置和货物保全的责任。

（1）必须了解有关道路危险货物运输的安全生产法规、规程、标准，并严格遵守和执行；了解危险货物的分类、性质和危害特性、包装物或容器的使用特性和要求、运输企业货物运输中配装、码放、堆存、装卸及交接操

作规程；熟悉发生意外和运输事故的应急措施；掌握发生意外和运输事故的预防措施、基本自救知识和必要的应急处置措施等；并认真填写押运工作日志。

（2）道路危险货物运输押运人员应定期或不定期参加企业或单位安排的有关运输安全生产和基本应急知识等方面的培训和考核。

（3）出车前，应协助驾驶人员检查随车携带的遮盖、捆扎、防潮、隔热熄火等装置、工属具是否齐全、有效。检查随车携带的证件和材料是否齐全，检查是否配备了必要、有效的防护用品及消防设施。标志牌是否按照要求悬挂于车辆后厢板或罐体后面的几何中心部位附近、图形是否与所运危险货物类项相对应。运输爆炸、剧毒危险货物的车辆，是否按照规定增加悬挂标志牌等。

（4）装载危险货物时，应按照要求监装所运货物的装车过程。

（5）办理危险货物交接手续后，押运人员不得擅自离岗、脱岗，应保持危险货物随时处于监管之下，以防止危险货物被盗、丢失等事故的发生。

（6）运输途中，押运人员应按照规定检查货物装载情况，全程监督驾驶人员的工作状况，及时纠正不安全操作行为，督促驾驶人员按照规定进行停车休息，防止疲劳驾驶。停车休息时，押运人员还应检查危险货物包装密封情况、车辆轮胎、危险货物标识等。发现问题应及时向企业或相关管理部门汇报情况，并按照预案采取相应措施。

（7）押运人员进出货物装卸场所时应自觉遵守各项安全管理制度。装车后应对货物的堆码、遮盖、捆扎和对影响车辆不安全因素进行检查。

（8）货物运达卸货地点后，应与收货人核对，确认到货时间、货物质名、数量、规格等信息，办理交接手续。因故不能及时卸货，应当按照操作规程要求将车辆停放在安全位置，在待卸期间，应会同驾驶人员负责看管货物。卸货时，应督促装卸人员按照操作规程安全有序地卸载危险货物。

（9）对需要收回的包装容器进行初步检验，以确保安全。

（10）货物运输、装卸过程中，一旦发生事故，应立即进行处置及维护现场，并及时向当地有关部门报告。

模块二　道路危险货物运输押运人员工作要求

一　出车前的安全检查

（1）了解托运人提供的危险货物产品技术说明书和安全标签等相关内容；领取《道路危险货物运输安全卡》，熟悉本次运输任务所运输危险货物的性质、危害特性、包装或者容器的使用要求、装卸要求以及发生突发事件时的处置措施等知识。掌握本次运输任务起讫地，确定的运输路线，线路状况，规定的途中停靠点。

（2）按照本次运输任务所承运危险货物相关特性及运输要求等，协同驾驶人员再次检查企业调度部门指派的运输车辆的类型和经营范围是否符合所承运危险货物的要求；检查有关车辆及设备的技术要求、适装要求及运输工具限制。若发现不符合相关要求，应及时拒绝运输，与驾驶人员和调度人员沟通处理，并报告相关部门。

（3）协助驾驶人员做好车辆安全技术状况检查，确认车辆的技术性能符合危险货物运输要求。若发现不符合相关要求，应及时与驾驶人员和调度人员沟通处理。

（4）检查车辆悬挂警示标志（包括标志灯、标牌等）是否符合国家标准，标志牌与危险货物类、项是否一致。

（5）检查车辆、容器是否按照规定进行了必要的清洗处理；检查车厢、栏板的固定、链接、锁扣装置是否安全完好，罐体的装、卸阀门是否可靠关闭。

（6）会同驾驶人员领取必备的与所运危险货物性能相适应的防护用品、捆扎及防尘等安全防护设施、应急处理器材以及通讯工具，并检查这些必备的用品、工具、设备等是否齐全、可靠及有效。

（7）会同驾驶人员领取、收存本次运输任务的相关单据，并听取企业管理人员的安全告知。

二 装载作业过程的监督和检查

（1）检视装载作业区的安全状况；督促驾驶人员按照装卸作业的有关规定驶入装卸作业区，并将车辆停放在容易驶离作业现场的位置上。

（2）根据本次运输任务的相关单据与托运人核对欲装载危险货物的品名、数量、物理化学形态、危害风险等信息是否与托运危险货物一致。

（3）负责监督危险货物的装载、堆放作业按操作要求进行。在危险货物装载过程中，若需移动车辆时，应督促驾驶人员先关上车厢门，在保证安全的情况下才能移动。

（4）监督所装运危险货物的总质量在车辆核定载质量范围内，严禁超限、超载。

（5）检查车厢内是否混入了严禁混装运输的其他货物。运输不同性质危险货物，严格按照《汽车危险货物运输规则》（JT 617—2004）规定的“危险货物配装表”装载货物，严禁性质或消防方法相抵触的危险货物混装在同一辆车上，也不允许与食品混装在同一车箱内运输。

（6）监督作业人员穿戴好安全防护用品，按照《汽车危险货物运输、装卸作业规程》（JT 618—2004）的规定装载货物。

（7）检查装载危险货物的内、外包装是否完好无损，包装标志是否齐全、清晰，不符合包装要求的拒绝装载，并立即报告相关部门。

（8）检查装载堆码是否符合所装危险货物的通风、隔离等特殊要求，捆扎、固定是否牢靠。

（9）做好货物的点收点交及单据交接工作。

（10）押运人员应将以上核查内容作好记录。

三 起运前的准备工作

（1）押运人员再次核实随身携带《道路运输从业资格证》、《道路运输证》、运单、《道路危险货物运输安全卡》等单证，以及需要的相关手续办理情况。

（2）熟悉本次运输任务所确定的运输线路、时间和运行速度，途中停靠点、加油点、岔路口等信息。

（3）再次协助驾驶人员做好起运前的车辆、容器等技术状况检查。

四 运输途中的监督与检查

（1）押运人员在运输过程中，确保危险货物处于押运人员监管之下，不发生货损、货差。运输一类危险货物的，当单位要求托运人随车提供技术指导，应主动与技术指导建立联系，解决押运途中的技术问题。

（2）在道路危险货物运输过程中，押运人员与驾驶人员严禁吸烟，严禁中途搭乘无关人员。

（3）监督和提醒驾驶人员做好以下安全行车工作。

①驾驶操作是否规范，做到“一般不得超车、强行会车及紧急制动”，杜绝不规范运输行为；按照规定的运输路线行驶，坚决制止驾驶人员将车辆驶入禁止通行的区域；途中的行驶速度应限制在要求之内。

②提醒驾驶人员按照规定停车休息，制止疲劳驾驶行为；协助驾驶人员检查车辆安全技术状况，并检查危险货物的状况是否正常、罐车有无泄漏；车辆临时停靠应符合有关规定。

③提醒驾驶人员注意运输途中的限高标志、交通信号及其他交通管理人员的指挥。

（4）车辆运输途中，押运人员不得擅自离岗、脱岗。

（5）在运输过程中，发生交通事故或货物被盗、丢失、泄露等情况时，应及时向单位有关负责人报告，同时立即拨打“110”或《道路运输危险货物安全卡》上的紧急救助电话，对事故情况和危险货物名称、特性等进行详细描述，并针对危险货物特性采取必要的应急处理措施。

（6）应如实做好车辆运行情况（时间、速度、临时停车地点等）和货物捆扎、紧固检查情况、突发事件情况等记录。

五 卸载时的监督和检查

（1）联系收货人，落实货物运达卸货地点；核对客户单位、货物品种、数量是否与运单相符。

（2）检视卸载作业区安全，监督作业人员按要求穿戴安全防护用具，卸载作业人员按相关规定卸货作业。

（3）检查卸载危险货物的包装是否完好无损，堆垛码放是否符合危险货物特性的要求，配合相关人员做好货物的点交点收及单据交接工作。

（4）检查车厢内是否有危险货物泄漏、残留。

六 回场后的监督及检查

（1）协助驾驶人员做好车辆维护。检查车辆标志、标识、消防器具、静电拖地带，以及车厢、栏板的固定、链接、锁口装置的完好情况，罐车的装、卸阀门完好情况，若有不符合安全要求应及时与驾驶人员沟通、报修，若发现车辆被污染，应及时到指定地点进行清洗，消除污染。

（2）会同驾驶人员交清当班作业单据，归还有关工、属具及安全防护用品。

（3）及时向管理人员报告运输作业过程中的有关客户、运输安全、质量方面的情况。

单元二 道路危险货物运输押运过程安全及事故应急处置

学习要点

掌握各类道路危险货物运输押运过程安全及事故应急处置。掌握着火防范措施及医疗急救常识，掌握危险化学品事故的报告和上报程序。

模块一 道路危险货物运输押运过程基本要求

道路危险货物运输押运过程可分为出车前准备、装卸过程[8]及运输过程，押运人员需特别注意以下几方面的监督和检查职责。

一 出车前准备

（1）车辆的有关证件、标志应齐全有效。

（2）车厢的底板应平坦完好、栏板牢固；车厢或罐体内不得有与所装危险货物性质相抵触的残留物，且应根据危险货物特性，采取相应的衬垫防护措施（如铺垫木板、胶合板、橡胶板等）。

（3）车辆应配备消防器材并定期检查、保养，发现问题应立即更换或修理。

（4）根据所运危险货物特性，应随车携带遮盖、捆扎、防潮、防火、防毒等工、属

[8] 关于装卸过程的安全监管，企业可根据各自的实际情况，安排押运人员或装卸管理人员。

具和应急处理设备及劳动防护用品，以及《道路危险货物运输安全卡》。

（5）车辆装车完毕起步前，应对货物的堆码、遮盖、捆扎等安全措施及对影响车辆起动的不安全因素进行检查，确认无不安全因素后方可起步。

二 装卸过程要求

（1）车辆进入危险货物装卸作业区，应按有关规定驶入，并将车辆摆放在容易驶离作业现场的方位上；停靠货垛时，应听从作业区人员的指挥，车辆与货垛之间要留有安全距离；待装、待卸车辆与装卸货物的车辆应保持足够的安全距离，不准堵塞安全通道。

（2）装卸作业前，应核对货物名称、规格、数量是否与托运单证相符，并认真检查货物包装是否破损及货物包装的完整状况，货物与运单不符或包装不符合有关规定的应拒绝装卸。

（3）装卸过程中，押运员不得远离车辆，并负责按照相关规定监装监卸。

（4）危险货物运达卸货地点后因故不能及时卸货，在待卸期间，应与驾驶人员协同看管货物，对于爆炸品、剧毒品危险货物，应报告当地公安部门。

三 运输过程要求

（1）严格遵守国家有关危险货物运输的法律、法规，货物应随时处在押运员的监管之下。

（2）车上严禁搭乘无关人员，应密切注意车辆所装载危险货物的状态，根据危险货物特性，定时停车检查，发现问题及时会同驾驶人员采取措施妥善处理，不得擅自离岗、脱岗。

模块二 各类危险货物运输押运安全要求及事故应急处置

一 爆炸品

由于所运输的爆炸品受到高热、摩擦、撞击或受一定物质激发，就能发生剧烈的化学反应，产生大量的气体和热量，同时气体体积急剧膨胀而引起爆炸，所以押运人员必须熟练掌握爆炸物品道路运输相关知识，准确掌握当次所运爆炸物品危险性、储运要求、泄漏处理、急救和防护措施，确保爆炸品在装卸和运输过程中做好本职安全防护工作。

1 出车前的要求

（1）押运员接受任务后，会同驾驶人员领取并掌握当班作业单据，验证准运手续、出入库单据等，核实公安部门爆炸品运输许可手续所载明的收货单位、销售企业、承运人，熟悉运输有效期限、起讫地点、运输路线、经停地点，民用爆炸物品的品种、数量；包装材料和包装方式；所运爆炸物品的特性、出现险情的应急处置方法等相关注意事项。

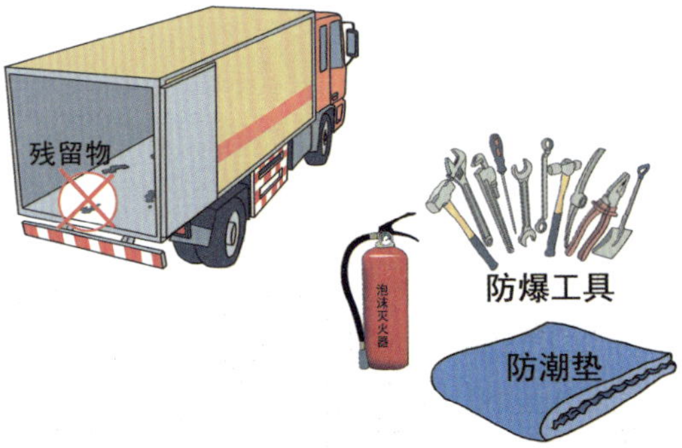

（2）协助驾驶人员做好车辆例行检查。检查车辆是否与所运载的民用爆炸物品相适应，技术状况是否符合《道路运输爆炸品和剧毒化学品车辆安全技术条件》（GB 20300—2006）等标准的规定，若不符合安全要求，应及时与驾驶人员沟通进行报修。

（3）根据所运爆炸品特性，领取安全防护用品，随车携带捆扎、防潮、降温、防火、防毒等工属具和应急处理设备、劳动防护用品，检查随车必备的消防用具是否齐全有效。

（4）会同驾驶人员检查车辆标志的安装悬挂是否符合《道路运输危险货物车辆标志》（GB 13392—2005）的规定。

（5）会同驾驶人员检查运输车辆的有关证件是否齐全有效。

（6）办完手续后，接受安全教育，并听取管理人员的安全告知。

（7）对于运输具有特殊性质的爆炸品，应按照具体要求严格执行。

2 装载时的要求

（1）运输车辆到爆炸品库房装货，押运人员应先进行沟通，落实装载库区及车辆停靠点，并检查装载作业区的安全状况。

（2）联系客户，核对客户名称，清点所押运物品的数量、品种、规格，确保与运输证一致。

（3）检查车厢、栏板的固定、链接、锁扣装置是否安全完好。

（4）监督作业人员穿带好安全防护用品，按照《汽车运输装卸危险货物作业规程》（JT 618—2004）的规定装载货物。装载时，应与库管核对品名、编码、序号、规格、数量、包装标志、安全技术说明书和安全标签，督促按照爆炸品操作规程有序堆码、捆扎，押运人员必须确保运输的爆炸品品种和数量无误，包装完好。装车时确认产品品种、数量无误，编码顺序有序。

（5）检查装载爆炸物品的包装是否适合道路运输的要求，内、外包装是否完好无损，包装标志是否齐全、清晰，不符合包装要求的拒绝装载。

（6）检查装载堆码是否符合要求，捆扎、固定是否牢靠。在装完货物出库前，检查车辆配备相关器材是否完好，并签字确认。

（7）装车完毕，对爆炸品的装载安全措施及影响车辆启动的不安全因素进行检查，确认无不安全因素后，方允许车辆起步。

（8）监督所装载民用爆炸物品载质量必须在车辆核定范围内，严禁超限超载。

（9）做好货物的点收点交及单据交接工作。

（10）车辆出库前，再次检查车辆应配备器材齐备、完好，并签字确认。

3 运输过程的要求

（1）押运人员在押运过程中要积极保持与单位的信息联系，落实好行车过程车门锁等防盗装置完好情况，货物堆码及安全情况的检查，原则上每隔2小时进行一次安全检查，途中如发生突发事件必须立即报告。

（2）爆炸品运往矿区、山区工地等道路崎岖或复杂路段，押运人员应提醒驾驶人员保持高度警觉，严格控制速度，确保安全行车。

（3）对于有中途卸货的情况，在卸货以后，要重新对所剩产品堆码情况进行必要的调整，认真清数和捆扎，确定可靠无误后方能继续行驶。

（4）车辆驾驶室内如安装了监视器，押运人员要负责时时监控。

4 到达卸货的要求

（1）货物运达卸货地点后，联系客户，核对客户单位、品种、数量是否与运输证相符。与收货人核对，确认到货时间、货物品名、数量、规格等信息，办理交接手续。因故不能及时卸货，应当按照操作规程要求将车辆停放在安全位置，在待卸期间，应会同驾驶人员负责看管货物，并积极联系接货人或接货单位。

交货前，押运人员应对车辆装载情况进行一次检查，确认无异常后，方能卸车交货。

卸货时，应督促装卸人员按照操作规程安全有序地卸载。押运人员进出货物装卸场所时应自觉遵守各项安全管理制度，不准携带火种，关掉手机，不准穿戴钉鞋和易产成静电的工作服。

（2）检查卸载作业区安全，监督作业人员穿带安全防护用具。

（3）卸货过程中全程监督，并维持现场秩序，防止无关人员靠近（驾驶人员应予以协助）。

（4）监督卸货作业人员按照《汽车运输、装卸危险货物作业规程》（JT 618—2004）的要求作业。

（5）检查卸载爆炸品的包装是否完好无损，堆垛码放是否符合要求。

（6）交货时做好爆炸物品的点交、点收及单据交接工作。到达目的地后确认产品安全并顺利交接；卸完货物后检查车厢内是否有爆炸物品残留，做好车辆清洁工作。

（7）办完各种手续及时联系单位，告知产品安全到达。

5 任务完成回场的要求

（1）回场后，协助驾驶人员做好车辆维护，检查车辆标志、标识、消防器具、导静电橡胶拖地带，以及车厢、栏板的固定、链接、锁口装置的安全完好状态，若有不符合安全要求的状况及时与驾驶人员沟通、报修。

（2）会同驾驶人员交清当班作业单据。

（3）归还装卸工具及安全防护用品。

二 气体

1 出车前

（1）装载前应对货车车厢进行彻底清扫，车厢内不得有与所装货物性质相抵触的残留物，车厢内严禁乘人。

（2）夏季运输气瓶应检查并保证瓶体遮阳设施、瓶体冷水喷淋降温设施等安全有效；除另有限运规定外，当运输过程中瓶内气体的温度可能高于40℃时，应对瓶体实施遮阳、冷水喷淋降温等措施。

2 装卸过程

（1）装卸人员应根据所装气体的性质穿戴防护用品，必要时需戴好防毒面具；装卸大型气瓶或气瓶集装（格）箱，在起重机下操作时必须带好安全帽。

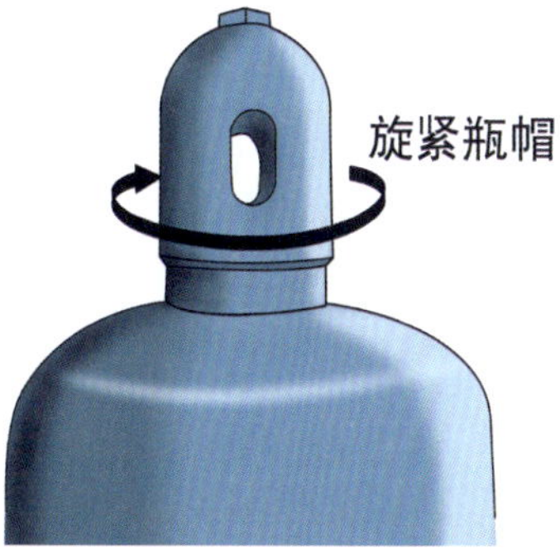

（2）气瓶在装车时要旋紧瓶帽，并注意保护阀门，防止撞坏。车下人员须待车上人员将气瓶放妥后，才能继续往车上装瓶。在同一车厢内不准有二人以上同时单独往车上装瓶。

（3）卸车时，要在气瓶落地地点铺上铅垫或橡皮垫，必须逐个卸车，严禁溜放。

（4）装卸作业时，不要把阀门对准人身，注意防止气瓶安全帽脱落，气瓶应竖立转动，不准脱手滚瓶或传接，气瓶竖放时必须稳妥。

（5）装运大型气瓶（盛装净重在 0.5t 以上的）或成组集装气瓶时，瓶与瓶、集装架与集装架之间需填牢木塞，集装架的瓶口应朝向行车的上方或左方，在车厢后栏板与气瓶空隙处必须有固定支撑物，并用紧绳器紧固，严防气瓶滚动，重瓶不准多层装载。

（6）装卸有毒气体时，根据货物特性，应预先采取相应的防毒措施。装卸氧气瓶时，要注意工作服、手套和装卸工具上不得沾有油脂。使用的装卸机械工具应装有防止产生火花的防护装置，不得使用电磁起重机搬运。库内搬运应备有橡胶车轮的专用小车，并将装瓶槽木架固定在小车上。

3 运输过程

（1）当罐内液温达到 40℃时，应对罐体遮阳或冷水喷淋降温，防止罐体曝晒。车上严禁吸烟，并应配备有相应的灭火器材，如干粉或清水灭火器、二氧化碳灭火器等，严禁使用四氯化碳灭火器。

（2）运输气瓶途中应尽量避免紧急制动，转弯时车辆应减速。

（3）运输低温液化气体的罐体及设备受损、真空遭破坏时，应站在上风口操作，打开放气阀卸压，注意防止烫伤，一旦发生紧急情况，驾驶人员应将车辆开到距火源较远的地方。

（4）压缩气体遇燃烧、爆炸等险情时，应向气瓶大量浇水，使其冷却并及时移出危险区域。气瓶从火场上救出后，应及时通知有关技术部门另做处理，不可擅自继续运输。易燃气体、助燃气体泄漏时注意拧紧阀门。有毒气体泄漏时应迅速将车移到空旷安全处，戴上防毒面具，站在上风处抢修。易燃、助燃气体泄漏时严禁火种靠近。

三 易燃液体

1 出车前

根据所装货物和包装情况（如化学试剂、油漆等），随车携带好遮盖、捆扎等防散失工具，并检查随车灭火器是否完好，车辆货厢内不得有与易燃液体性质相抵触的残留物。

2 装卸过程

（1）装卸作业现场必须远离火种、热源。操作时货物不准撞击、摩擦、拖拉；装车堆码时，桶口、箱盖一律向上，不得倒置；箱装货物，堆码整齐，最高一层如超过栏板，必须向内错位骑缝堆装，罩好网罩，用绳捆扎牢固。

（2）钢桶盛装的易燃液体，不得从高处翻滚卸车，卸车时从车上溜放或滚动操作时，应采取防止火星的措施，周围需有人接应，严防钢桶撞击致损。

（3）钢制包装件多层装载时，层间必须采取合适衬垫，并应捆扎牢固。

（4）对低沸点或易聚合的易燃液体，如发现其包装容器内装物膨胀（鼓桶）现象时，不得继续装车。

3 运输过程

（1）运输易燃液体，车上人员不准吸烟，车辆不得接近明火、高温场所。装运易燃液体的罐车应有导除静电拖地带，罐内应设有孔隔板以减少震荡产生静电。

（2）装运易燃液体的车辆，严禁搭乘无关人员，途中应经常检查车上货物的装载情况。发现异常情况时及时采取有效措施。

四 易燃固体、易于自燃物质和遇水放出易燃气体的物质

1 出车前

（1）道路运输危险货物车辆货厢、随车工、属具应打扫干净，保持干燥，不得沾有水、酸类和氧化性物质。

（2）运输遇水放出易燃气体的物质，应采取有效的防水、防潮措施。

2 装卸过程

（1）应远离火种、热源，防止阳光直射，包装容器应密封，搬运时应轻装轻卸，不得摩擦、撞击、振动、摔碰。

（2）装卸易燃固体时，不得与明火、水接触，不得与酸类和氧化性物质配装。

（3）装卸易于自燃物质时，应避免与空气、氧化性物质、酸类等接触；对需用水（如黄磷）、煤油、石蜡（如金属钠、钾）、惰性气体（如三乙基铝等）或其他稳定剂进行防护的包装件，应防止容器受撞击、振动、摔碰、倒置等情况造成容器破损，避免易于自燃物质与空气接触发生自燃。

（4）遇水放出易燃气体的物质，不得与酸类、氧化性物质及含水的液体货物混装，不宜在潮湿的环境下装卸。若不具备防雨、雪的条件时，不准进行装卸作业。

（5）对容易升华、挥发出易燃、有害或刺激性气体的货物，装卸时应注意现场通风良好、防止中毒；作业时应防止摩擦、撞击，以免引起燃烧和爆炸。

（6）装卸钢桶包装的碳化钙（电石）时，应确认包装内有无填充保护气体。如未填充的，在装卸前应侧身轻轻的拧开桶上气口放气，防止爆炸、冲击伤人，应注意电石桶不得倒置。

（7）硝基化合物（如发孔剂 H 等）对撞击敏感，遇高热、酸易分解、爆炸，搬运时应轻装轻卸；装运时不得与酸性腐蚀品及有毒或易燃脂类危险品混装。

3 运输过程

运输过程中，应尽可能合理地保持阴凉，避开热源，防止阳光直射，防止受潮，保持通风良好。

五 氧化性物质和有机过氧化物

1 出车前

（1）有机过氧化物应选用控温厢式车辆；若货厢为铁质底板，需铺有防护衬垫。货厢应隔热、防雨、通风、保持干燥。

（2）车辆的货厢、随车工具应保持干净，且干燥，不得沾有酸类、煤炭、砂糖、面粉、淀粉、金属粉、油脂、磷、硫、洗涤剂、润滑剂或其他松软、粉状等可燃物质。

（3）性质不稳定或由于聚合、分解在运输中能引起剧烈反应的危险货物，应加入稳定剂；有些常温下会加速分解的货物，应控制温度。

（4）要控温运输的危险货物应保持规定的温度，并应做到：

①装车前彻底检查运输车辆、容器及制冷设备；

②驾驶人员和押运人员具备熟练操作制冷系统的能力；

③配备备用制冷系统或备用相关部件。

2 装卸过程

（1）轻装轻卸，禁止摩擦、震动、摔碰、拖拉、翻滚、冲击，杜绝野蛮装卸作业，防止包装及容器损坏。

（2）装卸时发生包装破损，不能自行将破损包装换好包装，不得将撒漏物装入原包装内，必须另行处理。操作时，不得踩踏、碾压撒漏物，绝对禁止使用金属和可燃物（如纸、木等）处理撒漏物。

（3）如货物外包装为金属容器，装车时应单层摆放，需多层装载时，应采用性质上与所运物质相容、且不燃材料的衬垫，应使用非易燃的加固和防护材料。

（4）装卸操作应避免包装件阳光直晒、淋雨和受潮。

（5）漂白粉及无机氧化性物质中的亚硝酸盐、亚氯酸盐、次亚氯酸盐不得与其他氧化性物质配装。

3 运输过程

（1）氧化性物质不能和易燃物质混装运输，尤其不能与酸、碱、硫磺、粉尘类（如炭粉、糖粉、面粉、洗涤剂、润滑剂、淀粉）、油脂类货物配装。

（2）有机过氧化物运输严禁混有杂质，特别是酸类、重金属氧化物、胺类等物质。

（3）有机过氧化物的混合物按所含最高危险有机过氧化物的规定条件运输，并确定自行加速分解温度（SADT），必要时控制温度。

（4）通常不要求温度控制运输的有机过氧化物，在环境温度超过55℃时，必须进行温度控制。

（5）运输组件内空气温度应该由两个相互独立的传感器来测量，其输出应该被记录，以便于在温度改变时容易被发觉。其温度应每4至6小时检查一次，并记录下来。当所运物质温度低于25℃时，这个运输组件应安装报警装置，电源和制冷系统相互独立，设定工作或低于控制温度。

（6）运输过程中，温度超过控制温度，必须采取相应补救措施；温度超过应急温度，必须启动有关应急程序。

（7）有机过氧化物必须放入稳定剂后方可运输。

（8）远离热源，严禁受热、淋雨、受潮，避免阳光直晒，保持通风。

六 毒性物质和感染性物质

（一）毒性物质

1 出车前

（1）除有特殊包装要求的剧毒品采用化工物质专业罐车运输外，毒性物质应采用厢型货车运输。

（2）根据所装卸货物的毒性、状态及包装，应携带好相应的劳动防护用品（如工作服、手套、防毒口罩或面具）、防散失、防雨、捆扎等工、属具。

2 装卸过程

（1）人员应根据不同货物的危险特性，分别穿戴好相适应的防护服装、手套、防毒口罩、面具和护目镜等。严禁赤脚、穿背心短裤，皮肤破伤者不能装卸毒性物质。

（2）装卸作业前对刚开启的仓库、集装箱、封闭式车厢要先进行通风排气，驱除积聚的有毒气体，各种毒性物质低于最高容许浓度才能开始作业。

（3）认真检查货物包装，尤其是包装外表，应无残留物，特别是剧毒，粉状的货物，包装外表更应加以注意，发现包装破损，渗漏，则拒绝装运。

（4）装卸操作时，作业人员尽量站立在上风处，不能在低洼处久待，应做到轻拿轻放，尤其是对易碎包装件或纸质包装件不能摔掼，避免损坏包装使毒物洒漏造成危害。

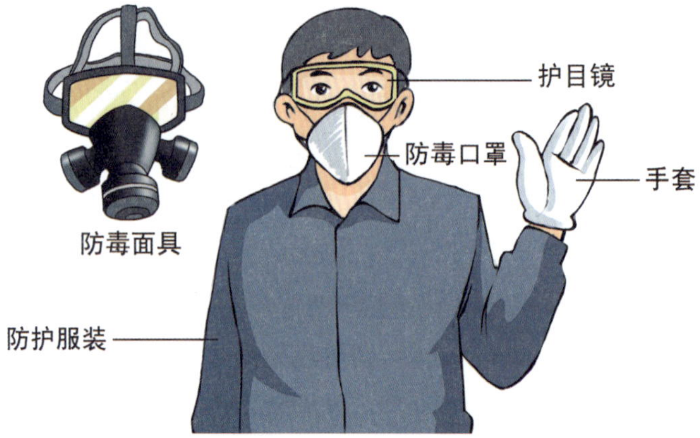

（5）堆码时，要注意包装件上的图示标志（GB/T 191—2008），不能倒置，堆码要靠紧堆齐，桶口、箱口向上，袋口朝里。小件易失落货物（尤其是剧毒品氰化物、砷化物、氰酸酯类），装车后必须用苫布严盖，并捆扎牢固。

（6）对刺激性较强的和散发异臭的毒性物质，装卸人员应采取轮班作业。在夏季高温期，尽量安排在早晚气温较低时作业，晚间作业应用防爆式或封闭式的安全照明。在下雪和冰封时作业，应有防滑措施。

（7）无机毒性物质不得与酸性腐蚀品配装，不得与易感染性物质配装。

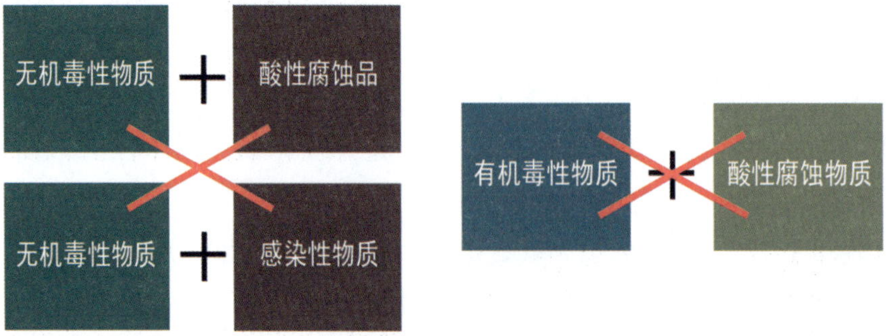

（8）有机毒性物质不得与爆炸品、助燃气体、氧化性物质、有机过氧化物等酸性腐蚀物质配装。

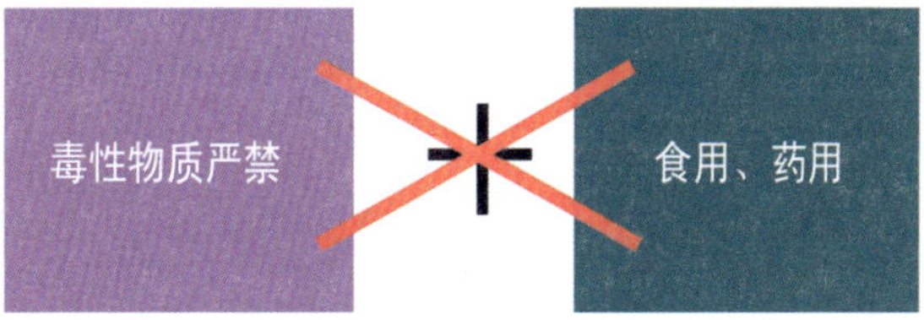

（9）忌水的毒性物质（如磷化铝、磷化锌等），应防止受潮。

（10）毒性物质严禁与食用、药用及生活用品等同车拼装。装运后的车辆及工属具要严格清洗消毒，未经安全管理人员检验批准，不得装运食用、药用、生活等用品及活的动物。

（11）装卸操作人员不能在货物上坐卧、休息，不能用衣袖擦汗。如皮肤受到沾污，要立即用清水冲洗干净。

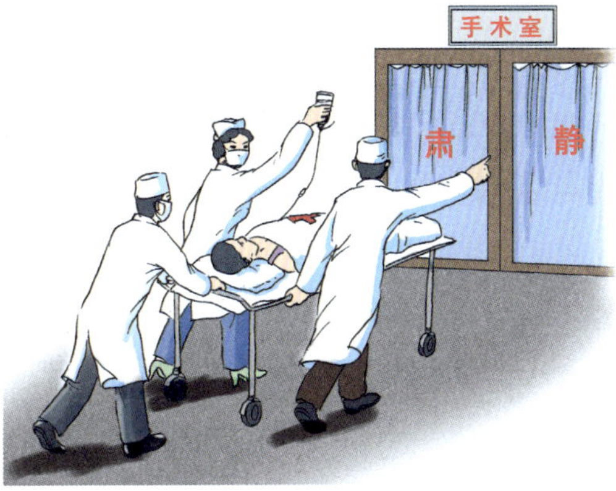

（12）要尽量减少与毒性物质的接触时间，现场监护人要加强对作业人员的关注，发现有头晕、恶心、呕吐、呼吸困难、惊厥、昏迷等现象，要立即移送到新鲜空气处，脱去污染的衣着，服用1%的大苏打水溶液，及时送医院抢救。

（13）作业结束后要换下防护服，洗手洗脸后才能进食、饮水或吸烟。工前、工后都应禁止饮酒。防护用品每次使用后必须集中清洗，不能穿戴回家。

3 运输过程

装运毒性物质时，要每隔2小时检查一次包装件的捆扎情况，防止丢失。行车中避开高温、明火场所。

（二）感染性物质

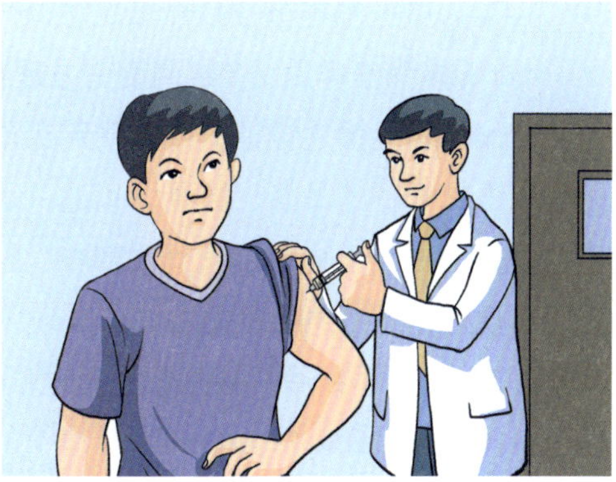

1 出车前

（1）作业人员应接受相关专业技术、安全防护以及应急处理等知识的培训。应穿戴专用安全防护服和用具。定期进行健康检查，必要时，对有关人员进行免疫接种，防止受到健康损害。

（2）认真检查盛装感染性物质的每个包件外表的警示标识，核对医疗废物标签，标签内容包括：医疗废物产生单位、产生日期、类别及需要的特别说明等。标签、封口不符合要求时，拒绝运输。

（3）道路运输医疗废物车辆应有明显的医疗废物标识，须达到防渗漏、防遗撒及其他环境保护和卫生要求。运送医疗废物的车辆不得运送其他物质。

2 装卸过程

（1）根据不同的医疗废物分类，作业人员在工作中应穿戴好相适应的防护服装、手套、防毒口罩、面具和护目镜等。

（2）作业人员发生被医疗废物刺伤、擦伤等伤害时，应采取相应的处理措施，并及时报告相关部门。

3 运输过程

（1）按照有关部门规定的时间和路线，从医疗废物产生地点运送至指定地点。

（2）在运送医疗废物时，应防止包装物或容器破损和医疗废物的流失、泄漏和扩散，并防止医疗废物直接接触身体。

（3）运输过程中，车厢内温度应控制在所运送医疗废物要求的温度范围之内。

（4）运送医疗废物的专用车辆使用后，应当在医疗废物集中处置场所内及时进行消毒和清洁。

（三）剧毒化学品

1 出车前

押运人员应根据单位具体情况，一般有以下要求。

（1）接受任务后，应到调度室办理相关手续，验证票据，询问核实公安部门出具《剧毒化学品公路运输通行证》所载明购买单位的名称地址和购买人员的姓名、身份证号码及所购剧毒化学品的品名、数量、用途、承运人、收货单位等信息，熟悉运输始发地和目的地、运输路线、运输单位、有效期限、经停地点，包装材料和包装方式；剧毒化学品的特性、出现险情的应急处置方法。

（2）办好手续后，应到票据管理部门对票据进行签章并打印收货收条。

（3）签章后将留调度室备案的提货单返回调度室，并再次确认相关注意事项。核查车辆的有关证件、标志应齐全有效、技术状况良好。根据所运剧毒化学品特性，随车携带防潮、降温、防火、防毒等工具和应急处理设备、劳动防护用品。

（4）确认无误后，应将办好的手续到安全生产部门进行数据输入，输入完毕，应与操作人员对单位管理卡和产品出库卡的数据进行确认，并作好标识便于区分。

（5）办完手续应进行安全教育登记，接受安全教育，应认识到押运安全教育的重要性，必须主动、认真接受出车前安全教育，对照安全教育内容逐一检查。

（6）若需持枪械执行押运任务，应到保卫部部长处按规定填写枪械领用申请登记表，并严格按要求遵守和执行相关规定。

（7）接受完安全教育后，应立即到企业办理相关手续，联系驾驶人员查看车辆状况。并整理好个人物质准备出车。

2 装载过程

（1）运输车辆到剧毒化学品库房装载货物，押运人员应与库管员进行沟通，落实装载库区及车辆停靠点。

（2）车辆的车厢底板应平坦完好、栏板牢固，车厢或罐体内不得有与所装剧毒化学品性质相抵触的残留物。

（3）装载剧毒化学品时，应与库管员核对剧毒化学品的品名、数量、包装标志、安全技术说明书和安全标签，核查剧毒化学品包装。

（4）督促按照剧毒化学品操作规程有序堆码、捆扎，押运人员必须确保运输的剧毒化学品品种、数量无误，质量可靠。

（5）装剧毒化学品时确认剧毒化学品的品名、数量无误，包装容器完好，不超高、不超载，且捆扎牢固、盖严实，当木箱包装产品和纸箱包装产品同车运输时，要督促采取可靠措施，防止纸箱被木箱磨烂、压烂或被捆扎绳勒坏的现象。

（6）监督装卸作业全过程的安全工作，装完剧毒化学品出库前，检查车辆配备器材完整好用，并签字确认。

（7）剧毒化学品装载完成后，应严格按照操作规程办理交接手续，不得擅自离岗、脱岗，应使货物随时处于押运人员的监管之下，以防止危险货物被盗、丢失等事故的发生。

3 运输过程

（1）运送剧毒化学品时，发车前，必须对其装车情况进行检查确认，并签字认可，锁好车厢门，保管好钥匙。

（2）运输途中，应督促驾驶人员按照规定的运输路线、经停地点和运行速度和各项安全规定运行，并做好详实押运记录。途中需要改变运输路线、经停地点必须报请公安部门批准。

（3）途中认真观察周围情况，每隔 2 小时要停车检查，严防剧毒化学品丢失、被盗和发生其他情况。行车途中发现捆扎松动或脱绳、断绳等现象应重新捆扎，安全可靠后再继续行驶。若在途中临时停车时，押运人员应坚守押运岗位。

（4）剧毒化学品途中发生被盗、丢失、流散、泄漏等情况时，必须立即向当地公安部门报告，并与驾驶人员协同配合，采取一切可能的警示措施。

（5）车辆驾驶室内如安装了监视器，要负责实时监控。

（6）中途如有卸货，要重新对产品堆码情况进行必要的调整，重新清数和捆扎，确定可靠无误后方能继续行驶。

4 到达卸货

（1）货物运达卸货地点后，应与收货人核对，确认到货时间、剧毒化学品的品名、数量等信息，双人双签办理交接手续。因故不能及时卸货，应当按照操作规程要求将车辆停放在安全位置，设立警示标志，在待卸期间，应会同驾驶人员负责看管货物。卸货时，应督促装卸人员按照操作规程安全有序地卸载危险货物。

（2）到达目的地后确认剧毒化学品安全并顺利交接，要检查车辆是否被污染，办完各种手续后，及时以短消息形式联系单位，汇报产品安全到达。

（3）到达卸货点若遇有其他车从事装卸作业时，押运人员应督促驾驶人员将车辆靠在安全地带，远离水源和人畜，并设立标志。

（4）货物到达目的地以后，要协调收货单位在《剧毒化学品运输证》上签证物品到达情况。返回后将《剧毒化学品运输证》和收货单等及时交有关部门。剧毒化学品交接工作实行双人收发制度。

5 任务完成回场

车辆安全返回后，应及时归队报到，汇报工作情况，交接相关手续，车辆被污染的，应及时安排到指定地点洗车，准备接受新的任务安排。

七 腐蚀品

1 出车前

根据危险货物性质配备相应的防护用品和应急处理器具。

2 装卸过程

（1）装卸作业前应穿戴耐腐蚀的防护用品，对易散发有毒蒸汽或烟雾的，应备有防毒面具；并认真检查包装、封口是否完好，要严防渗漏，特别要防止外包装破烂脱底。

（2）装卸作业时，应轻装、轻卸，防止容器受损。液体腐蚀品不得肩扛、背负；忌振动、摩擦的货物或易碎容器包装的货物，不得拖拉、翻滚、撞击，没有封盖的包装件不得堆码装运。

（3）具有氧化性的货物不得接触可燃物和还原剂。

（4）有机腐蚀品严禁接触明火、高温或氧化性物质。

（5）酸性腐蚀品与碱性腐蚀品不得混装，无机酸性腐蚀品不得与有机腐蚀品混装。

（6）装载必须按规定吨位装载，并留有相应的膨胀余位，严禁超载。

3 运输过程

（1）运输途中发现货物撒漏时，要立即用干砂、干土覆盖吸收，清除干净后用清水清洗；大量溢出时，应立即向当地公安、环保等部门报告，并采取一切可能的警示措施。酸性货物撒漏，用碱性稀溶液中和，碱性货物撒漏，用酸性稀溶液中和。

（2）运输途中发现货物着火时，不得用水柱直接喷射，以防腐蚀品飞溅；对遇水发生剧烈反应，能燃烧、爆炸或放出有毒气体的货物，不得用水扑救。着火货物是强酸时，应尽可能抢出货物，以防止高温爆炸、酸液飞溅，无法抢出时，可用大量水将其容器降温。

（3）事故扑救人员必须穿戴防护用品，对易散发腐蚀性蒸汽，或有毒气体的货物，必须使用防毒面具。扑救人应站在上风处。

（4）如果有人被腐蚀物质灼伤时，应立即用大量水冲洗以稀释酸、碱性，必要时送医院救治。

模块三　几种大宗危险货物押运要求

在运输的危险货物中，散装固体、液化石油气和成品油运输量很大，这几种大宗危险货物在日常押运过程碰到的较多。

一 散装固体

1 出车前

按照不同的散装固体危险货物具体特性，进行相关准备工作。

2 装卸过程

（1）易撒漏、飞扬的散装粉状危险货物，包装好后方可装运。

（2）散装煤焦沥青在高温季节应在早晚进行装卸作业。

（3）装卸硝酸铵，环境温度不超过 40℃，应注意现场应保持足够的水源。

（4）装卸会散发有害气体或致病微生物的固体，要注意人身保护和采取必要的预防措施。

3 运输过程

（1）装车后必须用苫布遮盖严密，必要时应用大绳捆扎，防止飞扬。

（2）行车中尽量避免紧急制动，转弯必须减速，防止物体移动，造成车辆侧翻。

（3）按照不同危险货物的特性，选择运输时间、路线、运行速度等，保障运输安全。

二 液化石油气

1 出车前

注意检查液化石油气专运厢型货车的发动机（机舱内）应安装快速火花熄灭装置。

2 装卸过程

（1）装卸过程中，要求对钢瓶依序码平，并对钢瓶捆扎牢固，钢瓶只许立放，严禁倒放和卧放。严禁在车厢内乘人。

（2）不准将漏气瓶、严重破损瓶（报废瓶）、异型瓶装车。

（3）收回漏气瓶时，漏气瓶必须装在车箱的后面，不得靠近驾驶室。

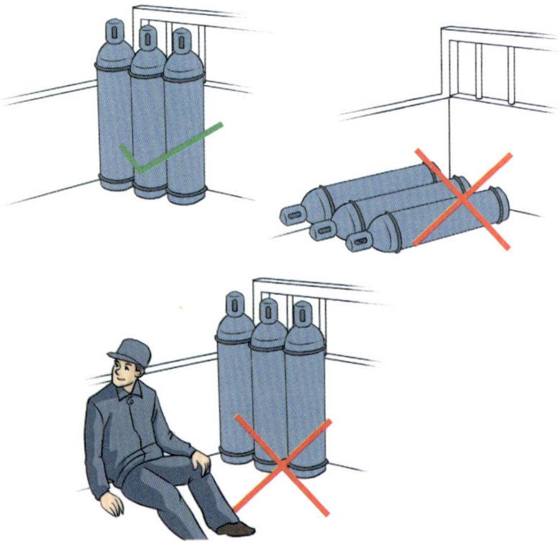

3 运输过程

（1）液化石油气罐车在行驶时，必须按当地公安部门规定的路线、时间和车速行驶，不准带拖挂车，不得携带其他易燃、易爆危险物质。通过遂道、涵洞、立交桥时，要注意标高，限速行驶，当罐车内温度达到40℃时，应采取遮阳或罐外冷水降温措施。

（2）在途中需停车检修时，应用不产生火花的工具，并不准有明火作业。如途中停车需超过 6 小时时，应与当地公安部门联系，并按指定的安全地点停放。

（3）罐车液化石油气若发生大量泄漏时，应采取紧急止漏措施，一般不得起动车辆，立即采取防火、灭火措施，切断一切火源，设立警戒区，并组织人员向逆风方向疏散。

（4）装有重瓶的车辆在停止状态时，必须将车厢顶部的开窗全部敞开并锁好窗销，不准关闭车厢顶部开窗。

（5）车辆在行驶前要求将车厢后门、侧门锁牢方可运行，不准敞开行驶。严禁超载运行。

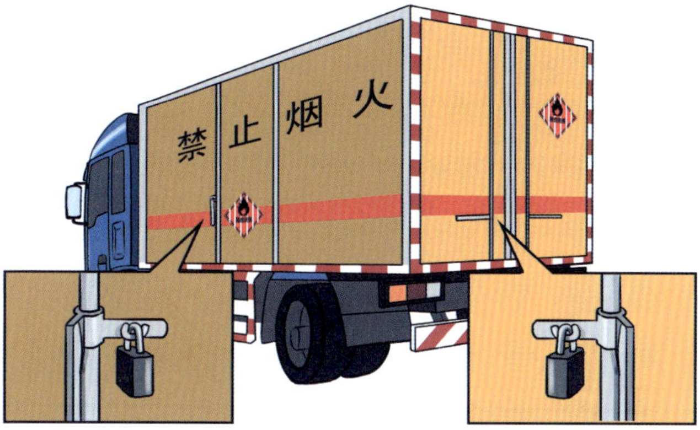

三 油品运输

1 出车前

从业人员进出油库要穿着防静电工作服和工作鞋，并遵守油库的有关规定，不带火种进库，应接受检查。

2 装卸过程

（1）在灌装油料前、放油后监督驾驶人员检查节门和管盖是否关牢，查看接地线是否接牢，不得敞盖行驶，严禁罐车顶部载物。

（2）汽车油罐车的灌装使用泵送和自流灌装。

（3）油罐车进站卸油时，其他车辆不准进入，停止加油，并要有专人监护，避免行人靠近。测量油量要在卸完油 30min 以后进行，以防测油尺和油液面、油罐间的静电放电。

（4）最好采用密闭卸油，用这种方法卸油是在地下油罐和油罐车之间加一条油气管道，从油罐车流向地下油罐，而地下油罐内的油气沿着管道流向油罐车，进行油气置换。

（5）卸油时发动机应熄火，雷雨天应停止卸油。

（6）卸油时夹好导静电线，在装好卸油胶管，当确认所卸油品与储油罐存储的油品各类相同时，方可慢慢开启放油阀门。

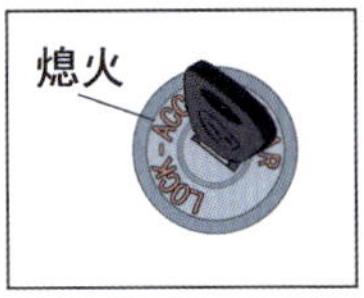

（7）卸油前要检查油罐的存油量，以防止卸油时冒顶跑油。卸油时严格控制流速，在油品没有淹没进油管口前，油的流速应控制在 0.7 ～ 1m/s 以内，以防止产生静电。

（8）卸油中要做到不冒、不洒、不漏，各部接口牢固，卸油时不得离开现场，与加油站人员共同监视卸油情况，发现问题随时采取措施。

（9）卸油时，油管应伸至离罐底不大于 300mm 处，以防止进油时喷溅产生静电。

（10）卸油要尽可能卸净，当加油站人员确认罐内已无储油时方可关闭放油阀门，收好放油胶管，盖严油罐盖。

3 运输过程

（1）在通过隧道、涵洞、立交桥时，要注意标高，限速行驶，当罐车内温度达到 40℃时，应采取遮阳或罐外冷水降温措施。

（2）汽油罐车，平时应按规定的位置单独停放。存满汽油的罐车不得进入车库停放。

第四篇
装卸管理人员篇

单元一　道路危险货物运输装卸管理人员基本要求

学习要点

了解道路危险货物运输装卸管理人员基本要求，以及道路危险货物运输装卸概念、地位、特点和分类。

模块一　危险货物装卸概述

装卸作业是道路危险货物运输整个过程的重要环节，对确保危险货物在途安全具有关键作用。作为道路危险货物运输装卸管理人员，需全面掌握危险货物装卸的基本知识，掌握在装卸作业过程中发生各种意外情况时的应急处理措施。

一　装卸的概念

一般在同一地域范围内（如车站范围、工厂范围、仓库内部等），以改变“货物”的存放、支承状态的活动称为装卸，包含装与卸两个方面，即装是从无到有、卸是从有到无。而以改变“货物”空间位置的活动称为搬运。装卸与搬运两者统称为装卸搬运。有时或在特定场合，单称“装卸”或单称“搬运”，其本质也包含了“装卸搬运”的完整过程。在当今社会中，它和运输活动一样是整个物流活动的重要组成部分。

日常习惯中，公路运输常将装卸搬运这一整体活动称为“货物装卸”；在生产领域中常将这一整体活动称为“物料搬运”。

在实际工作中，装卸与搬运是密不可分的，且两者是伴随在一起发生的。所以，在现代物流科学中，并不特别强调两者间的差别，而是作为一种活动来对待。

这里的危险货物装卸是指将危险货物装上载货汽车或卸下载货汽车的一系列活动过程。

二 危险货物装卸的地位

危险货物装卸活动的基本动作包括出库、装车、卸车、堆垛、入库以及连接上述各项动作的短程输送，是随运输和保管等活动而产生的必要活动。

危险货物装卸活动是实现高效运输、保障运输安全的重要环节，装卸质量与安全直接影响着整个运输生产的全过程。因此，装卸是运输全过程中非常重要的环节，也是必不可少的关键环节。

在危险货物道路运输作业过程中，装卸活动是不断出现和反复进行的，它出现的频率高于其他各项物流活动，每次装卸活动都要花费很长时间，所以往往成为决定物流速度的关键。

三 危险货物装卸特点

1 危险货物装卸是道路危险货物运输附属性、伴生性活动

危险货物装卸是危险货物运输开始及结束时必然发生的活动，是完成运输不可缺少的组成部分。一般所说的“道路运输”，实际就包含了相随的装卸搬运；运输的开始就是出库、运输的结束就是入库，也就是说仓库中泛指的保管活动，也含有装卸搬运活动。如铁路运输的始发和到达的装卸作业费占运费的 20% 左右，水路运输占 40% 左右，公路运输占 10% 左右。

此外，进行危险货物装卸操作时往往需要接触货物。这个环节不但易造成货物破损、散失、损耗、混合等，也易发生人身伤害和财产损失等安全事故。由此可见，装卸活动是影响危险货物物流技术经济效益、保障道路运输安全的重要环节，必须引起高度重视。

2 危险货物装卸是支持、保障性活动

危险货物装卸会影响其他物流活动的质量和速度以及安全。如装车不当会引起运输过程中的事故或损失，卸放不当会引起货物储存或下一步装运困难和安全隐患。危险货物物流活动只有在高效、安全的装卸搬运支持下，才能实现高效率和高水平。

3 危险货物装卸是衔接性活动

任何物流活动互相过渡时，都是以装卸搬运来衔接。因而，装卸搬运往往成为危险货物整个物流“瓶颈”，是各环节之间能否形成有机联系和紧密衔接的关键，而这又是一个系统的关键。建立一个有效的危险货物物流系统，关键看这一衔接是否有效。

4 危险货物装卸是承、托运双方共同性活动

由于危险货物自身特性以及装卸的特殊技术要求，装卸必须有相应的专用设施、设备和能熟练应用该设施、设备以及全面掌握该货物特性的专业装卸人员。危险货物装卸作业在装卸管理人员的现场指导下进行；一般没有特殊情况，由负责装卸单位派出装卸管理人员；经合同或协议约定，可由承运方或托运方派出装卸管理人员；大多数实际情况，是承运、托运双方的共同责任性活动。

四 危险货物装卸分类

危险货物装卸的分类按不同的分类方法而不同，一般方法如下。

1 按装卸作业性质分类

一般按装卸作业性质，危险货物装卸可分为人工装卸和机械装卸两大类。

现在，人工装卸在危险货物装卸作业中仍然占有很大比例。由于危险货物的类别多，货物理化特性差别大，以及汽车运输装卸一般一次装卸批量较小；同时也因为汽车运输可以实现“门到门”的运输，因此，不需要长距离的货物搬运，可以直接利用人工或手动简易机械，即能达到装卸作业目的。

随着危险货物装卸对安全性、稳定性、专用性的要求逐渐加强，同时也由于技术水平不断提高，机械装卸逐渐体现出了自动化、效率高、成本低以及货损货差小和安全性高的特点，所以机械装卸的比重呈现不断上升的趋势。

2 按装卸机械及机械作业方式分类

按装卸机械及机械作业方式，危险货物装卸可分成：使用吊车的“吊上吊下”方式；使用叉车的“叉上叉下”方式；使用半挂车或叉车的“滚上滚下”、“移上移下”方式及散装散卸方式等。

（1）“吊上吊下”方式，是采用各种起重机械从危险货物上部起吊，依靠起吊装置的垂直移动实现装卸，并在吊车运行的范围内或回转的范围内实现装卸或搬运。由于吊起及放下属于垂直运动，这种装卸方式属垂直装卸方式。

（2）“叉上叉下”方式，是采用叉车从货物底部托起货物，并依靠叉车的运动进行货物位移，搬运完全靠叉车本身，货物可不经中途落地直接放置到车上或从车上卸下放到目的地。这种方式垂直运动不多而主要是水平运动，属水平装卸方式。

（3）“滚上滚下”方式，主要是指港口装卸的一种水平装卸方式。滚上滚下方式需要有专门的船舶，对码头也有不同要求，这种专门的船舶称“滚装船”。汽车运输危险货物装卸一般不宜采用这种方式。

（4）“移上移下”方式，是在两种运输工具之间（如火车和汽车）进行靠接，然后利用各种方法，不使货物垂直运动，而靠水平移动从一种运输工具上推移到另一种运输工具上。“移上移下”方式需要使两种运输工具水平靠接。因此，需对站台或车辆货台进行改变，并配合移动工具实现这种装卸。

（5）散装散卸方式是对散装物进行装卸。一般从装点直接到卸点，中间不再落地，这是集装卸与搬运于一体的装卸方式，如运输散装硫磺、萘饼、粗蒽、煤焦沥青等危险货物。

3 按被装物的主要运动形式分类

按被装物的主要运动形式，危险货物装卸可分为垂直装卸、水平装卸和流动装卸 3 种方式。

4 按装卸搬运对象分类

按装卸搬运对象，危险货物装卸可分成散装货物装卸、单件（货包）货物装卸和集装货物装卸等。

5 按装卸搬运作业特点分类

按装卸搬运作业特点，危险货物装卸可分成连续装卸与间歇装卸两大类。

连续装卸主要是同种大批量散装或小件杂货通过连续输送机械，连续不断地进行作业，中间无停顿，货间无间隔。在装卸量较大、装卸对象固定、货物对象不易形成大包装的情况下，适宜采取这一方式。间歇装卸有较强的机动性，装卸地点可在较大范围内变动，主要适用于货流不固定的各种货物，尤其适用于包装件危险货物。

模块二　道路危险货物运输装卸管理人员基本要求

一般道路运输危险货物装卸管理人员应该符合如下的基本要求。

1 文化程度

由于危险货物的道路运输特殊性，以及危险货物理化特性的复杂性和科学性，所以，要求从事装卸管理的人员，应掌握基本的文化知识，一般应具备初中以上的文化程度。

2 身体条件

由于危险货物的危害性，要求从事道路运输的装卸管理人员要身体健康。

3 思想素质

必须遵守国家各项法律、法规及国家、行业标准，热爱本职工作，政治思想素质好，责任心强，具有良好职业道德。

4 资格要求

根据《危险化学品安全管理条例》、《中华人民共和国道路运输条例》和《道路危险货物运输管理规定》要求，装卸管理人员应当经交通运输主管部门考试合格，并取得相应的从业资格证；从事剧毒化学品、爆炸品道路运输的装卸管理人员，应当经考试合格，取得注明为“剧毒化学品运输”或者“爆炸品运输”类别的从业资格证。因此，装卸管理人员必须进行专业知识的学习和培训，并经设区的市级交通主管部门考试合格，获得《从业资格证》持证上岗。凡未取得相应从业资格而上岗作业的，属于违法行为，处 5 万元以上 10 万元以下的罚款；拒不改正的，责令停业停产整顿；构成犯罪的，依照刑法关于危险物品肇事罪或者其他罪的规定，依法追究刑事责任。

5 专业技能

装卸管理人员须有从事道路货物运输业经营管理工作 3 年以上的经历，或从事经济管理工作 5 年以上的经历，经过危险货物专业知识培训和装卸作业实际操作训练，掌握道路危险货物运输行业法律法规和技术标准规范，掌握危险货物装卸技能及包装、容器的分类、标志、标识和使用特性，以及危险货物事故应急处理措施。

单元二 道路危险货物运输装卸条件及基本要求

学习要点

了解道路运输装卸机具及设备条件，熟悉道路运输装卸危险货物基本要求。

模块一 危险货物装卸的基本要求

一 危险货物装车前基本要求

（1）在进行装车作业前，装卸管理人员可对拟装运危险货物的车辆进行例行检查，查看其车辆安全技术状况及相应的安全设施是否齐全有效、符合相关要求，如防火设施，防爆工、属具，熄灭火星装置，防波板等。

（2）查看有关运行证件是否齐全有效，如行驶证、道路运输证（加盖危险货物运输专用章）、危险货物准运证、驾驶人员的驾驶证和从业资格证以及押运人员的从业资格证等。

（3）危险货物运输车辆必须装有符合国家标准《道路运输危险货物车辆标志》（GB 13392—2005）规定的专用标志。

（4）运输车辆是否适合拟装运的危险货物，拟装运货物与车辆不匹配不得装运。具体可参见危险货物道路运输车辆基本要求的相关内容。

（5）随车用于遮盖、捆扎危险货物及防潮，防火，防毒面具，防护服等工、属具、应急处理器材、防护用品和安全技术资料是否齐全有效。

（6）运输车辆车厢底板是否平坦完好，有无凹陷、过度弯曲或断裂等缺陷，罐体固定是否牢固、可靠。根据所运货物，铁底板车厢是否采取衬垫防护措施，如铺垫木板、胶合板、橡胶板等。车厢或罐体内有无与所装危险货物品名不一致或与所装货物的性质相抵触的残留物。

（7）发现问题应立即停止装载，进行相关处理符合要求后，方可进行装载货物。

二 危险货物卸车前基本要求

（1）在进行卸车作业前，装卸管理人员可对拟卸载危险货物的车辆安全状况进行确认。

（2）核对车辆、驾驶人员、押运人员对应的各证件是否齐全有效。

（3）核对危险货物运输单据，对应的品名、规格、数量相符。

（4）核对接收现场配备有必要的防护措施和应急用品。

（5）检查接收现场位置或接收容器的安全情况，符合危险货物安全要求，如已有货物必须品名、规格相符。

（6）卸车时做好必要的防碰撞、防静电、防泄漏等措施，卸车完毕车辆、现场清理符合安全要求。

（7）发现问题应立即停止卸载，进行相关处理符合要求后，方可继续卸载。

模块二　危险货物装卸机械设备的基本条件与特殊要求

一 装卸机械设备应具备基本条件

（1）装卸机械的选用必须根据国家有关标准生产的正规合格产品，具有标准化、系列化、通用化的特点，符合所装卸危险货物的安全要求。

（2）特种装卸机械的技术性能不得任意改变（如增加起重量、扩大跨度、延长悬臂、接长吊杆等）。

（3）装卸机械安全性能和技术指标要符合货场其他设备条件，符合对所装卸货物品种的装卸作业全过程工艺要求，有利于在货物进出货场的搬运、堆码、取放、套索方法等方面定出具体的作业步骤和要求。

（4）装卸机械实行定期检查、维修，实行责任维护制度。装卸机械检修分为一级维护（定检）、二级维护（小修）、中修和大修。根据作业量大小进行必要的维护，至少每年一次大修，确保设备技术状态完好，保障装卸和运输安全。超过大、中修期失修的机械，应停止使用。

①一级维护（定检）是对装卸机械进行擦洗润滑，对易磨损部分进行检查、调整。

②二级维护（小修）是维护性修理，是对装卸机械进行部分解体检查、清洗、换油、修复、更换超限的易损配件。

③中修是平衡性修理。装卸机械部分或全部解体，除完成二级维护的各项工作外，修复、更换磨损的主要零部件，保证使用到下一个修程。

④大修是恢复性修理。装卸机械全部解体、全面检查，恢复机械原有性能或改造性能，

修复更换磨损超限零部件，按批准的技术文件进行技术改造。

（5）新投入使用的装卸机械，操作人员必须全面检查调整，确认技术状态良好，符合安全技术条件后方可使用。购买使用新型的机械，要组织操作和维修人员，熟悉设备构造及性能特点、安全注意事项、使用及维护调整中的各项技术数据；操作人员经训练合格后才能使用新型机械。对新购和大修后的机械，要根据有关说明，规定初期使用的走合时间，并规定走合期内起动操作、运行速度、功率限制、紧固调整及润滑清洗等注意事项。

（6）各种装卸机械禁止超负荷作业。

（7）装卸机具要配有防火器材，配置防静电、防雷等设施。

二 装卸机械设备的特殊要求

（1）利用装卸机械装卸爆炸品、一级易燃液体、毒性物质时，装卸机械设备应按额定负荷降低 25% 使用。

（2）装卸易燃易爆危险货物时，电动装卸机械应设有防火星的封闭装置；燃油装卸机械应设置火星熄灭器。

（3）当电源电压低于额定电压 7% 时，应降低额定负荷 30% 作业；当电源电压波动超过 ±10% 时应停止作业。

（4）不得以限位开关代替控制器停车，不得以紧急开关代替停止按钮使用。

（5）普通叉车不得进行易燃易爆物品的作业；叉车底盘、电阻器要定期擦洗保持清洁。

（6）输油机具设备及输油系统周围要做到“三清”、“四无”、“五不漏”。“三清”指设备清洁、场地清洁、工具清洁；“四无”指无油垢、无明火、无易燃物、无杂草；“五不漏”指不漏油、不漏电、不漏火、不漏气、不漏水。

模块三　道路危险货物运输装卸管理作业要求

《危险化学品安全管理条例》第四十四条规定“危险化学品的装卸作业应当遵守安全作业标准、规程和制度，并在装卸管理人员的现场指挥或者监控下进行”；《道路危险货物运输管理规定》第四十二条规定“危险货物的装卸作业应当遵守安全作业标准、规程和制度，并在装卸管理人员的现场指挥或者监控下进行”。这是装卸危险货物的法律要求。在《汽车运输、装卸危险货物作业规程》（JT 618—2004）中规定了装卸危险货物应符合的基本要求。

一 装卸管理作业基本要求

（一）装卸前的准备

1 装卸作业场所要求

（1）危险货物装卸作业时，应在装卸作业区设置警告标志，无关人员禁止进入危险货物装卸作业区。

（2）装卸作业场所的选择要尽量远离其他危险货物或货物、人员、交通干线，并远离热源，通风良好；电气设备应符合规定要求，严禁使用明火灯具照明，照明灯应具有防爆性能；要有防静电和避雷装置。

（3）认真清理装卸作业场所的环境，确保不存在影响到危险货物装卸作业安全的其他物品和环境条件。

（4）进入易燃、易爆危险货物装卸作业区，应注意：

①禁止随身携带火种；

②关闭随身携带的手机等通信工具和电子设备；

③严禁吸烟；

④穿着不产生静电的工作服和不带铁钉的工作鞋。

2 装卸前对车辆和作业人员的要求

（1）道路运输装卸管理人员作业前，应核对货物名称、规格、数量是否与托运单证相符，并认真检查货物包装是否破损及货物包装的完整状况。货物与运单不符或包装不符合有关规定的应拒绝装车。

（2）运输危险货物车辆的有关证件、标志应齐全有效，技术状况应为良好，并按照有关规定对车辆安全技术状况进行严格检查，发现故障应立即排除。

（3）要求专用车辆按照危险货物装卸作业的有关安全规定驶入装卸作业区，并将车辆摆在容易驶离作业现场的方位上。

（4）车辆停靠货垛时，指挥车辆与货垛之间留有安全距离；待装、待卸的车辆与装卸货物的车辆应保持足够的安全距离，不准堵塞安全通道。

（5）运输危险货物车辆的车厢底板应平坦完好、栏板牢固，对于不同的危险货物，应采取相应的衬垫防护措施（如铺垫木板、胶合板、橡胶板等），车厢或罐体内不得有与所装危险货物性质相抵触的残留物。运输危险货物的车辆配备的消防器材，发现问题应立即更换或修理。

（6）根据所运危险货物特性，应随车携带遮盖、捆扎、防潮、防火、防毒等工、属具和应急处理设备、劳动防护用品。

（7）装卸作业前，装卸管理人员应核对危险货物名称、规格、数量是否与托运单证相符。集装箱装卸作业前，应查验危险货物装箱清单；危险货物道路运输罐车卸货前，应确认所卸货物与贮罐所标货物名称是否相符。若装卸危险货物与运单或贮罐标示不符时，应拒绝装卸。

（8）对装有易燃易爆和有易燃易爆残留物的运输车辆，不得动火修理。确需修理的车辆，应向当地公安部门报告，根据所装载的危险货物特性，采取可靠的安全防护措施，并在消防员监控下作业。

（9）运输危险货物的车辆需维修时，应选择在安全地点清除危险货物的危害后进行维修，或者选择在取得《道路危险货物运输管理规定》资质要求的维修企业进行。禁止在装卸作业区内维修运输危险货物的车辆。

3 掌握危险货物的危险特性要求

（1）夏季装运易燃易爆的危险货物时，必须遵守：

①作业现场温度超过35℃时，应停止装卸作业；如必须装卸的，须用冷水喷淋现场，使作业现场温度降到30℃以下，方可作业；

②雷电交加时，应停止作业。

（2）托运未列入《危险货物品名表》的危险货物新品种，必须提交《危险货物鉴定表》方可运输。

（3）危险货物应分类装运，不同类别的危险货物配装应符合《汽车运输危险货物规则》中的危险货物配装表。对性质和消防方法相抵触的危险货物不能配装。过度敏感或能自发反应引起危险的货物禁止运输。

（4）危险货物包装应符合分类特性规定，破损的包装件不允许装运。

（5）危险货物的装卸应在装卸管理人员的现场指挥下进行，掌握所运载的危险货物性质、危害特性、包装容器的使用特性、防护要求和发生事故时的应急措施。

（二）装卸过程必须符合下列要求

（1）装卸过程中，驾驶人员和押运人员不得离开车辆，并负责监装、监卸，办理货物交接签证手续时要现场当面交接。

（2）车辆进入危险货物装卸作业区，按作业规定驶入装卸作业区，并将车辆摆在容易驶离作业现场的方位上；进入易燃易爆危险货物装卸作业区应带有防火罩，提前提起导除静电拖地带，停好车辆后接通导除静电线。

（3）车辆停靠货垛时，应听从装卸管理人员的指挥，车辆与货垛之间要留有安全距离；待装、待卸车辆与正在装卸货物的车辆应保持足够的安全距离，并不准堵塞安全通道。

（4）装卸操作时应根据货物包装的类型、体积、重量、件数的情况，并根据《包装储运图示标志》的要求，轻拿轻放，谨慎操作，严防跌落、摔碰、泄漏，禁止撞击、拖拉翻滚、投掷，同时应做到以下几点。

①堆码整齐，靠紧妥帖，易于点数。

②堆码时，桶口、箱盖朝上，允许横倒的桶口及袋装货物的袋口应朝里。

③装载平衡，高出栏板的最上一层包装件，堆码时应从车厢两侧向内错位骑缝堆码，超出车厢前挡板的部分不得大于包件高度的 1/2。

④装运高出栏板的货物，装车后，必须用绳索捆扎牢固，易滑动的包装件，需用防散失的网罩覆盖并用绳索捆扎牢固或用苫布覆盖严密，需用两块苫布覆盖货物时，中间接缝处须有大于 15cm 的重叠覆盖，且车厢前半部分苫布需压在后半部分的苫布上。

⑤装有通气孔的包装件，不准倒置、侧置，防止所装货物泄漏或进入杂质造成危害。

⑥装载危险货物应符合车辆核定载质量要求，不得超载装运。

⑦装卸过程中，车辆发动机应熄火并切断总电源（必须由车辆提供动力的除外）；在有坡度的场地装卸货物时，必须采取防止车辆溜坡的有效措施。

⑧装车完毕后车辆起步前，驾驶人员应对货物的堆码、遮盖、捆扎等安全措施及对影响车辆起动的不安全因素进行检查，确认无不安全因素后，方可起步；在高温季节、高温时段内，易燃易爆危险货物运输车辆不应上路。

⑨装卸过程中需要移动车辆时，应先关上车厢门或栏板。若原地关不上时，应有人监

护，在保证安全的前提下才能移动车辆。起步要慢，停车要稳。

⑩托盘和手推车尽量专用，装卸机具应有防止产生火花的防护装置。装卸前，要对装卸机具进行检查。装卸爆炸品、有机过氧化物、剧毒化学品，装卸机具应按额定负荷降低25% 使用。

⑪装卸作业场所要远离热源，严禁受热，通风良好；场所内电气设备应符合规定要求，严禁使用明火灯具照明。

危险货物装卸完毕，作业场所必须彻底清扫干净，装过剧毒性物质的车辆和受到危险货物污染的车辆、工具必须洗刷和除污。危险货物的撒漏和污染物必须送到当地环保部门指定地点集中处理。

⑫禁止在装卸作业区内维修车辆。

⑬危险货物运达卸货地点后因故不能及时卸货，在待卸期间，驾驶人员应协同押运人员负责看管货物。属爆炸品、剧毒性物质的，应报告当地公安部门派人值守。

（三）装卸后的要求

危险货物装卸完毕后，作业现场应清扫干净。装运过剧毒品和受到危险货物污染的车辆、工具应洗刷和除污。危险货物的撒漏物和污染物应送到当地环保部门指定地点集中处理。

单元三 道路危险货物运输装卸安全及事故应急措施

学习要点

掌握各类道路危险货物运输及散装危险货物装卸安全及事故应急措施。

模块一 各类危险货物装卸安全及事故应急处置

一 爆炸品

爆炸品在装卸时，如发生爆炸事故，危害极大。同时，如装载不符合要求，在运输过程中也易发生事故，因此，爆炸品装卸工作需要特别注意。

1 装卸作业前准备工作

（1）装卸管理人员应掌握所装卸爆炸品的理化性质及应急措施，经所在地市级交通主管部门考试合格，取得相应从业资格证，持证上岗，并对装卸作业现场安全操作负责。

（2）运输车辆应使用厢型货车、罐式车辆或集装箱运输车辆，必须符合《道路运输爆炸品和剧毒化学品车辆安全技术条件》（GB 20300—2006）；应配置符合《道路运输危险货物车辆标志》（GB 13392—2005）要求的车辆标志；运输车辆的车厢内不得有酸、碱、氧化剂等残留物；随车携带的防潮、防火、防爆等工属具，应齐全有效。

（3）爆炸品装卸工具，必须事先检查各种机件是否完好，如有故障，不得使用。

（4）不具备有效的避雷电、防湿潮条件时，雷雨天气应停止对爆炸品的装卸作业。

（5）装卸作业前，车辆发动机应熄火，并切断总电源。不应将车辆停放在纵坡大于 5% 的路段，否则，应采取防止车辆溜坡的有效措施。

（6）装卸作业前应对照出库单，核对爆炸物品名称、规格、数量，并认真检查货物包装。爆炸品的安全标签、标识、标志等与运单不符或包装破损、包装不符合有关规定的应拒绝装车。

2 装卸作业中的安全要求

（1）装卸现场严禁高温和接触明火；装卸搬运时，不准穿铁钉鞋，使用铁轮、铁铲头推车和叉车，应有防火花措施；严禁使用易产生火花机具设备。装卸人员作业时不得携带烟火和通信工具。

（2）装卸过程中，驾驶人员和押运人员不得远离车辆，押运人员负责监装、监卸，办理货物交接签证手续时要点收、点交。无关人员严禁进入装卸作业区。

（3）进入爆炸品装卸作业区，车辆排气管应安装排气火花熄灭器，按有关安全作业规定驶入装卸作业区，并将车辆停放在容易驶离作业现场的位置。装卸过程中需要移动车辆时，应有人监护，在保证安全的前提下移动车辆。起步要慢，停车要稳。

（4）装卸管理人员必须遵守保密规定，不得向无关人员泄露有关爆炸品储运情况。同时，必须遵守有关场、库的规章制度。

（5）装卸作业时，必须轻拿、轻放，稳妥作业，严防跌落、摔碰；禁止撞击、拖拉、翻滚、投掷、倒置。

（6）禁止将爆炸品与氧化剂、酸、碱、盐类物品以及易燃物质、金属粉末同车配装。起爆药与炸药严禁在同一装卸点装卸，严禁混装在同车车箱运输。任何情况下，爆炸品不得与普通货物混装，同类爆炸物品配装必须符合配装组的组合要求。装卸同类爆破物品应逐车装卸，不得在同一装卸点同时对两车或两车以上进行装卸作业。必须按照“卸货优先、轻车让重车”的原则安排爆炸品的装卸工作。

（7）使用手推车等工具时，要检查机具是否完好，搬运中装箱不宜过多，速度不宜过快，装载质量不应超过300kg，搬运过程中应采取防滑、防摩擦和防止产生火花等安全措施。要注意将爆炸品包装箱捆牢，以预防在起步、停车、转弯时摔箱。

（8）如搬运时发现爆炸品的包装箱体破裂、松开或箱盖脱落，则不得装运，应小心卸下后单独放置，以便及时更换包装。对于由于受压而略有变形的纸箱，可在装卸时摆放在箱堆的上部。装卸时如发现产品药剂撒出，应立即停止装卸作业，在安全员的指导下，将撒药的箱包移至安全地带，并对撒有药剂的地点进行处理和湿法清扫后，方能恢复作业。

（9）装卸作业应在白天进行，夜间作业应有足够的照明；作业现场温度超过35℃时，应停止装卸作业。如必须装卸的，应用冷水喷淋现场，使作业现场温度降到30℃以下，方可作业。天气恶劣时，如遇雷电雨、强风或冰雹时，应停止作业。

（10）如果装卸现场发生火灾时，应立即提醒装卸人员停止产品的装卸，并把车辆驶离装卸区，停车、熄火、关闭电源。

3 事故应急措施

装卸爆炸品的过程中，如果发生事故，通常情况下，对爆炸品有效的灭火方法是用水冷却，而不能采取窒息法或隔离法。禁止使用砂土覆盖正在燃烧的爆炸物品，否则会引起燃烧转化为爆炸。对毒性爆炸品，灭火人员，必须带防毒面具。

对爆炸物品的撒漏物，应及时用水湿润，撒上锯末或棉絮等松软物品，轻轻收集并保持相对湿度，报请公安、消防等部门，进行专业化处理。

二 气体

压缩气体和液化气体一般储存于耐压容器中，在受热、撞击或剧烈振动的条件下，容器的压力容易膨胀引起介质泄漏，甚至使容器破裂爆炸，从而导致燃烧、爆炸、中毒、窒息等事故。其主要危险特性是爆炸性、毒害性、燃烧性和窒息性。因此，装卸压缩气体和液化气体时必须采取有效措施，以确保安全。

1 装卸作业前准备工作

（1）装载前应对货车车厢进行彻底清扫，车厢内不得有与所装货物性质相抵触的残留物，车厢内严禁乘人。

（2）夏季运输应检查并保证瓶体遮阳设施、瓶体冷水喷淋降温设施等安全有效；除另有限运规定外，当运输过程中瓶内气体的温度可能高于40℃时，应对瓶体实施遮阳、冷水喷淋降温等措施。

（3）装卸前必须严格检查气瓶的钢印标记。每种气瓶都有严密的设计、选材、制造和检验规定。经检验合格的气瓶，要按规定项目和顺序在指定位置（肩部）打上相应的标记（包括生产厂标记和气瓶检验单位标记）。

装卸管理人员对经手的每一只钢瓶都必须认真查看钢印和标记的具体内容，对于报废的钢瓶，过了检验期而未检验的钢瓶或超过工作压力的在用钢瓶都必须及时剔除，另作处理，否则不得进行装卸作业。

（4）应检查气瓶开关是否关紧，安全帽是否旋紧，钢瓶是否漏气，必要时可用肥皂泡沫进行检查。

2 装卸操作中安全要求

（1）装卸作业时应防止撞击、摔落，搬运时不可将瓶阀对准人身体，使用的装卸机具应装有防止产生火花的防护装置。

（2）装车时，应遵守《气瓶直立道路运输技术要求》（JT/T 773—2010）的要求。

钢瓶卸车后，应存放在低温、通风良好的场所，防止日晒，远离火源和热源。

（3）氧气瓶及其专用工具严禁与油类接触，汽车平台不得有残留的油脂，装卸管理人员也严禁穿戴沾有油脂或油污的工作服、手套、工作鞋等，以免引起燃烧和爆炸。

（4）液氯和液氨不能在同一车厢内配装，易燃气体与助燃气体应适当隔离，所有压缩气体与液化气体均不得和爆炸品、氧化剂、易于自燃物质、易燃物品配装；个别可以配装，但必须做适当的隔离。乙炔还可与氢气、氯化氢、硫酸等多种物质发生化学反应，因此乙炔不可与其他化学性质相抵触的物品配装、混存。

（5）装卸散装气瓶，不准脱手滚瓶，不准脱手传接；竖放气瓶要确认放稳后，手才可离瓶，防止气瓶倒下；散装气瓶应按照《气瓶直立道路运输技术要求》（JT/T 773—2010）的要求，装载平稳。

（6）多人合作装卸气瓶时，动作要协调、用力要得当，后方者要待前方者将瓶在车上放置稳妥后，方可继续上瓶；操作时，相互之间要保持一定的安全距离，不准在近距离同时操作。装卸气瓶时要注意保护好气瓶安全阀，防止撞坏。

（7）用机具吊装、吊卸气瓶或集装格或集装蓝时，工作人员必须戴安全帽进行操作。

（8）由于各种空瓶都留有一定量的余气和余压，所以仍然具有一定的危险性。因此，在装卸、运输空瓶的过程中，也应该提高警惕并按相关规定进行操作，严加防护，保持阀门开关紧闭，切勿松动。

（9）装卸和使用气体钢瓶还需要特别注意以下安全问题。

储存、运输和使用压缩气体、液化气瓶时要特别注意安全。首先，充装气体的钢瓶必须经过严格检验。作内部检验时，用12V安全行灯照明，如发现瓶壁有裂纹、鼓疤等明显变形时应报废；如有硬伤、局部片状腐蚀或密集斑点腐蚀时，应清除腐蚀层，用壁厚测定仪测定剩余壁厚，如仍大于规定厚度，则可除锈、涂漆后继续使用，否则应降级或报废。

做外部检验时，重点检查漆色、字样与所装气体是否相符；安全附件是否完整和完好无损；钢印标志是否齐全和清晰；是否超过检验期限；有无外观缺陷；瓶内有无剩余气体及剩余气体的压力大小；若是氧气瓶还要检查瓶体或瓶阀上是否沾有油脂。

上述情况只要有一项不符合要求，都要事先进行妥善处理，否则严禁充装气体。其次，充装完气体再检查瓶阀是否严密不漏气，否则气体逸出会发生燃烧、爆炸、使人中毒或窒息等事故。

此外，还要做好以下安全工作。

①防爆炸。液氮钢瓶的压力高达 220kg/cm^2 以上，液氧钢瓶的压力约为 150kg/cm^2，即使一般可燃、有毒气体钢瓶的压力低些，也都在 36kg/cm^2 以上，一旦受到高热、强力震动和撞击等，就会发生爆炸。故要特别注意勿使这些钢瓶靠近火源和长时间暴露于日光下，搬运时要轻搬轻放，保管时要经常检查阀门是否漏气。

气体燃烧爆炸的危险性除了决定于其自燃点和燃爆极限等因素外，还决定于气体分子的化学活泼性。例如，具有高度化学活泼性的氧气、氯气，在普通条件下即能与很多物质发生反应，引起燃烧和爆炸；液氧与有机物的混合物可以成为炸药；压缩氧与油脂接触能引起油脂自燃；氯气与乙炔或氢混合物在日光下就能爆炸。所以，必须掌握这些知识，对气瓶经常进行检查，定期对气瓶进行技术鉴定。

②防火灾。搬运氧气瓶时，工作服和装卸工具不得粘有油污；搬运和保管易燃气体钢瓶时，严禁接触火种。放钢瓶的地点失火时，应将钢瓶尽快移出火场；若来不及搬移，可用大量水浇钢瓶降温。瓶阀冻结时，严禁用火烤。

③防中毒。发现钢瓶漏气时，应迅速打开门窗通风透气，并立即拧紧漏气的阀门或将其移至安全场所。若是有毒气瓶漏气，去拧紧阀门时要戴上防毒面具，并采取其他应急安全措施。

④使用气瓶时，不能将气体全部用光，须留一定压力的余气。启用气瓶时要小心，不要碰撞瓶嘴，瓶帽不要丢失，搬运时应戴好瓶帽。开关气瓶时，应站在气阀接管的侧面，并用专用板手。开减压器时，应先开总气阀 1 ~ 2 次，以吹掉潮气、泥土，防止它们进入减压器内。不得用电磁起重机搬运气瓶；夏季车上要有遮阳措施。

气瓶应储存在专用库房内，并按所充装的气体种类和性质分类、分库存放。环境温度不宜超过 35℃。气瓶附近禁止堆放任何可燃、易燃物。并要求气瓶仓库的最大允许存量不超过 3000 个，仓库内要用耐火墙分隔成若干小间，每间限存易燃气瓶 500 个，或氧气瓶 1000 个，或不燃气体瓶 1000 个；仓库内小间可开门洞，每间要有单独的出口。

⑤气瓶上应涂以规定的颜色标志，以便识别。

⑥气瓶的堆放安全要求：气瓶应直立放置，最好靠放在特设的框架中，周围以栏栅围护。盛装有毒气体的钢瓶应单独存放，并在附近设置防毒用具及灭火器材。

气瓶涂漆颜色表

序号	气瓶名称	化学式	外表面颜色	字样	字样颜色	色　　环
1	氢	H_2	深绿	氢	红	P = 150 不加色环 P = 200 黄色环一道
2	氧	O_2	天蓝	氧	黑	P = 150 不加色环 P = 200 白色环一道
3	氨	NH_3	黄	液氨	黑	
4	氯	Cl_2	草绿	液氯	白	
5	氮	N_2	黑	氮	黄	P = 150 不加色环 P = 200 白色环一道
6	二氧化碳	CO_2	铝白	液化二氧化碳	黑	P = 150 不加色环 P = 200 黑色环一道
7	二氯二氟甲烷	CF_2Cl_2	铝白	液化氟氯烷 -12	黑	
8	二氟氯甲烷	CHF_2Cl	铝白	液化氟氯烷 -22	黑	
9	甲烷	CH_4	褐	甲烷	白	P = 150 不加色环 P = 200 黄色环一道
10	乙烷	C_2H_6	褐	液化乙烷	白	P = 150 不加色环 P = 200 黄色环一道
11	氩	Ar	灰	氩	绿	
12	氦	He	灰	氦	绿	
13	氖	Ne	灰	氖	绿	P = 150 不加色环 P = 200 白色环一道
14	氪	Kr	灰	氪	绿	
15	氙	Xe	灰	液氙	绿	

3 事故应急措施

（1）灭火方法。

装卸作业时，如果遇到火灾，应立即报告公安消防部门并组织扑救，同时应尽可能将未着火的气瓶移至安全地带。对着火气瓶可用雾状的水浇在气瓶上，使其冷却。在火势尚未扩大时，可用二氧化碳灭火器进行扑救。

（2）撒漏处理。

如果发现钢瓶漏气时，应立即报告公安、消防部门并组织扑救，迅速将漏气钢瓶移至安全场所，并根据气体性质作好相应的人身防护，施救者应站在上风处向气瓶倾泼冷水，使之降低温度，然后再将阀门旋紧。若再不可控制，可将气瓶浸入水中。

三 易燃液体

易燃液体在常温下易挥发，其蒸气与空气混合能形成爆炸性混合物，同时还具有高度流动性和扩散性。遇强酸、氧化剂接触反应强烈，能引起燃烧爆炸，并具有一定的麻醉性和毒性，长时间吸入可使人失去知觉。因此，装卸易燃液体必须符合下列要求。

1 装卸作业前准备工作

（1）大多数易燃液体的蒸汽具有一定的毒性，会从呼吸道侵入人体，造成危害。因此操作人员在作业前或作业中应加强安全措施、采取必要的通风措施。特别是在夏季及发生火警的情况下，空气中有毒蒸汽浓度加大，更应注意防止中毒。作业人员应穿戴好必要的劳动防护用品，特别是罐车装运易燃液体的操作人员，无论是装罐或卸货，人必须站在上风处，尽量减少蒸汽从呼吸道侵入的机会，或者采取相应的保护措施。

（2）易燃液体蒸汽与空气的混合气体遇明火会发生爆炸。所以，在易燃液体的装卸及贮运场所应严禁烟火，尤其是罐车装卸现场应划定警戒区，一般为半径 50m 内，不得有热源和明火场所。装卸操作时车辆应实施驻车制动，固定车轮，熄灭发动机，接好导除静电装置。夜间作业应使用防爆式照明设备。作业人员不得身带火种（如火柴，打火机等）和穿有铁钉的鞋。

（3）根据所装货物的包装情况（如化学剂小包装），随车携带好绳索、油布等工具，并检查消防设施是否良好，车厢必须保持清洁干燥。不得留有与易燃液体性质相抵触的残留物。

2 装卸作业中安全要求

（1）易燃液体受热后，常会发生容器膨胀或“鼓桶”现象，特别是夏季更应注意。为此，作业人员在装车时应认真检查包装（包括封口）的完好情况，发现破损，应由发货单位调换包装或修理加固，符合安全运输要求后，方可装车。

（2）作业时必须严格遵守操作规程，轻装轻卸，防止货物撞击、重压、倒置，严禁摔掼；货物堆放时应使桶口、箱盖朝上，堆垛整齐、平稳，箱形货物堆垛时最上面一层必须骑缝（成梯形）放置，捆扎牢固。

（3）要特别注意防火、防热，严禁烟火接近。使用的工、夹具不得沾有与所装货物相抵触的残留物。

（4）易燃液体与大多数危险货物性质相互抵触，或者是消防方法不同。因此，无论在配装或储存、保管中，都应采取有效的隔离或分库存放措施，装车也要严格按配装表的规定进行配载，驾驶人员、装卸管理人员不得任意拼载配装，尤其不能与氧化剂和强酸（如硝酸、硫酸等）物品同车装运。

（5）罐车运输液体危险货物的换装作业应符合下列要求。

罐车运输液体货物的换装规定表

油类物品	洗油	1	1														
	轻油	2	∧	2													
	重油	3			3												
	混合沥青	4	∧	∧		4											
	甲基萘油	5					5										
	三线脱脂油	6						6									
	蒽油	7	∧	∧		∧			7								
	汽油	8								8							
	柴油	9									9						
	中油	10	∧	∧		∧			∧			10					
	原油	11			∧								11				
	混合油	12			∧								∧	12			
	碳10油	13													13		
	煤焦油	14	∧	∧		∧						∧				14	
	焦化重油	15	∧	∧		∧			∧			∧				∧	15

注：a. 表内符号“∧”表示可以换装，表内无符号表示不可以换装。
b. 不需经过清洗处理的货物，其换装必须待卸尽后进行。

（6）装卸作业，要注意不同材质罐车适用不同性质货物（常温下）的规定和要求。

（7）罐车装卸作业应当遵守下列安全技术操作规程。

①装卸化学危险品，必须配备必要的应急处理器材，正确使用劳动防护用品。

②从事装卸的人员应按国家有关规定接受培训，并对所装卸化学危险品的性质、防护要求及应急措施等有一定的了解。

③车辆必须配带灭火器。进入装卸作业区的人员严禁携带火种，必须关闭随身携带的手机等电子设备，禁止穿着易产生静电或火花的工作服和工作鞋等。

④按指定地点停车，关闭发动机，实施驻车制动。接好静电连接线，管道和管接头连接必须牢靠、不泄漏，垫木应有效放置。

⑤作业前核对货物品种及数量是否与提货单相符。

⑥上述事项检查完毕后，方可进行装卸操作，装卸过程中应注意控制物料流速，驾驶人员及押运人员应配合装卸操作人员密切注意罐内液位，确保安全。

⑦罐装、卸放作业完毕后，检查罐内情况，确保数量不缺失、短少，按安全规定对装卸货管道进行处理，最后拆除静电连接线。

⑧检查车辆，关闭阀门、撤离垫木，确认车辆周围无障碍物后，指挥车辆起动驶离装卸货地点。

（8）燃油在装卸、运输、保管和使用方面应特别注意安全问题。

大部分燃油属于易燃或可燃液体，本身具有燃烧性，而其蒸汽与空气的混合物又可形成燃爆性气体，所以危险性较大。因此，必须使装卸、运输燃油的人员懂得有关安全知识。例如，易燃液体的流动性、挥发性和扩散性，使其危险性增大。此外，易燃液体的蒸汽除了有易燃气体的危险性外，它的特殊性在于一般比空气重，易滞留于低洼处，且贴近地面易顺风流向远方。如果在低处有人用火，则很容易着火，并把火种引向易燃液体，这是应当特别注意的。同时，常运的易燃液体大多比水轻且不溶于水，它也会随水流动而扩大危险，并难以用水灭火。

易燃液体一般导电率很小，易在流动中摩擦产生静电，静电的部分电荷会很快泄漏或逸散掉，但残存部分会形成电荷积累，其带电程度取决于该液体电阻率的大小，若防静电措施不正确或不到位，特别是装卸过程中就会产生静电继而放电火花，导致其蒸气与空气混合物的燃烧爆炸。

3 道路运输燃油的安全要求

目前，我国运输燃油一般采用汽车罐式运输，也有采用铁路油罐车运输的。汽车罐车上部设有入孔，其直径不小于500mm，入孔上有便于开关的盖板。罐体底部设有卸油管和阀门，管径一般为80～100mm。车体上设有导除静电的橡胶拖地带。燃油一般自上部入口孔灌入和下部入口灌入，从底部卸油阀排出。卸油方式有泵卸、自流下卸和虹吸卸油等。

（1）在装卸油料时，要选择适当的鹤管和管接头，采取适当的装卸速度，以避免油与管道摩擦产生、聚积高电位静电，也要避免管接头与车壁撞击产生火花。

（2）保管车用汽油，应选择适当的油罐，其呼吸阀单位面积压力应达到设计工作能力。油罐不应漏气，其容量与装满系数要尽可能人，蒸发面积要尽可能小。这样可减少蒸发损失及与空气接触的程度，有利于安全。储存期间应尽可能降低温度，以保持在15～20℃为宜。汽油在运输储存中不应混入水分，因为水的存在会降低汽油中抗氧化剂的浓度，增加酸度和对钢板的腐蚀。车用汽油保管还应注意避光，以延缓胶质的生成。工业用汽油的存放不应与车用汽油混放在一起，因为车用汽油的不饱和程度比较大，混入石油溶剂后，会造成油料的芳香烃和碘值增加，使操作工人发生中毒危险。

（3）汽车加油时，必须遵循加油站的安全技术规定。使用洗涤用溶剂油的工作场所，空气中的汽油浓度不得超过0.3ml/L。装卸作业时，在燃油设备及输油系统周围要做到“三清”、“四无”、“五不漏”。

（4）在灌油、放油前，要检查罐车阀门和管盖是否开关正确，查看接地线是否接牢，严禁罐车顶部载物。

（5）汽车罐车的灌装根据实际操作要求可采用泵送和自流灌装。

（6）汽车罐车进站卸油时，其他车辆不准进入，停止所有加油作业，并要有专人监护，避免行人靠近。

（7）应采用密闭卸油，用这种方法卸油是在地下油罐和汽车罐车之间增加一条油气管道，燃油从罐车流向地下油罐，而地下油罐内的油气沿着管道流向油罐车，进行油气置换。

（8）卸油前要检查油罐的存油量，以防止卸油时冒顶跑油。卸油时发动机应熄火，雷雨天停止卸油。卸油时夹好导静电线，再装好卸油胶管，当确认所卸油品与储油罐存储的油品各类相同时，方可慢慢开启阀门。

（9）卸油时严格控制流速，在油品没有淹没进油管口前，油的流速应控制在 0.7 ~ 1m/s 内，以防止产生静电。

①卸油过程要做到不冒、不洒、不漏，各部件接口牢固，卸油时驾驶人员、押运人员不得离开现场，与加油站人员共同监视卸油情况，发现问题随时采取措施。

②在卸油时，油管应伸至离罐底不大于 300mm 处，以防止进油时喷溅产生静电。

③卸油要尽可能卸净，当加油站人员确认罐内已无储油时方可关闭放油阀门，收好放油胶管，盖严油罐盖。

④上下罐车要从扶栏处上下，不得从其他部位登上跳下，防止摔伤。

（10）测量油量要在卸完油 30min 以后进行，以防测油尺与油液面、油罐这之间静电放电。

4 事故应急措施

（1）灭火方法。

大部分易燃液体的相对密度小于 1，且不溶于水，一旦发生火情，用水扑救时因水会沉在燃烧着的液体下面，并能形成喷溅、漂流而扩大火灾。另外，易燃液体所产生的热量较大，而其燃点又较低，很难使温度降到燃点以下。因此，扑救易燃液体火灾的最有效方法，是采用化学泡沫灭火剂以及干砂压盖。

（2）撒漏处理。

易燃液体一旦发生撒漏时，应及时以砂土覆盖或用松软材料吸附后，集中至空旷安全处处理，覆盖时特别要注意防止液体流入下水道、河道等地方，以防污染，更主要的是如果液体浮在下水道或河流道的水面上，其火灾隐情更重要；收集吸附泄漏物交由环保处置单位处理，在销毁收集物时，应充分注意燃烧时所产生的有毒气体对人的危害，必要时应穿戴好防毒面具。

四 易燃固体、易于自燃物质和遇水放出易燃气体的物质

由于本类货物在受热、摩擦、冲击或与氧化剂接触会发生剧烈化学反应，能引起燃烧，其粉尘更具有爆炸性。易燃固体燃点低于 400℃，对受热、摩擦、撞击敏感，易被外部火

源点燃，燃烧迅速（燃烧速度大于 0.5cm/s），并可能散发出有毒烟雾或有毒气体；易于自燃物质自燃点低（自燃点低于 200℃），在空气中易于发生氧化反应，放出热量，自行燃烧；遇水放出易燃气体的物质遇水或受潮时，发生剧烈化学反应，放出大量易燃气体和热量，即能引起燃烧和爆炸。因此，装卸易燃固体、易于自燃物质和遇水放出易燃气体的物质有相应的安全要求。

1 装卸作业前准备工作

（1）认真清扫车厢平台，检查装卸器械和工、属具等，其上不得沾有氧化剂和酸类等物质。

（2）作业现场要远离明火、高热，应备有相应的消防灭火设备，作业人员不得随身携带火种。

（3）检查货物的包装。包装破损、物品撒漏的不得装车，尤其要注意包装是否有渗漏现象。例如硝化棉要用水或酒精浸润，金属钠浸在煤油中，黄磷浸没在水中，以同空气隔绝，保证货物的稳定。如果包装渗漏，稳定剂流失或挥发，就会引起燃烧。

（4）不得穿着带有铁钉的鞋子进行作业。装卸有毒或有腐蚀性的易燃物品，作业人员应穿戴防护用品，防止货物接触皮肤造成中毒。

2 装卸作业中基本安全要求

（1）装卸时要轻装轻卸、不得翻滚，防止撞击、摩擦、摔落。

（2）堆码要整齐、靠紧、平稳。桶口、箱口或有“向上”标志的一律应向上堆放，不得倒置。操作中严禁使用易产生火花的工具，装卸机械应配备火星熄灭器，且禁止吸烟。

（3）注意防水、防潮，在无防护设备和未采取防护措施的情况下，不许在雨雪天进行装卸作业。高温季节对易燃、易于自燃物质，应在早、晚或气温较低时进行。

（4）严禁氧化剂、强酸、强碱、爆炸性物品同车配装运输。

3 易燃固体装卸过程中的特殊安全要求

固体物质因其组成和性质不同，而具有各自不同的燃烧特点。各种金属粉，如镁粉、铝粉、锰粉的燃烧是发生在固体表面与空气接触的部分，不产生气体和火焰，而只发生灼热的光，其温度可达 1000℃。扑灭金属粉着火时不能用水，因为在高温下金属粉与水反应生产氢气，氢气又可与空气形成燃爆性混合物。此外，水柱喷溅使金属粉飞扬，能与空气混合而发生燃烧爆炸。

萘及其衍生物、三硫化磷、二氯苯、松香等低熔点固体受热易熔化，其燃烧特点类似于液体的燃烧，燃烧过程是受热熔化→蒸发气化→分解氧化→起火燃烧。其中萘及其衍生物受热后易升华，即由固体直接变成气体，故更容易燃烧。它燃烧时光弱而烟多，其产物还有一定的毒性。

硝基化合物、硝化纤维素及其制品、重氮氢基球等易燃固体由于本身含有硝基（$-NO_2$）、亚硝基（$-NO$）、硝酰基（$-ONO_2$）、重氮基（$-N=N$）等不稳定的基团，受热易于分解，因而它们不仅易燃烧，而且在一定条件下还会爆炸，燃烧爆炸的产物中含有氧化氮和一氧化碳等有毒气体。

化学纤维、合成树脂、合成塑料等高分子化合物的燃烧过程比较复杂，有的易燃或缓燃，有的难燃或不燃，有的是熔融式燃烧，有的是分解式燃烧。在燃烧中会发生变形、软化和溅滴。而许多纤维和塑料的燃烧会发出较大的烟雾，并产生刺激性、毒害性或腐蚀性气体。

除上述燃烧特点外，不少易燃固体属于还原剂，能与强氧化剂接触发生燃烧和爆炸。如硫、磷与过氧化钠或氯酸钾相遇，则会立即燃烧爆炸。还有一些易燃固体，如萘及其衍生物等，与浓硝酸等强酸接触会发生剧烈反应，甚至引起燃烧或爆炸。对于这些情况，在物资的储运管理上都要非常注意。

同时，易燃固体在装卸中一般还要注意到以下几点安全要求。

（1）易燃固体在搬运装卸中要轻搬轻放，严禁滚动、摩擦、拖拉等危及安全的操作。库房内及其周围要严禁烟火。

（2）硝基化合物（如发孔剂 H 等）对撞击敏感，遇高热、酸易分解、爆炸，搬运时应轻装轻卸；装运时不得与酸性腐蚀性物质及有毒或易燃脂类危险品混装。

（3）易燃固体发生火灾时，可用水、砂土、石棉毡、泡沫、二氧化碳、干粉等灭火剂灭火；但金属粉（如铝粉、镁粉）着火时只能用砂土、干粉灭火或用轻金属灭火剂 7150 灭火，不能用水。

4 易于自燃物质的装卸安全要求

装运易于自燃物质须防止日光曝晒，不得与爆炸物品、氧化剂、腐蚀性物品和易燃物等配装混运。搬运装卸堆垛时要轻搬轻放，切不可重摔撞击。对桶装物品不应在地面上滚动，以免损坏包装或因摩擦而发热，引起自燃。

5 遇水放出易燃气体的物质装卸安全要求

（1）遇水放出易燃气体的物质，不得与酸类、氧化剂及含水的液体货物混装，不宜在潮湿的环境下装卸。若不具备防雨雪的条件，不准进行装卸作业。

（2）装卸钢桶包装的碳化钙（电石）时，应确认包装内有无填充保护气体。如未填充的，在装卸前应侧身轻轻的拧开通气孔放气，防止爆炸、冲击伤人。装电石的桶不得倒置。

6 事故应急措施

1）灭火方法

火灾是对该类物品安全储运的主要威胁，火灾处理不当则会严重危害周围的环境，因此正确采取灭火方法至关重要。

由于该类物品性质各异，因此采取的灭火手段也应有所区别。

（1）易燃固体。

根据易燃固体的不同性质，可用水、砂土、泡沫、二氧化碳、干粉等灭火剂灭火。但必须注意以下几点。

①粉状物品，例如闪光粉、铝粉等，不可用水灭火。因为闪光粉是镁粉和氯酸钾混合物，化学性质很活泼，能与水产生剧烈的反应，生成氢气能燃烧，被水冲散到空气中的闪光粉或铝粉末，在遇明火还有爆炸的危险。此类物品可用干燥的砂土、干粉等灭火剂进行扑救。

②遇水反应的易燃固体不得用水扑救，可用干燥的砂土、干粉等火剂进行扑救。

③有爆炸危险的易燃固体禁止用砂土压盖。

④遇水或酸产生剧毒气体的易燃固体，严禁用酸碱泡沫灭火剂。磷的化合物和硝基化合物（包括硝化棉、赛璐珞）、硫磺等物品，燃烧时产生有毒和刺激性气体，消防人员须注意带好防毒口罩或防毒面具。

⑤火场中抢救出来的赤磷要谨慎处理。因在火场高温下，赤磷会转化为黄磷而自燃。同时在火场中抢救出来的赤磷，往往被水淋过，赤磷受潮后，也会缓慢氧化自燃。

（2）易于自燃物质。

①易于自燃物质发生火灾时，一般可用干粉、砂土（干燥时有爆炸危险的易于自燃物质除外）和二氧化碳等灭火。与水能发生作用的物品严禁用水灭火，如三乙基铝、铝铁熔剂燃烧时温度极高，能使水分解产生氢气，此类物品可用砂土，干粉等灭火剂。

②对黄磷火灾现象需谨慎处理，黄磷火灾被水扑灭后，火只是暂时熄灭了，而黄磷还残留着，一般不容易清理干净，待水分挥发完毕，黄磷可能又会自燃，造成火灾。所以对黄磷火灾残留现场应有专人密切观察，任其自燃，烧光为止。同时要注意，黄磷燃烧时会产生剧毒的五氧化二磷等气体，扑救时应注意穿戴防护服和防毒面具。

③对不同的危险货物，在作业中应了解其不同的自燃点并注意采取相应的措施。

几种自燃物的自燃点

物质名称	自燃点（℃）	物质名称	自燃点（℃）	物质名称	自燃点（℃）
黄磷	34 ~ 35	乙醚	170	棉籽油	370
三硫化四磷	100	溶剂油	235	桐油	410
赛璐珞	150 ~ 180	煤油	240 ~ 290	芝麻油	410
赤磷	200 ~ 250	汽油	280	花生油	445
松香	240	石油沥青	270 ~ 300	菜籽油	446
锌粉	360	柴油	350 ~ 380	豆油	460
丙酮	570	重油	380 ~ 420	二硫化碳	102

（3）遇水放出易燃气体的物质。

①本品发生火灾时，应迅速将邻近未燃物质从火场撤离或与燃烧物进行有效的隔离。本品在灭火时绝对不能用水，只能用干砂、干粉扑救，并注意以下各点：

a. 活泼金属及其他与水接触放出氢气的物质；

b. 遇水产生碳氢化合物（气体）的物质；

c. 过氧化物等易放出助燃气体的物质；

d. 酸类等遇水产生高温的物质；

e. 遇水产生有毒或腐蚀性气体的物质；

f. 相对密度小于水的物质。

②遇水反应产生易燃或有毒气体的物质，还不得使用泡沫灭火剂。

③与酸或氧化剂、氢化物等反应的物质，还禁止使用酸碱式泡沫灭火剂。

④活泼金属还禁止使用二氧化碳灭火剂。因钾、钠等具有极强的还原性，甚至能夺取二氧化碳中的氧。可见，二氧化碳不但起不了灭火作用反而助长燃烧，因此应用苏打、食盐、氮或石墨来扑救。锂的火灾不能用食盐和氮，而只能用氧化锂和石墨扑救。

⑤碳化物、磷化物遇水反应产生剧毒、腐蚀性气体的物质，灭火时，消防人员应穿戴防护用品和隔离式呼吸器。

2）撒漏处理

对该类物品撒漏量大的可以收集起来，另行包装，收集的残留物不能任意排放、抛弃，应将收集撒漏物交由环保处置单位处理。对与水反应的撒漏物处理时不能用水，但清扫后的现场可以用大量水冲洗。

五 氧化性物质和有机过氧化物

由于该类货物具有强烈的氧化性，在不同条件下，遇酸、碱，受热、受潮或接触有机物、还原剂即能分解放氧，发生氧化反应，引起燃烧。有的氧化剂还具有毒性或腐蚀性。有机过氧化物更具有易燃甚至爆炸的危险性，运输时须加入适量的抑制剂或稳定剂，有的在环境温度下会自行加速分解，因而必须控温运输。

1 装车作业前准备工作

（1）应检查车厢（包括苫布等），不得有任何酸类、煤炭、木屑、硫、磷等易燃物、可燃的残留物，以免引起化学反应而燃烧，甚至爆炸。

（2）装运需控温的氧化性物质，车辆的制冷系统必须良好，但不能使用液态空气和液态氧作制冷剂。

（3）带好苫布、大绳等以及必需的防护用品和工具设备。

2 装卸作业中安全要求

（1）装卸本类物品应远离火种、热源，夜间应使用防爆灯具。对光敏感的物品要有遮阳、避光设施。

（2）在操作中，不能穿有铁钉的鞋子，不能使用易产生火花的工具。切忌撞击、振动、拖拉、倒置，必须轻装轻卸，捆扎牢固，每层之间衬垫妥贴，防止移动、摩擦，并严防受潮。

（3）发现包装损漏，必须调换或加固包装，才能装车，不能自行将破损包装换好包装，不得撒漏物装入原包装内，必须另行处理。操作时，不得踩踏、碾压撒漏物，绝对禁止使用金属和可燃物（纸、木等）处理撒漏物。

（4）过氧化物包件，露出车栏板的部分不得超过包件高度的三分之一。

（5）堆放场地或仓库应清扫干净，并不得在容易产生可燃性粉尘（如煤场、锯木场等）的场所进行装卸作业。

（6）氧化性物质对其他货物的敏感性强，因此绝大多数与酸类等货物严禁同车装运，即使同属氧化性物质，由于氧化性强弱不同，配装后极易引起燃烧、爆炸，也不宜同车装运。

（7）漂白粉及无机氧化剂中的亚硝酸盐、亚氯酸盐、次亚氯酸盐不得与其他氧化剂混装。

3 事故应急措施

（1）灭火方法。

①万一发生火灾时，对有机过氧化物、金属过氧化物、有机过氧酸及其衍生物不能用水扑救，因为这些氧化性物质和水作用可以生成氧气，能帮助燃烧、扩大火势，只能用砂土、干粉、二氧化碳灭火剂进行灭火。泡沫灭火机中的药剂是水溶液，故亦禁止使用。

②其余大部份氧化性物质都可以用水扑救。粉状物品应用雾状水扑救。

③在扑救时，要配备适当的防毒面具，以防中毒。在没有防毒面具的情况下，可将一般口罩用 5% 的小苏打水浸泡后使用，但其有效时间短，必须随时更换。

（2）撒漏处理。

①在装卸过程中，由于包装不良或操作不当，有部分氧化性物质撒漏，应轻轻扫起，另行包装。这些从地上扫起重新包装的氧化性物质，因接触过空气，为防止发生变化，不得同车发运，须留在发货处适当地方，观察24小时以后，才能重新入库堆存。

②对撒漏的少量氧化剂或残留物应清扫干净，将收集撒漏物交由环保处置单位处理。

六 毒性物质和感染性物质

由于本类货物少量误服、吸入或经皮肤黏膜接触进入肌体后，累积到一定的量，能与体液和组织发生生物化学作用或物理变化，扰乱和破坏肌体的正常生理功能，引起暂时性或持久性的病理状态，甚至危及生命。其中有机毒性物质具有可燃性，遇明火、高热或与氧化性物质接触会燃烧、爆炸，同时放出有毒气体。

1 装卸作业前准备工作

（1）毒性物质。

①除有特殊包装要求的剧毒品采用化工物品专业罐车运输外，毒性物质应采用厢式货车运输。

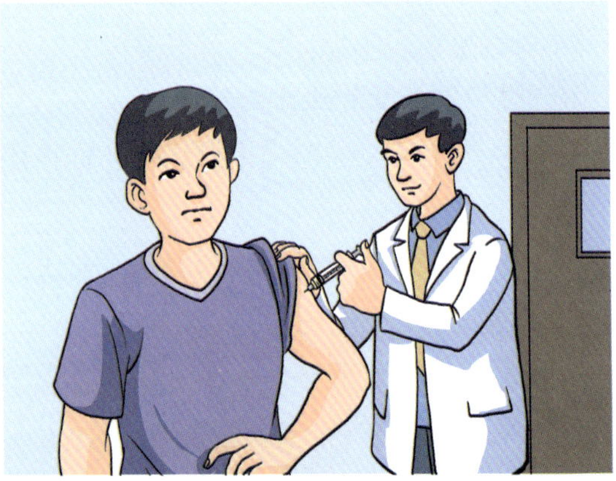

②根据所装卸货物的毒性、状态及包装，应携带好相应的劳动防护用品（如工作服、手套、防毒口罩或面具）、防散失、防雨、捆扎等工、属具。

③对刚开启的仓库、集装厢、全闭式车厢要先通风，使可能积聚的有毒气体排除。进行装车作业前，应认真检查包件，发现包装破损、渗漏，不得装运。

（2）剧毒化学品。

①应注意运输车辆应使用厢式货车、罐式车辆、集装箱运输车辆或使用压力容器，必须配置符合《道路运输危险货物车辆标志》（GB 13392—2005）要求的车辆标志，符合《道路运输爆炸品和剧毒化学品车辆安全技术条件》（GB 20300—2006）的要求。

②除有特殊包装要求的剧毒品化学品必须采用化工物品专业罐车运输外，剧毒品化学品均应采用厢型或罐式货车运输，罐式专用车辆罐体容积不得大于10m^3，非罐式专用车辆最大载质量不得超过10t。

③应注意在剧毒化学品装卸作业场所应备有一定数量的应急解毒药品。

④对刚开启的剧毒化学品仓库、集装厢、封闭式车厢要先通风，使可能积聚的有毒气体排除。进行装车作业前，应认真检查包件，发现包装破损、渗漏，不得装运。

⑤装卸操作人员必须了解所装卸剧毒化学品的性质、危害特性和发生意外时的应急措施；必须接受有关法律、法规、规章和安全知识、专业技术、职业卫生防护、介质安全资料和应急救援知识的培训，并经考核合格，方可上岗作业。装卸操作人员应根据所装卸剧毒化学品的毒性、状态及包装，携带好相应的劳动防护用品、防散失、防雨、捆扎等工具。

（3）感染性物质。

①作业人员应接受相关专业技术、安全防护以及应急处理等知识的培训，应穿戴专用安全防护服和用具。定期进行健康检查，必要时，对有关人员进行免疫接种，防止受到健康损害。

②认真检查盛装感染性物质的每个包件外表的警示标识，核对医疗废物标签，标签内容包括：医疗废物产生单位、产生日期、类别及需要的特别说明等。标签、封口不符合要求时，拒绝运输。

③道路运输医疗废物车辆应有明显的医疗废物标识，须达到防渗漏、防遗撒及其他环境保护和卫生要求。运送医疗废物的车辆不得运送其他物品。

2 装卸作业中安全要求

（1）毒性物质。

①作业人员应根据不同货物的危险特性，分别穿戴好相适应的防护服装、手套、防毒口罩、面具和护目镜等。严禁赤脚、穿背心短裤，皮肤破伤者不能装卸毒性物质。

②认真检查货物包装，尤其是包装外表，应无残留物，特别是剧毒，粉状的货物，包装外表更应加以注意。发现包装破损，渗漏，则拒绝装运。

③装卸操作时，作业人员尽量站立在上风处，不能在低洼处久待，应做到轻拿轻放，尤其是对易碎包装件或纸质包装件不能摔掼，避免损坏包装使毒物洒漏造成危害。

④堆码时，要注意包装件上的图示标志(GB 191—2008)，不能倒置，堆码要靠紧堆齐，桶口、箱口向上，袋口朝里。小件易失落货物（尤其是剧毒品氰化物、砷化物、氰酸酯类），装车后必须用苫布严盖，并捆扎牢固。

⑤对刺激性较强的和散发异臭的毒性物质，装卸管理人员应采取轮班作业。在夏季高

温期，尽量安排在早晚气温较低时作业，晚间作业应用防爆式或封闭式的安全照明。雪、冰封时作业，应有防滑措施。

⑥无机毒性物质不得与酸性腐蚀性物质配装，不得与易感染性物质配装。有机毒性物质不得与爆炸品、助燃气体、氧化剂、有机过氧化物等酸性腐蚀物品配载。

⑦忌水的毒性物质（如磷化铝、磷化锌等），应防止受潮。

⑧毒性物质严禁与食用、药用及生活用品等同车拼装。装运后的车辆及工属具要严格清洗消毒，未经安全管理人员检验批准，不得装运食用、药用、生活等用品及活的动物。

⑨装卸操作人员不能在货物上坐卧、休息，不能用衣袖擦汗。如皮肤受到沾污，要立即用清水冲洗干净。

⑩作业结束后要换下防护服，洗手洗脸后才能进食饮水吸烟。工前、工后都应禁止饮酒。防护用品每次使用后必须集中清洗，不能穿戴回家。

（2）剧毒化学品。

①所有操作或接触剧毒化学品的装卸人员，必须配戴符合要求的劳动防护用品和器具，劳动防护用品和器具应专人保管，定期检修，保持完好。

②严禁装卸人员直接接触剧毒化学品，作业中不得饮食，不得用手擦嘴、脸、眼睛。每天作业完毕，必须及时用肥皂或专用洗涤剂洗净面部、手部，用清水漱口，防护用具应及时清洗，集中存放。

③正确穿戴劳动防护用品，工作结束后必须更换工作服，并进行清洗后方可离开作业场所。

④根据剧毒化学品的种类、特性，在罐区、作业场所设置相应的监测、防火、灭火、防爆、泄压、降温、防毒、防雷、防静电、防渗漏、防护围堤或者隔离操作、密闭操作等安全设施设备，并按照国家标准和有关规定进行维护，保证符合安全运行要求。

⑤作业现场设置通讯、报警装置，并保证在任何情况下处于正常适用状态。

⑥严格检查剧毒化学品装卸物包装容器是否符合规定且完好，否则拒绝装卸。要求装卸时平稳、轻拿轻放，严禁肩扛、背负、冲撞、摔碰，以防止包装破损，严禁架空堆放。

（3）感染性物质。

①根据不同的医疗废物分类，作业人员在工作中应穿戴好相适应的防护服装、手套、防毒口罩、面具和护目镜等。

②作业人员被医疗废物刺伤、擦伤等伤害时，应采取相应的处理措施，并及时报告相关部门。

3 事故应急措施

（1）灭火方法。

毒性物质因其品类繁多、性质各异，一旦发生火灾其灭火方法必须注意以下几点。

①在无机毒性物质中的硒化合物、磷化锌、磷化铝、氟化氢钠、氯化硫、二氯化硫等，因为其氟、氯、硫、硒、磷等都是性质活泼的非金属，遇水后能和水中的氢生成有毒或有腐蚀性的气体。因此，这类物品起火后，不能用水扑救，而要用砂土或二氧化碳灭火机扑救。

②毒性物质中的氰化物、氰化钠、氰化钾及其他氰化物等，遇酸性物质能生成剧毒气体氢化氰。这类物品发生火灾后，不得用酸碱灭火机扑救，可以用水及砂土扑救。

③大部分毒性物质在着火、受热或与水、酸接触时，能产生有毒和刺激性气体及烟雾，灭火人员必须根据毒性物质的性质采取不同的消防方法，在扑救火灾时，尽可能站在上风方向，并戴好防毒面具等。

（2）撒漏处理。

对毒性物质的撒漏物应视其具体情况作出处理：固体货物通常扫集后装入其他空容器中；液体货物应以砂土、锯末等松软材料浸润、吸附后扫集，盛入其他空容器中；对毒性物质的撒漏物不能任意乱丢或排放，以免扩大污染，甚至造成不可估量的危害，可将收集撒漏物交货主单位处理或交由环保处置单位处理。

七 剧毒化学品

道路运输剧毒化学品的装卸管理人员，首先需经所在地设区的市级人民政府交通运输主管部门考试合格，取得危险货物道路运输从业资格证；并在此基础上，参加剧毒化学品运输的专门考试，经考试合格，取得注明为“剧毒化学品运输”的从业资格证，方可上岗从业。

八 腐蚀性物质

由于本类货物能灼伤人体组织（皮肤接触在 4 小时内可见坏死现象）并对金属等物品造成损坏的固体或液体，其散发的粉尘、烟雾、蒸汽，能强烈刺激眼睛和呼吸道，吸入会中毒。其中，无机酸性腐蚀性物质大多数具有强氧化性，接触可燃物会引起燃烧。有机腐蚀性物质都易燃，接触明火、高温、或氧化剂会引起燃烧甚至爆炸，同时散发出有毒气体，有机腐蚀性物质的蒸汽能与空气形成爆炸性混合物。因此，装卸该类货物应具备下列安全要求。

1 装卸前的准备

（1）装货前，要打扫车厢。卸货、搬入仓库前，要打扫仓库。堆货地点不得残留氧化性物品、易燃物品以及稻草、油脂、木屑等有机物。

（2）装卸腐蚀性物质的工具，不得沾有氧化剂或易燃品。

（3）装货前仔细检查包装和封口，看看包装是否完好，封口有无破漏，严禁破漏包装件上车，卸货时，对破漏包装应谨慎处理，以免发生危险。

（4）任何易碎的内容器，如无外包装，严禁装车运输。

（5）装卸作业人员应佩戴口罩、工作服、手套。装卸强酸性腐蚀性物质应使用防酸橡皮或塑料围裙、手套、高统靴、护目镜或面具等防护用品，严防腐蚀性物质接触皮肤。一般来说，防酸防护服用毛质的或丝质的纺织品，防碱防护服用棉质的纺织品。

2 装卸操作中安全要求

（1）轻装轻卸、防止撞击、跌落，禁止肩扛、背负、揽抱、钩拖腐蚀性物质。酸坛外包装要用绳索套底搬动，以防脱底致使酸坛摔落发生事故。

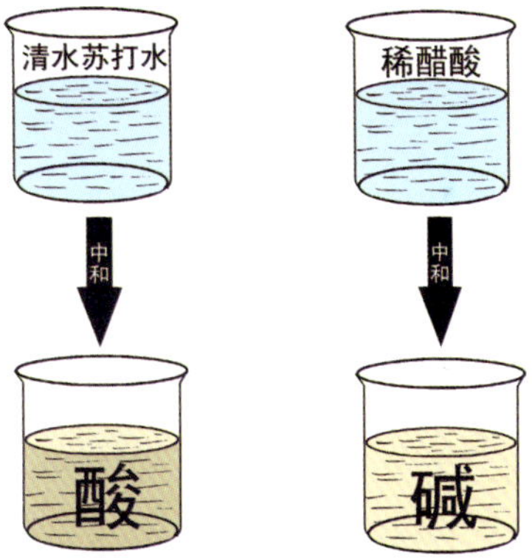

（2）堆装时应注意指示标记，桶口、瓶口、箱盖朝上，不横放倒置，堆码要整齐、靠紧、牢固；没有封盖的外包装不得堆码。

（3）装卸现场应视货物特性，备有清水或苏打水（对酸性能起中和作用）或稀醋酸（对碱性能起中和作用），以应急救之需。

3 腐蚀性物质的配装

（1）酸与碱会发生中和反应，不仅使货物失去原有特性，而且中和反应发生剧烈时还会引起爆炸。所以，同是腐蚀性物质，酸性腐蚀性物质和碱性腐蚀性物质不能配装。

（2）无机酸性腐蚀性物质往往有氧化性，有机酸性腐蚀性物质则可以燃烧。所以，同是酸性腐蚀性物质，无机酸性腐蚀性物质和有机酸性腐蚀性物质不能配装。同理，无机酸性腐蚀性物质不得与可燃品配装；有机腐蚀性物质不论是酸性的还是碱性的，都不得与氧化性物质配装。

（3）硫酸虽然本身是一种强氧化性物质，但它不得与氧化性物质配装。

（4）腐蚀性物质不得与普通货物配装，以免对普通货物造成损害。

4 事故应急措施

（1）灭火方法。

腐蚀性物质的灭火方法可概括为“大量用水、谨慎用水”。无机腐蚀性物质卷入火场，或有机腐蚀性物质直接燃烧时，除具有与水反应的物品外，一般可用大量的水扑救。即使有些物品会与水反应，但这些物品量较少而大量的水迅速扑上，足以抑制反应热时，也应用大量的水扑救。

但用水时应谨慎，宜用雾状水，不可用高压水柱直接喷射物品，尤其是酸液。以防飞溅的水珠带上酸碱性，灼伤灭火人员。同时，要控制水的流向，以免带腐蚀性的水流损伤环境。

不少物品燃烧时会产生有毒的气体和烟雾，用水扑救时产生的蒸汽也可能带有毒性和腐蚀性。因此，扑救人员应穿防腐服、戴防毒面具，并站在上风处。

与水会发生反应的物品量很大时，估计用大量的水尚不能抑制，应用干砂土覆盖。

（2）撒漏处理。

腐蚀性物质撒漏时，应用干砂土覆盖吸收，扫除干净后，再用水扫刷。液体类腐蚀性物质大量溢出、或干砂土不足以吸收时，采用围堵形式收集，待救援到达转移至其他空容器中，对地面残留物可视货物的酸碱性，分别用稀碱或稀酸中和，中和时注意不要使反应太剧烈。有酸雾气体放出情况可用雾状水在上风向进行喷洒，不能直接喷射上去，以防水珠飞溅伤人。

围堵收集的泄漏物，或收集的液体交由环保处置单位处理。

九 杂项危险物质和物品

杂项危险物质和物品的危险特性各异，具有磁性、麻醉、毒害或其他类似性质，其装卸安全要求和事故应急措施应参照产品安全技术说明书的相关要求。

模块二　散装和集装箱危险货物装卸安全

一 散装危险货物装卸安全要求

（1）对于易散漏和飞扬的散装粉状危险货物，包装好后方可装运。

（2）散装煤焦沥青在高温季节应在早晚进行装卸作业。

（3）散装液体装卸作业时，罐入和卸料应采用封闭方式。

（4）散装液体装卸作业时要密切注视作业动态，防止介质泄漏、溢出。如果需要换罐时，应先开空罐，后关满罐。

（5）易燃液体装卸始末，管道内流速不超过 1m/s，正常作业流速不宜超过 3m/s。其他液体产品可采用经济流速。

（6）装卸作业结束，应将管线内剩余的介质清扫干净，易燃液体采用泵吸或氮气清扫管线。

（7）装卸散装液体危险货物时，用于装卸的料管宜专管专用。如果需要一管多用，必须具备完善的清扫手段。

（8）散装液体的最大充灌度按照相关要求进行。

二 集装箱危险货物装卸安全要求

（1）在装箱作业前，应详细检查所装集装箱，确认集装箱技术状态良好，并清扫干净，去掉无关标志、标记、标牌。

（2）装箱前应检查集装箱内有无与待装危险货物性质相抵触的残留物。发现问题应及时通知发货人进行处理。

（3）装箱前对待装的包装件应进行检查。对于破损、撒漏、水湿及沾污其他污染物的包装件不得装箱，而对撒漏破损件及清扫的撒漏物交由发货人处理。

（4）不准将性质相抵触、灭火方法不同或易污染的危险货物装在同一集装箱内。如符合配装规定而与其他货物配装时，危险货物应装在箱门附近。包装件在集装箱内应有足够的支撑和固定。

（5）装箱时要根据要求装载，防止集重和偏重，装车后货物重心距集装箱中心点不得超过集装箱长度及宽度的10%。

（6）装箱完毕后，关闭、封锁箱门，并按要求粘贴好与箱内危险货物性质相一致的危险货物标志、标牌。处于熏蒸中的集装箱，必须标贴有熏蒸警告符号。当固体二氧化碳（干冰）用作冷却目的时，集装箱外部门端明显处应贴有指示标记或标志，并标明“内有危险的二氧化碳（干冰），进入之前务必彻底通风”。

（7）对于箱内装有易产生毒害气体或易燃气体的集装箱，拆箱时应先打开箱门，进行足够的通风后方可作业。

（8）对卸空危险货物的集装箱要进行安全处理，有污染的集装箱，要在指定地点按规定要求进行清扫或清洗。

（9）装过毒性物质、感染性物质、放射性物品的集装箱在清扫或清洗前，必须开箱通风。且进行清扫或清洗的操作人员必须穿戴适用的保护用品。洗箱污水在未作处理之前，禁止排放。经处理过的污水，必须达到《污水综合排放标准》（GB 8978—2002）的要求。

附 录 道路危险货物运输管理规定

第一章 总 则

第一条 为规范道路危险货物运输市场秩序，保障人民生命财产安全，保护环境，维护道路危险货物运输各方当事人的合法权益，根据《中华人民共和国道路运输条例》和《危险化学品安全管理条例》等有关法律、行政法规，制定本规定。

第二条 从事道路危险货物运输活动，应当遵守本规定。军事危险货物运输除外。

法律、行政法规对民用爆炸物品、烟花爆竹、放射性物品等特定种类危险货物的道路运输另有规定的，从其规定。

第三条 本规定所称危险货物，是指具有爆炸、易燃、毒害、感染、腐蚀等危险特性，在生产、经营、运输、储存、使用和处置中，容易造成人身伤亡、财产损毁或者环境污染而需要特别防护的物质和物品。危险货物以列入国家标准《危险货物品名表》（GB 12268）的为准，未列入《危险货物品名表》的，以有关法律、行政法规的规定或者国务院有关部门公布的结果为准。

本规定所称道路危险货物运输，是指使用载货汽车通过道路运输危险货物的作业全过程。

本规定所称道路危险货物运输车辆，是指满足特定技术条件和要求，从事道路危险货物运输的载货汽车（以下简称专用车辆）。

第四条 危险货物的分类、分项、品名和品名编号应当按照国家标准《危险货物分类和品名编号》（GB 6944）、《危险货物品名表》（GB 12268）执行。危险货物的危险程度依据国家标准《危险货物运输包装通用技术条件》（GB 12463），分为Ⅰ、Ⅱ、Ⅲ等级。

第五条 从事道路危险货物运输应当保障安全，依法运输，诚实信用。

第六条 国家鼓励技术力量雄厚、设备和运输条件好的大型专业危险化学品生产企业从事道路危险货物运输，鼓励道路危险货物运输企业实行集约化、专业化经营，鼓励使用厢式、罐式和集装箱等专用车辆运输危险货物。

第七条 交通运输部主管全国道路危险货物运输管理工作。

县级以上地方人民政府交通运输主管部门负责组织领导本行政区域的道路危险货物运输管理工作。

县级以上道路运输管理机构负责具体实施道路危险货物运输管理工作。

第二章 道路危险货物运输许可

第八条 申请从事道路危险货物运输经营，应当具备下列条件：

（一）有符合下列要求的专用车辆及设备：

1. 自有专用车辆（挂车除外）5 辆以上；运输剧毒化学品、爆炸品的，自有专用车辆（挂车除外）10 辆以上。

2. 专用车辆技术性能符合国家标准《营运车辆综合性能要求和检验方法》（GB 18565）的要求；技术等级达到行业标准《营运车辆技术等级划分和评定要求》（JT/T 198）规定的一级技术等级。

3. 专用车辆外廓尺寸、轴荷和质量符合国家标准《道路车辆外廓尺寸、轴荷和质量限值》（GB 1589）的要求。

4. 专用车辆燃料消耗量符合行业标准《营运货车燃料消耗量限值及测量方法》（JT 719）的要求。

5. 配备有效的通讯工具。

6. 专用车辆应当安装具有行驶记录功能的卫星定位装置。

7. 运输剧毒化学品、爆炸品、易制爆危险化学品的，应当配备罐式、厢式专用车辆或者压力容器等专用容器。

8. 罐式专用车辆的罐体应当经质量检验部门检验合格，且罐体载货后总质量与专用车辆核定载质量相匹配。运输爆炸品、强腐蚀性危险货物的罐式专用车辆的罐体容积不得超过 20 立方米，运输剧毒化学品的罐式专用车辆的罐体容积不得超过 10 立方米，但符合国家有关标准的罐式集装箱除外。

9. 运输剧毒化学品、爆炸品、强腐蚀性危险货物的非罐式专用车辆，核定载质量不得超过 10 吨，但符合国家有关标准的集装箱运输专用车辆除外。

10. 配备与运输的危险货物性质相适应的安全防护、环境保护和消防设施设备。

（二）有符合下列要求的停车场地：

1. 自有或者租借期限为 3 年以上，且与经营范围、规模相适应的停车场地，停车场地应当位于企业注册地市级行政区域内。

2. 运输剧毒化学品、爆炸品专用车辆以及罐式专用车辆，数量为 20 辆（含）以下的，停车场地面积不低于车辆正投影面积的 1.5 倍，数量为 20 辆以上的，超过部分，每辆车的停车场地面积不低于车辆正投影面积；运输其他危险货物的，专用车辆数量为 10 辆（含）以下的，停车场地面积不低于车辆正投影面积的 1.5 倍；数量为 10 辆以上的，超过部分，每辆车的停车场地面积不低于车辆正投影面积。

3. 停车场地应当封闭并设立明显标志，不得妨碍居民生活和威胁公共安全。

（三）有符合下列要求的从业人员和安全管理人员：

1. 专用车辆的驾驶人员取得相应机动车驾驶证，年龄不超过 60 周岁。

2. 从事道路危险货物运输的驾驶人员、装卸管理人员、押运人员应当经所在地设区的市级人民政府交通运输主管部门考试合格，并取得相应的从业资格证；从事剧毒化学品、爆炸品道路运输的驾驶人员、装卸管理人员、押运人员，应当经考试合格，取得注明为“剧毒化学品运输”或者“爆炸品运输”类别的从业资格证。

3. 企业应当配备专职安全管理人员。

（四）有健全的安全生产管理制度：

1. 企业主要负责人、安全管理部门负责人、专职安全管理人员安全生产责任制度。

2. 从业人员安全生产责任制度。

3. 安全生产监督检查制度。

4. 安全生产教育培训制度。

5. 从业人员、专用车辆、设备及停车场地安全管理制度。

6. 应急救援预案制度。

7. 安全生产作业规程。

8. 安全生产考核与奖惩制度。

9. 安全事故报告、统计与处理制度。

第九条　符合下列条件的企事业单位，可以使用自备专用车辆从事为本单位服务的非经营性道路危险货物运输：

（一）属于下列企事业单位之一：

1. 省级以上安全生产监督管理部门批准设立的生产、使用、储存危险化学品的企业。

2. 有特殊需求的科研、军工等企事业单位。

（二）具备第八条规定的条件，但自有专用车辆（挂车除外）的数量可以少于 5 辆。

第十条 申请从事道路危险货物运输经营的企业，应当向所在地设区的市级道路运输管理机构提出申请，并提交以下材料：

（一）《道路危险货物运输经营申请表》，包括申请人基本信息、申请运输的危险货物范围（类别、项别或品名，如果为剧毒化学品应当标注“剧毒”）等内容。

（二）拟担任企业法定代表人的投资人或者负责人的身份证明及其复印件，经办人身份证明及其复印件和书面委托书。

（三）企业章程文本。

（四）证明专用车辆、设备情况的材料，包括：

1. 未购置专用车辆、设备的，应当提交拟投入专用车辆、设备承诺书。承诺书内容应当包括车辆数量、类型、技术等级、总质量、核定载质量、车轴数以及车辆外廓尺寸；通讯工具和卫星定位装置配备情况；罐式专用车辆的罐体容积；罐式专用车辆罐体载货后的总质量与车辆核定载质量相匹配情况；运输剧毒化学品、爆炸品、易制爆危险化学品的专用车辆核定载质量等有关情况。承诺期限不得超过 1 年。

2. 已购置专用车辆、设备的，应当提供车辆行驶证、车辆技术等级证明或者车辆综合性能检测技术合格证明；通讯工具和卫星定位装置配备；罐式专用车辆的罐体检测合格证或者检测报告及复印件等有关材料。

（五）拟聘用专职安全管理人员、驾驶人员、装卸管理人员、押运人员的，应当提交拟聘用承诺书，承诺期限不得超过 1 年；已聘用的应当提交从业资格证及其复印件以及驾驶证及其复印件。

（六）停车场地的土地使用证、租借合同、场地平面图等材料。

（七）相关安全防护、环境保护、消防设施设备的配备情况清单。

（八）有关安全生产管理制度文本。

第十一条 申请从事非经营性道路危险货物运输的单位，向所在地设区的市级道路运输管理机构提出申请时，除提交第十条第（四）项至第（八）项规定的材料外，还应当提交以下材料：

（一）《道路危险货物运输申请表》，包括申请人基本信息、申请运输的物品范围（类别、项别或品名，如果为剧毒化学品应当标注“剧毒”）等内容。

（二）下列形式之一的单位基本情况证明：

1. 省级以上安全生产监督管理部门颁发的危险化学品生产、使用等证明。

2. 能证明科研、军工等企事业单位性质或者业务范围的有关材料。

（三）特殊运输需求的说明材料。

（四）经办人的身份证明及其复印件以及书面委托书。

第十二条 设区的市级道路运输管理机构应当按照《中华人民共和国道路运输条例》和《交通行政许可实施程序规定》，以及本规定所明确的程序和时限实施道路危险货物运输行政许可，并进行实地核查。

决定准予许可的，应当向被许可人出具《道路危险货物运输行政许可决定书》，注明许可事项，具体内容应当包括运输危险货物的范围（类别、项别或品名，如果为剧毒化学品应当标注“剧毒”），专用车辆数量、要求以及运输性质，并在 10 日内向道路危险货物运输经营申请人发放《道路运输经营许可证》，向非经营性道路危险货物运输申请人发放《道路危险货物运输许可证》。

市级道路运输管理机构应当将准予许可的企业或单位的许可事项等，及时以书面形式告知县级道路运输管理机构。

决定不予许可的，应当向申请人出具《不予交通行政许可决定书》。

第十三条 被许可人已获得其他道路运输经营许可的，设区的市级道路运输管理机构应当为其换发《道路运输经营许可证》，并在经营范围中加注新许可的事项。如果原《道路运输经营许可证》是由省级道路运输管理机构发放的，由原许可机关按照上述要求予以换发。

第十四条 被许可人应当按照承诺期限落实拟投入的专用车辆、设备。

原许可机关应当对被许可人落实的专用车辆、设备予以核实，对符合许可条件的专用车辆配发《道路运输证》，并在《道路运输证》经营范围栏内注明允许运输的危险货物类别、项别或者品名，如果为剧毒化学品应标注“剧毒”；对从事非经营性道路危险货物运输的车辆，还应当加盖“非经营性危险货物运输专用章”。

被许可人未在承诺期限内落实专用车辆、设备的，原许可机关应当撤销许可决定，并收回已核发的许可证明文件。

第十五条 被许可人应当按照承诺期限落实拟聘用的专职安全管理人员、驾驶人员、装卸管理人员和押运人员。

被许可人未在承诺期限内按照承诺聘用专职安全管理人员、驾驶人员、装卸管理人员和押运人员的，原许可机关应当撤销许可决定，并收回已核发的许可证明文件。

第十六条 道路运输管理机构不得许可一次性、临时性的道路危险货物运输。

第十七条 被许可人应当持《道路运输经营许可证》或者《道路危险货物运输许可证》依法向工商行政管理机关办理登记手续。

第十八条 中外合资、中外合作、外商独资形式投资道路危险货物运输的，应当同时遵守《外商投资道路运输业管理规定》。

第十九条 道路危险货物运输企业设立子公司从事道路危险货物运输的，应当向子公司注册地设区的市级道路运输管理机构申请运输许可。设立分公司的，应当向分公司注册地设区的市级道路运输管理机构备案。

第二十条 道路危险货物运输企业或者单位需要变更许可事项的，应当向原许可机关提出申请，按照本章有关许可的规定办理。

道路危险货物运输企业或者单位变更法定代表人、名称、地址等工商登记事项的，应当在30日内向原许可机关备案。

第二十一条 道路危险货物运输企业或者单位终止危险货物运输业务的，应当在终止之日的30日前告知原许可机关，并在停业后10日内将《道路运输经营许可证》或者《道路危险货物运输许可证》以及《道路运输证》交回原许可机关。

第三章　专用车辆、设备管理

第二十二条 道路危险货物运输企业或者单位应当按照《道路货物运输及站场管理规定》中有关车辆管理的规定，维护、检测、使用和管理专用车辆，确保专用车辆技术状况良好。

第二十三条 设区的市级道路运输管理机构应当定期对专用车辆进行审验，每年审验一次。审验按照《道路货物运输及站场管理规定》进行，并增加以下审验项目：

（一）专用车辆投保危险货物承运人责任险情况；

（二）必需的应急处理器材、安全防护设施设备和专用车辆标志的配备情况；

（三）具有行驶记录功能的卫星定位装置的配备情况。

第二十四条 禁止使用报废的、擅自改装的、检测不合格的、车辆技术等级达不到一级的和其他不符合国家规定的车辆从事道路危险货物运输。

除铰接列车、具有特殊装置的大型物件运输专用车辆外，严禁使用货车列车从事危险货物运输；倾卸式车辆只能运输散装硫磺、萘饼、粗蒽、煤焦沥青等危险货物。

禁止使用移动罐体（罐式集装箱除外）从事危险货物运输。

第二十五条 运输剧毒化学品、爆炸品专用车辆及罐式专用车辆（含罐式挂车）应当到具备道路危险货物运输车辆维修资质的企业进行维修。

牵引车以及其他专用车辆由企业自行消除危险货物的危害后，可到具备一般车辆维修资质的企业进行维修。

第二十六条 用于装卸危险货物的机械及工具的技术状况应当符合行业标准《汽车运输危险货物规则》（JT 617）规定的技术要求。

第二十七条 罐式专用车辆的常压罐体应当符合国家标准《道路运输液体危险货物罐式车辆第 1 部分：金属常压罐体技术要求》（GB 18564.1）、《道路运输液体危险货物罐式车辆第 2 部分：非金属常压罐体技术要求》（GB 18564.2）等有关技术要求。

使用压力容器运输危险货物的，应当符合国家特种设备安全监督管理部门制订并公布的《移动式压力容器安全技术监察规程》（TSG R0005）等有关技术要求。

压力容器和罐式专用车辆应当在质量检验部门出具的压力容器或者罐体检验合格的有效期内承运危险货物。

第二十八条 道路危险货物运输企业或者单位对重复使用的危险货物包装物、容器，在重复使用前应当进行检查；发现存在安全隐患的，应当维修或者更换。

道路危险货物运输企业或者单位应当对检查情况作出记录，记录的保存期限不得少于 2 年。

第二十九条 道路危险货物运输企业或者单位应当到具有污染物处理能力的机构对常压罐体进行清洗（置换）作业，将废气、污水等污染物集中收集，消除污染，不得随意排放，污染环境。

第四章 道路危险货物运输

第三十条 道路危险货物运输企业或者单位应当严格按照道路运输管理机构决定的许可事项从事道路危险货物运输活动，不得转让、出租道路危险货物运输许可证件。

严禁非经营性道路危险货物运输单位从事道路危险货物运输经营活动。

第三十一条 危险货物托运人应当委托具有道路危险货物运输资质的企业承运。

危险货物托运人应当对托运的危险货物种类、数量和承运人等相关信息予以记录，记录的保存期限不得少于 1 年。

第三十二条 危险货物托运人应当严格按照国家有关规定妥善包装并在外包装设置标志，并向承运人说明危险货物的品名、数量、危害、应急措施等情况。需要添加抑制剂或者稳定剂的，托运人应当按照规定添加，并告知承运人相关注意事项。

危险货物托运人托运危险化学品的，还应当提交与托运的危险化学品完全一致的安全技术说明书和安全标签。

第三十三条 不得使用罐式专用车辆或者运输有毒、感染性、腐蚀性危险货物的专用车辆运输普通货物。

其他专用车辆可以从事食品、生活用品、药品、医疗器具以外的普通货物运输，但应当由运输企业对专用车辆进行消除危害处理，确保不对普通货物造成污染、损害。

不得将危险货物与普通货物混装运输。

第三十四条 专用车辆应当按照国家标准《道路运输危险货物车辆标志》（GB 13392）的要求悬挂标志。

第三十五条 运输剧毒化学品、爆炸品的企业或者单位，应当配备专用停车区域，并设立明显的警示标牌。

第三十六条 专用车辆应当配备符合有关国家标准以及与所载运的危险货物相适应的应急处理器材和安全防护设备。

第三十七条 道路危险货物运输企业或者单位不得运输法律、行政法规禁止运输的货物。

法律、行政法规规定的限运、凭证运输货物，道路危险货物运输企业或者单位应当按照有关规定办理相关运输手续。

法律、行政法规规定托运人必须办理有关手续后方可运输的危险货物，道路危险货物运输企业应当查验有关手续齐全有效后方可承运。

第三十八条 道路危险货物运输企业或者单位应当采取必要措施，防止危险货物脱落、扬散、丢失以及燃烧、爆炸、泄漏等。

第三十九条 驾驶人员应当随车携带《道路运输证》。驾驶人员或者押运人员应当按照《汽车运输危险货物规则》（JT 617）的要求，随车携带《道路运输危险货物安全卡》。

第四十条 在道路危险货物运输过程中，除驾驶人员外，还应当在专用车辆上配备押运人员，确保危险货物处于押运人员监管之下。

第四十一条 道路危险货物运输途中，驾驶人员不得随意停车。

因住宿或者发生影响正常运输的情况需要较长时间停车的，驾驶人员、押运人员应当设置警戒带，并采取相应的安全防范措施。

运输剧毒化学品或者易制爆危险化学品需要较长时间停车的，驾驶人员或者押运人员应当向当地公安机关报告。

第四十二条 危险货物的装卸作业应当遵守安全作业标准、规程和制度，并在装卸管理人员的现场指挥或者监控下进行。

危险货物运输托运人和承运人应当按照合同约定指派装卸管理人员；若合同未予约定，则由负责装卸作业的一方指派装卸管理人员。

第四十三条 驾驶人员、装卸管理人员和押运人员上岗时应当随身携带从业资格证。

第四十四条 严禁专用车辆违反国家有关规定超载、超限运输。

道路危险货物运输企业或者单位使用罐式专用车辆运输货物时，罐体载货后的总质量应当和专用车辆核定载质量相匹配；使用牵引车运输货物时，挂车载货后的总质量应当与牵引车的准牵引总质量相匹配。

第四十五条 道路危险货物运输企业或者单位应当要求驾驶人员和押运人员在运输危险货物时，严格遵守有关部门关于危险货物运输线路、时间、速度方面的有关规定，并遵守有关部门关于剧毒、爆炸危险品道路运输车辆在重大节假日通行高速公路的相关规定。

第四十六条 道路危险货物运输企业或者单位应当通过卫星定位监控平台或者监控终端及时纠正和处理超速行驶、疲劳驾驶、不按规定线路行驶等违法违规驾驶行为。

监控数据应当至少保存 3 个月，违法驾驶信息及处理情况应当至少保存 3 年。

第四十七条 道路危险货物运输从业人员必须熟悉有关安全生产的法规、技术标准和安全生产规章制度、安全操作规程，了解所装运危险货物的性质、危害特性、包装物或者容器的使用要求和发生意外事故时的处置措施，并严格执行《汽车运输危险货物规则》（JT 617）、《汽车运输、装卸危险货物作业规程》（JT 618）等标准，不得违章作业。

第四十八条　道路危险货物运输企业或者单位应当通过岗前培训、例会、定期学习等方式，对从业人员进行经常性安全生产、职业道德、业务知识和操作规程的教育培训。

第四十九条　道路危险货物运输企业或者单位应当加强安全生产管理，制定突发事件应急预案，配备应急救援人员和必要的应急救援器材、设备，并定期组织应急救援演练，严格落实各项安全制度。

第五十条　道路危险货物运输企业或者单位应当委托具备资质条件的机构，对本企业或单位的安全管理情况每 3 年至少进行一次安全评估，出具安全评估报告。

第五十一条　在危险货物运输过程中发生燃烧、爆炸、污染、中毒或者被盗、丢失、流散、泄漏等事故，驾驶人员、押运人员应当立即根据应急预案和《道路运输危险货物安全卡》的要求采取应急处置措施，并向事故发生地公安部门、交通运输主管部门和本运输企业或者单位报告。运输企业或者单位接到事故报告后，应当按照本单位危险货物应急预案组织救援，并向事故发生地安全生产监督管理部门和环境保护、卫生主管部门报告。

道路危险货物运输管理机构应当公布事故报告电话。

第五十二条　在危险货物装卸过程中，应当根据危险货物的性质，轻装轻卸，堆码整齐，防止混杂、撒漏、破损，不得与普通货物混合堆放。

第五十三条　道路危险货物运输企业或者单位应当为其承运的危险货物投保承运人责任险。

第五十四条　道路危险货物运输企业异地经营（运输线路起讫点均不在企业注册地市域内）累计 3 个月以上的，应当向经营地设区的市级道路运输管理机构备案并接受其监管。

第五章　监督检查

第五十五条　道路危险货物运输监督检查按照《道路货物运输及站场管理规定》执行。

道路运输管理机构工作人员应当定期或者不定期对道路危险货物运输企业或者单位进行现场检查。

第五十六条　道路运输管理机构工作人员对在异地取得从业资格的人员监督检查时，可以向原发证机关申请提供相应的从业资格档案资料，原发证机关应当予以配合。

第五十七条　道路运输管理机构在实施监督检查过程中，经本部门主要负责人批准，可以对没有随车携带《道路运输证》又无法当场提供其他有效证明文件的危险货物运输专用车辆予以扣押。

第五十八条　任何单位和个人对违反本规定的行为，有权向道路危险货物运输管理机构举报。

道路危险货物运输管理机构应当公布举报电话，并在接到举报后及时依法处理；对不属于本部门职责的，应当及时移送有关部门处理。

第六章　法律责任

第五十九条　违反本规定，有下列情形之一的，由县级以上道路运输管理机构责令停止运输经营，有违法所得的，没收违法所得，处违法所得 2 倍以上 10 倍以下的罚款；没有违法所得或者违法所得不足 2 万元的，处 3 万元以上 10 万元以下的罚款；构成犯罪的，依法追究刑事责任：

（一）未取得道路危险货物运输许可，擅自从事道路危险货物运输的；

（二）使用失效、伪造、变造、被注销等无效道路危险货物运输许可证件从事道路危险货物运输的；

（三）超越许可事项，从事道路危险货物运输的；

（四）非经营性道路危险货物运输单位从事道路危险货物运输经营的。

第六十条　违反本规定，道路危险货物运输企业或者单位非法转让、出租道路危险货物运输许可证件的，由县级以上道路运输管理机构责令停止违法行为，收缴有关证件，处 2000 元以上 1 万元以下的罚款；有违法所得的，没收违法所得。

第六十一条 违反本规定，道路危险货物运输企业或者单位有下列行为之一，由县级以上道路运输管理机构责令限期投保；拒不投保的，由原许可机关吊销《道路运输经营许可证》或者《道路危险货物运输许可证》，或者吊销相应的经营范围：

（一）未投保危险货物承运人责任险的；

（二）投保的危险货物承运人责任险已过期，未继续投保的。

第六十二条 违反本规定，道路危险货物运输企业或者单位未按规定维护或者检测专用车辆的，由县级以上道路运输管理机构责令改正，并处1000元以上5000元以下的罚款。

第六十三条 违反本规定，道路危险货物运输企业或者单位不按照规定随车携带《道路运输证》的，由县级以上道路运输管理机构责令改正，处警告或者20元以上200元以下的罚款。

第六十四条 违反本规定，道路危险货物运输企业或者单位以及托运人有下列情形之一的，由县级以上道路运输管理机构责令改正，并处5万元以上10万元以下的罚款，拒不改正的，责令停产停业整顿；构成犯罪的，依法追究刑事责任：

（一）驾驶人员、装卸管理人员、押运人员未取得从业资格上岗作业的；

（二）托运人不向承运人说明所托运的危险化学品的种类、数量、危险特性以及发生危险情况的应急处置措施，或者未按照国家有关规定对所托运的危险化学品妥善包装并在外包装上设置相应标志的；

（三）未根据危险化学品的危险特性采取相应的安全防护措施，或者未配备必要的防护用品和应急救援器材的；

（四）运输危险化学品需要添加抑制剂或者稳定剂，托运人未添加或者未将有关情况告知承运人的。

第六十五条 违反本规定，道路危险货物运输企业或者单位未配备专职安全管理人员的，由县级以上道路运输管理机构责令改正，可以处1万元以下的罚款；拒不改正的，对危险化学品运输企业或单位处1万元以上5万元以下的罚款，对运输危险化学品以外其他危险货物的企业或单位处1万元以上2万元以下的罚款。

第六十六条 违反本规定，道路危险化学品运输托运人有下列行为之一的，由县级以上道路运输管理机构责令改正，处10万元以上20万元以下的罚款，有违法所得的，没收违法所得；拒不改正的，责令停产停业整顿；构成犯罪的，依法追究刑事责任：

（一）委托未依法取得危险货物道路运输许可的企业承运危险化学品的；

（二）在托运的普通货物中夹带危险化学品，或者将危险化学品谎报或者匿报为普通货物托运的。

第六十七条 违反本规定，道路危险货物运输企业擅自改装已取得《道路运输证》的专用车辆及罐式专用车辆罐体的，由县级以上道路运输管理机构责令改正，并处5000元以上2万元以下的罚款。

第七章　附　　则

第六十八条 本规定对道路危险货物运输经营未作规定的，按照《道路货物运输及站场管理规定》执行；对非经营性道路危险货物运输未作规定的，参照《道路货物运输及站场管理规定》执行。

第六十九条 道路危险货物运输许可证件和《道路运输证》工本费的具体收费标准由省、自治区、直辖市人民政府财政、价格主管部门会同同级交通运输主管部门核定。

第七十条 交通运输部可以根据相关行业协会的申请，经组织专家论证后，统一公布可以按照普通货物实施道路运输管理的危险货物。

第七十一条 本规定自2013年7月1日起施行。原交通部2005年发布的《道路危险货物运输管理规定》（交通部令2005年第9号）及交通运输部2010年发布的《关于修改〈道路危险货物运输管理规定〉的决定》（交通运输部令2010年第5号）同时废止。